Claudio J. Honsal

Für die Kinder dieser Welt

Hermann Gmeiner: Der Vater der SOS-Kinderdörfer

geb. 23.6.1919

Die Biografie

Kösel

Mit dem Erwerb dieses Buches unterstützen Sie die SOS-Kinderdörfer. Ein Euro des Verkaufspreises kommt direkt den Kindern und Jugendlichen in SOS-Kinderdörfern zugute.

FSC
Mix
Produktgruppe aus vorbildlich bewirtschafteten Wäldern und anderen kontrollierten Herkünften

Zert.-Nr. SGS-COC-1940
www.fsc.org
© 1996 Forest Stewardship Council

Verlagsgruppe Random House FSC-DEU-0100
Das für dieses Buch verwendete FSC-zertifizierte Papier *Munken Premium* liefert Arctic Paper Munkedals AB, Schweden.

Umschlag: Kaselow Design, München
Umschlagfoto und Fotos im Innenteil: SOS-Kinderdorf-Archiv/Alexander Gabriel (außer Seite 1 im Fototeil nach Seite 96: © Elisabeth Hausmann)
Layout und Herstellung: Ulrike Seyfart, München
Druck und Bindung: GGP Media GmbH, Pößneck
Printed in Germany
ISBN 978-3-466-30823-1

Weitere Informationen zu diesem Buch und unserem gesamten lieferbaren Programm finden Sie unter
www.koesel.de

INHALT

Anhang

PROLOG: HERMANN GMEINERS PRÄGENDE KRIEGSERLEBNISSE

Schlüsselerlebnis oder Legende: Russlandfeldzug und Kriegstrauma als Auslöser des guten Werkes

28. April 1943. Mankharow – ein kleines russisches Dorf im hart umkämpften Südabschnitt der deutschen Ostfront.

Es liegt Schnee. Klirrende Kälte, doch das berührt hier am allerwenigsten. Ein unaufhörliches Stakkato aus den Läufen zweier russischer Maschinenpistolen durchsiebt einen alten, verfallenen Schuppen. Wieder und wieder, beinahe im Minutentakt.

Vor dem verwitterten Schuppentor stehen zwei deutsche Soldaten. Ein Unteroffizier der Infanterie in grauer Uniform. Ein Oberfeldwebel der geschlagenen Panzerdivision in Schwarz mit blitzenden Totenköpfen auf dem Kragenspiegel. Die Gesichter nicht verdeckt und gegen das alte, morsche Scheunentor gepresst. Nur noch Sekunden wird es dauern, bis das nächste ohrenbetäubende Stakkato die Stille der nahenden Nacht abermals durchlöchert. Es geht nicht um gezielte Schüsse. Nicht auf den Kopf, nicht auf die Brust. Die Russen betätigen einfach ihre Abzüge und durchsieben die beiden Deutschen mit Streufeuer. Immer und immer wieder. Selbst als die Gegner längst zusammengebrochen am Boden liegen.

Kurzfristig kehrt wieder Stille ein. Ein weiterer Delinquent wird angeschleppt. Ein junger Gefreiter. Ebenfalls schwarze Uniform, auch mit den obligaten, glitzernden Totenköpfen versehen, wie der Oberfeldwebel, der nun vor ihm im blutgetränkten Morast liegt. Der Gefreite ist still, wehrt sich nicht, wirkt völlig apathisch. Wenn er auch nur akustisch wahrnehmen konnte, was seit einer knappen Stunde hier an diesem Ort immer wieder vor sich ging, ist ihm nun offensichtlich bewusst, dass es keinen Ausweg, kein Entkommen mehr geben wird. Schlacht und Leben sind verloren. Beendet durch unbarmherzige Feuersalven aus feindlichen Gewehren.

Das grauenhafte, finale Schauspiel wiederholt sich immer und immer wieder. An der Rückseite des Schuppens tauchen nun einige russische Zivilisten auf. Sie starren schweigend und betroffen auf den furchtbaren Vorgang, der sich in ihrem zerschossenen Hof abspielt. Das viele Blut, die herumliegenden Leichen sehen sie noch nicht. Nur das völlig zerfetzte, dunkelgraue Scheunentor. Es ist an hunderten Stellen zersplittert. Aus der Ferne dringt das schwere Mahlen von Panzerketten zu ihnen herüber. Dumpfe, unheimliche Artillerieeinschläge mischen sich nun vermehrt in die Totenstille dieses kalten Abends. Noch ist das Geknatter der Maschinengewehre weit weg. Keiner der verängstigten und vom Hunger gezeichneten Bewohner des Bauernhofs weiß, ob Russen auf Deutsche oder Deutsche auf Russen schießen. Auf ihrem Grundstück herrscht hingegen kein Zweifel. Nur eine Partei, die eigene, ist bewaffnet.

Die Russen haben den kleinen Ort erst vor einer knappen Stunde zurückerobert. Den Deutschen, die man aus den ausgebrannten Panzern holte, ist nichts mehr geblieben: nur noch die Uniform und etwas Hoffnung, die nun im Minutentakt zunichtegemacht wird.

Abermals wird ein Deutscher angeschleppt. Diesmal sind es gleich mehrere Soldaten, die den Gefangenen zur Erschießung führen. Befehligt von einem Kommissar. Handelt es sich bei dem Delinquenten doch um einen Leutnant, einen deutschen Kompaniechef. Kein Unbekannter im Dorf. Denn der Leutnant lag seit

Russen unterscheidet. Der es nicht verstehen kann, warum Menschen unterschiedlicher Sprache aufeinander schießen müssen. Ein Kind, das nur ein Herz hat. Ein Kind, das vor wenigen Stunden noch ein Stück Brot vom Todgeweihten bekommen hat. Ein unverdorbenes Kind, das nun ein Herz voller Angst in sich trägt.

Der kleine russische Junge rennt dem Gefangenen nach. Umklammert seine Hand, seinen abgerissenen Uniformrock und beginnt zu schreien. Ein gellender Schrei, als würde es sich um den eigenen Vater handeln, der erschossen werden soll.

Schicksalhafte Begegnung – der deutsche Leutnant überlebt und kann entkommen

Durch diesen Angstschrei des Kindes gestärkt, stellt sich nun auch die Mutter des Jungen vor die Russen. Es folgen weitere Frauen und alte Männer. Alle stehen sie nun vor dem Schuppentor und sehen die zusammengefallenen Körper der erschossenen Panzersoldaten und des Infanteristen am Boden liegen. Sie beginnen zu reden, zu beschwören und zu weinen. Sie beginnen mit den russischen Soldaten das Leben eines deutschen Gefangenen auszuhandeln. Die Exekutionsschützen mischen sich in die Menge und versuchen einige Frauen aus ihrem Schussfeld zu jagen. Da verstummen plötzlich alle. Und alle schauen auf zum Himmel. Für Bruchteile von Sekunden vergessen die einen, dass sie Russen sind, und auch der Leutnant denkt nicht mehr an seine österreichische Abstammung und die deutsche Ostfront. Ein schwerer, dumpfer Abschuss – dann noch einer. Alle, Frauen, Kinder, Soldaten und selbst der Deutsche, werfen sich zu Boden. Es scheint, als wollten die eigenen Leute nun das vollenden, was ein russisches Kind soeben in letzter Sekunde verhindert hatte. Wie ein enggeknüpfter Bombenteppich schlägt eine Granate nach der anderen in der umkämpften Ortschaft ein. Was an Gebäuden und Entflammbarem noch brennen konnte, brennt. Was an Frauen, Kindern, Soldaten noch sterben konnte, stirbt.

Jener Leutnant, der eben noch vom russischen Tötungskommando hingerichtet werden sollte, entkommt – wie durch ein Wunder – dem rettenden, deutschen Artillerieangriff und findet sich, zwar schwer verwundet, aber lebend in einem Bombentrichter wieder.

Für jenen Leutnant sollte genau diese Situation in der klirrenden Kälte des 28. April 1943 ein entscheidender Wegweiser für sein weiteres Leben sein. Eine von vielen Schlüsselsituationen für sein künftiges Schaffen und Tun.

Der Name des in letzter Sekunde vom Tod verschonten deutschen Leutnant: Hermann Gmeiner.

Ein packender Kriegsbericht, ein furchtbares Fronterlebnis, welches Hermann Gmeiner zeitlebens begleiten sollte. Eine Episode, die Gmeiner Jahre später selbst so zu Papier gebracht hatte. Ein Buch, ein Manuskript für einen Film wollte er daraus machen; die Geschichte seiner Vision wollte er damit erzählen: »In diesen schrecklichen Augenblicken meines Lebens mitten im grausamen Krieg, in diesen geschilderten Momenten beginnt genau jene Geschichte, die ich eigentlich erzählen will.«

Hermann Gmeiners bittere Kriegserlebnisse – eine Vision beginnt sich zu formen

Er wollte niemanden schockieren oder gar erschrecken mit der detaillierten Beschreibung dieser grauenvollen Szenen, denn Gmeiner selbst hat den Krieg immer gehasst. Er sieht diese Ereignisse vielmehr als Erklärung, als Auftrag und als Schlüsselerlebnis für das, was später einmal als eines der größten und wichtigsten Friedenswerke der Welt bekannt werden und in die Geschichte eingehen sollte: die Idee und Gründung der SOS-Kinderdörfer.

»Wenn ich von dem großen Friedenswerk berichten soll, woran Millionen Menschen in aller Welt seither mitgebaut haben, wenn ich von der Entstehung der SOS-Kinderdörfer in Österreich, Deutschland und Frankreich berichten soll, wenn ich von der weltumfassenden Revolution des Guten spreche und von dem Glück, das Tausende Kinder durch die einfachste Idee der Welt wiedergefunden haben, so gehört gerade diese schreckliche Szene mit zu meiner Geschichte und somit der Geschichte von SOS-Kinderdorf. Sie war der Anfang und Auslöser von allem ...«

Gmeiner erinnerte sich immer und immer wieder an jene Szenen und noch mehr an die darauf folgenden, denn er selbst wurde durch einen Bauchstreifschuss und ein paar Granatsplitter im Oberarm zwar schwer verwundet und von seinen Kameraden in ein Feldlazarett gebracht. Aber der russische Junge, jener Junge, der durch seinen ohrenbetäubenden Angstschrei und seinen Mut Gmeiners Leben gerettet hatte, den sah er tot neben den erschossenen Kameraden auf dem demolierten Scheunentor liegen.

Das Schicksal dieses Jungen und all der anderen Kinder, die im Krieg Eltern, Geschwister, Freunde und Spielgefährten verloren hatten, wo auch immer auf der Welt, sollte Gmeiner fortan nicht mehr aus dem Kopf gehen: »Es hat mich seitdem überallhin begleitet. Es ging mit mir auf meinem ersten Weg von Mankharow zum Hauptverbandsplatz. Als man mich auf einer Tragbahre zurückschleppte, habe ich zu Gott gebetet. Ich habe geschworen, dass ich für diese Rettung mein Leben lang Dank abtragen werde – und dass ich fortan meine ganze Liebe, mein ganzes Sein den Kindern geben werde. Als Dank, den ich meinem Retter, dem toten Russenjungen, nicht mehr erweisen konnte.«

Diesen Schwur hatte der strenggläubig erzogene Katholik und in den Kriegsdienst eingezogene Leutnant Gmeiner nicht mit seinen Lippen gesprochen; nicht mit erhobener Hand und schon gar nicht als Vertrag auf Papier niedergeschrieben, sondern ganz still, ganz für sich allein und vor Gott.

So schildert Hermann Gmeiner selbst eines der prägendsten Schlüsselerlebnisse, das letztendlich zur Gründung seiner »Societas Socialis« führen sollte. Ludwig Stadelmann, Jugendfreund von Gmeiner, weiß über ähnliche Begebenheiten zu berichten: »Die überzeugenden Schilderungen Gmeiners vom Russlandfeldzug haben Berichterstatter und Schriftsteller immer wieder beeindruckt. Daher sind im Laufe der Jahre die verschiedensten Legendenversionen durch Zeitschriften und Bücher gegeistert.« Ihm, Stadelmann, habe Gmeiner eine ähnliche Situation wie folgt beschrieben: Von einem Tagesmarsch erschöpft, habe Gmeiner sich in einem eroberten russischen Bauernhaus mit seinen Kameraden zum Aufwärmen rund um den Kachelofen gelegt. Plötzlich stürmten Russen in die Stube. Ein Bauernjunge, der von den deutschen Soldaten mit Brot und Milch versorgt wurde und mit dem sie Freundschaft geschlossen hatten, schrie in diesem Moment laut auf. Die russischen Soldaten erschraken und im selben Augenblick detonierte direkt vor dem Hofgebäude eine deutsche Granate. Der Fensterstock brach aus der Hausmauer und Gmeiner konnte mit seinen Kameraden durch das Loch in der Wand ins Dunkel der Nacht entkommen.

Legende oder Realität? Kritiker zweifeln an Gmeiners Version

»Ein Zufall!«, sagen die einen. »Wirklich, kann das so gewesen sein?«, fragen die anderen. »Aber man begreift, wie sich die Legende um solch einen Zufall rankt, durch den Hermann für seine SOS-Kinderdörfer am Leben geblieben ist«, erklärt Stadelmann. Professor Hansheinz Reinprecht, Journalist, späterer Kinderdorf-Generalsekretär und einer der engsten Gmeiner-Vertrauten, hegt heute noch Zweifel an diesen Legenden-Versionen: »Auch mir hat er von diesem Erlebnis erzählt, aber er war immer schon ein

Mann, der Situationen und Ereignisse gut ausschmücken konnte. Kann schon sein, dass Gmeiner Ähnliches in seiner Kriegszeit widerfahren ist, aber die Stelle mit der Exekution empfinde ich eher als fragwürdig. Letztendlich ist es doch egal.« Helmut Kutin, eines der ersten Kinderdorf-Kinder im Tiroler Imst, Gmeiner-Vertrauter und heutiger SOS-Präsident, sieht die dramatischen Szenen gelassener: »Gmeiner hat oft bei diesen Schilderungen sehr emotional erzählt. Er verstand es, sich in Szene zu setzen und sehr blumig auszuschmücken. Irgendetwas wird daran schon wahr sein.«

Kritiker, Skeptiker, Gegner und Befürworter haben sich beim Studium von Gmeiners Vita immer wieder diese und ähnliche Fragen gestellt. Der sehr reale und allererste Einfluss auf das spätere Werk Hermann Gmeiners dürfte jedoch schon viel früher in dessen Lebensgeschichte zu finden sein.

KINDHEIT UND JUGEND

Bindung zur und Verlust der Mutter

Die Geschichte Hermann Gmeiners beginnt im vorarlbergischen Alberschwende, einem kleinen Dorf im westlichsten Bundesland Österreichs. Dort ist er am 23. Juni 1919 zur Welt gekommen. Ein kleiner Bauernhof im Weiler Tannen 267 auf 1 300 Meter Seehöhe. Seit Generationen lebte die Familie in und von diesem Berghof mit etwa sechs Hektar Grund, auf dem man mehrere Kühe und ein paar Kälber hielt. Zuweilen hatte man noch ein Pferd für den Holztransport und für den notwendigen Nebenverdienst als Lohnfuhrwerker. Man fristete ein karges, ärmliches Leben. Vater Hermann hatte den Hof im Jahr 1908 übernommen, nachdem er die Bauerntochter Angelika Eberle geheiratet hatte. Dieser Verbindung entstammten neun Kinder (wovon eines kurz nach der Geburt starb): fünf Jungen und vier Mädchen. Hermann Gmeiner kam als fünftes Kind zur Welt. Nur fünf Jahre später musste er von seiner geliebten Mutter für immer Abschied nehmen. Angelika Gmeiner erkrankte an einer schweren Lungenentzündung und starb kurz nach der Geburt des Bruders Anton.

Mit dem Tod der Mutter ist für den knapp fünfjährigen Hermann nicht nur kurzfristig eine harte, aber heile Kinderwelt zusammengebrochen, sondern hierin ist wohl der erste Impuls für seine spätere Berufung zu suchen, wie Gmeiner selbst bestätigte: »Meine Mutter starb, als ich fünf Jahre alt war. Ich kann mich nur noch dunkel an sie erinnern. Doch ich glaube, dass ihr Einfluss auf die Bildung meiner Seele überaus groß war. Sie war eine gute Frau und eine noch bessere Mutter. Einmal, als meine älteren Geschwister etwas angestellt hatten, rief sie uns in der großen Bauernstube zusammen. Sie saß auf einem kleinen, klobigen Stuhl. Lieb, verzeihend, gütig klangen ihre Worte. Damals – das spürte ich schon als Kind – blieb bei uns allen kein Zweifel darüber, dass das, was geschehen war, nie wieder vorkommen durfte. Aber auch, dass unsere Mutter schon verziehen hatte, fühlten wir.«

Während Gmeiner seine Mutter stets als tragende Säule der Großfamilie in Erinnerung und auch beschrieben hatte, schilderte er seinen Vater als herzlichen, gutmütigen, aber nachgiebigen Mann, der sich um den Hof kümmerte und seine Frau nach ihrem Ermessen schalten und walten ließ. »Mein Vater hatte die Betreuung und Erziehung seiner Kinder ganz unserer Mutter überlassen. In seinem arbeitsreichen Bauernalltag war kein Platz für die Aufgabe, sich um uns zu kümmern. Für mich war er ein schweigsamer Mann, der draußen auf den Feldern rings um unseren Weiler Tannen schwere Arbeit verrichtete. Unerschütterlich kämpfte er mit der Natur, dem Schnee, dem Regen, den Steinen. Er unterlag den Naturgewalten oft. Ein um das andere Mal raubten sie ihm den spärlichen Ertrag, den er der Erde abgerungen hatte. Aber er klagte nicht. So unbeirrt, wie er als Bauer noch einmal von vorn anfing, wenn das Werk seiner Hände zerstört war, so tief getroffen war er vom Tode unserer Mutter. Was da auf ihn einstürmte, ging um ein Haar über seine Kräfte. Wir liebten ihn. Wir liebten ihn anders als unsere Mutter. Und nach ihrem Tode liebten wir ihn noch inniger. Er war ein vom gleichen Schicksal geschlagener tapferer Bruder in der Not. Er litt mit uns. Wir erlebten eher unbewusst, dass unsere Mutter die tragende Säule unserer Familie gewesen war. Das schützende Zelt, das sie getragen hatte, stürzte plötzlich in sich zusammen.«

Schwester Elsa als Ersatzmutter – die Basis für das Mütterprinzip

Vater Gmeiner war mit dem Tod seiner Frau und den acht Kindern zusehends überfordert und zog sich noch mehr in sich zurück. Das Leben am Bergbauernhof wurde nicht zuletzt durch die wachsende Wirtschaftskrise am Ende der 1920er-Jahre schwerer und schwerer – und die Arbeit noch härter. Eine Tante hatte kurzfristig die Fürsorge über die halbwaisen Kinder übernommen. »Es hat nicht geklappt. Meine älteren Geschwister konnten mit der Tante nicht auskommen, ja haben sie abgelehnt und dies dem Vater mitgeteilt«, weiß Gmeiner aus Erzählungen der Älteren. So kam es, dass die Tante den Hof wieder verließ und die halbwüchsigen Geschwister dem stillen und stets ergebenen Vater ein für damalige Verhältnisse ungewöhnliches Versprechen abverlangten. Gmeiner musste seinen Kindern trotz des tragischen Verlusts der Mutter die Zusicherung machen, nicht wieder zu heiraten. Im Gegenzug versprachen die älteren Geschwister, die Sorge um den Hof und die jüngeren Geschwister gemeinsam mit ihm zu teilen. Der Vater stimmte zu und Elsa, die älteste Tochter, erklärte sich von diesem Zeitpunkt an bereit, die Rolle der Mutter zu übernehmen. Der häusliche Friede kehrte wieder ein.

»Meine Schwester Elsa war damals erst 16 Jahre alt und beinahe zu jung für diese große Herausforderung und die noch größere Verantwortung. Aber es fiel ihr umso leichter, in diese Rolle der Ersatzmutter hineinzuwachsen, je deutlicher sie spürte, welche Wohltat sie uns allen, ihren Geschwistern und unserem Vater, bereitete. Die Schulden, die wir abzutragen, die schwere Arbeit, die wir zu leisten, die Armut, die wir zu ertragen hatten, waren außerstande, den familiären Zusammenhalt, dieses starke Bündnis zu zerrütten. Wir lernten einander zuliebe, Opfer zu bringen. Und so gelang es uns, in einem neuen Leben Fuß zu fassen und das zerstörte Zelt wieder aufzubauen«, erinnert sich Hermann

Gmeiner an die große Sorgfalt und Liebe, mit der er und seine Geschwister von der Ältesten, Elsa, großgezogen wurden. Hierin besteht auch für Gmeiner-Intimus Helmut Kutin das Schlüsselerlebnis und die erste, vielleicht noch unbewusste Konfrontation mit der späteren Kinderdorf-Idee: »Eindeutig das Schlüsselerlebnis, das Hermann Gmeiners ganzes Leben prägen sollte.« Die intellektuelle Basis für Gmeiners späteres Mütterprinzip war geschaffen.

Elsa übernahm wie selbstverständlich die Pflichten der Verstorbenen, und alles wurde wieder beinahe wie früher. Hermann hatte eine glückliche Kindheit: bei der Feldarbeit, beim Melken der Kühe, bei seinen ausgedehnten Streifzügen in der Natur und vor allem in der Schule. 60 Schüler aus dem Umkreis des Dorfes pilgerten täglich in die kleine Volksschule. Nur ein Lehrer sorgte für das geistige Weiterkommen seiner Zöglinge, von denen einer ganz besonders herausstach: Hermann Gmeiner. Theresia Wirth, Nesthäkchen der Gmeiner-Familie und Hermanns Lieblingsschwester, erinnert sich heute noch an die Schulzeit in Alberschwende: »Es war eine sehr harte Zeit. Wir waren arm, hatten nicht viel zum Leben und acht Mäuler sollten erst einmal täglich gestopft werden. Schule, Arbeit zu Hause und dann der Verlust der Mutter machten unser Leben nicht gerade leicht.« Und natürlich erinnert sich die heute 89-Jährige immer noch gerne und mit Stolz an ihren großen Bruder Hermann: »Der Hermann war anders als wir. Immer schon. Auch schon als Kind. Einer, der immer mehr erreichen, erforschen und erfahren wollte. Dabei war er aber zu uns Geschwistern sehr lieb.« Auch der Dorflehrer hatte erkannt, dass dieser Junge für Höheres geschaffen war, wenn auch nicht immer ganz freiwillig, wie »Resi« zu erzählen weiß: »Hermann war in der Schule aufmüpfig, frech und hat dem Lehrer oft die Welt und vor allem seine Sicht der Dinge erklärt. Er hat ihm immer wieder widersprochen, so lange, bis der Herr Lehrer das akzeptiert hat.« Unter den Geschwistern hat Hermann schon als

Junge die Führungsposition eingenommen: »Selbst den Älteren hat er gesagt, wo es langgeht. Was der Hermann wollte, haben wir alle schließlich gemacht. Er war immer schon eine Führungspersönlichkeit, die ihren Willen durchsetzen wollte und konnte. Mich wundert es nicht, dass er die Kinderdorf-Idee fast im Alleingang und gegen alle Widerstände durchgesetzt hat.«

Hoch hinaus wollte der Junge aus Alberschwende schon in jungen Jahren. Das kleine Tal im Bregenzer Wald wurde schon sehr früh zu eng, viel zu eng für Hermann. Seine erste Vision: ans Gymnasium, zum Lernen. Er hatte Talente, die keinem der Gmeiner-Kinder in die Wiege mitgegeben worden waren. Talente, die auch der Dorflehrer erkannte und förderte. Er war es auch, der Gmeiner schließlich den Weg ins Gymnasium in der nächstgelegenen größeren Stadt Feldkirch ebnete. Lernen wollte er schon früh, der Hermann. Und er war damals der Einzige aus Alberschwende, der wegging zum Lernen, zum Weiterkommen. Was ihm bald in der Familie und in der Dorfgemeinschaft den Kosenamen »Der Studierte« einbrachte. Anfangs wohnte er bei seinen »Professoren« (Lehrern), die ihn ob seines Ehrgeizes und seiner Wissensgier sehr schätzten. Und wieder förderten. Beinahe täglich fand der arme Bauernjunge einen anderen Gönner, wenn es um den Mittags- oder Abendtisch ging.

Später bezog er ein kleines, einfaches Zimmer in der für Gmeiner »großen« Provinzstadt. Kälter und unpersönlicher war es hier. Die Familie, die Geschwister, der Bauernhof fehlten dem jungen Studiosus. Immer öfter erinnerte sich Gmeiner an die sterbende Mutter und deren letzte Worte: Damals an jenem traurigen Tag, es war nun schon zehn Jahre her, hatte man die Kinder ins Sterbezimmer gerufen. Sie wollte all ihre Lieben noch einmal um sich haben. Auch der Vater war dabei. Abgewandt, denn er wollte nicht, dass seine Kinder ihn weinen sehen. Und dann, kurz bevor sie für immer ging, hatte die Mutter jedem der Kinder mit ihren guten Augen sanft ins Gesicht gesehen und jene Worte gesagt, die

Hermann nun immer wieder ins Gedächtnis kamen: »Bleibt gut, Kinder!« Worte, die er in stillen Stunden, egal wo auf der Welt, immer wieder hören sollte, sein ganzes Leben lang. Worte, die ihn auch in gewisser Weise zum späteren Studium inspirieren sollten. Gut bleiben und Gutes tun. Ein unterbewusster Auftrag, ein Versprechen, das er am Totenbett seiner Mutter eingegangen war. Gutes an den Menschen tun. Das wollte Gmeiner durch das Studium der Medizin realisieren. Der Eid des Hippokrates hatte ihn beeindruckt. Der Entschluss, Arzt zu werden, war gefasst.

Der Bergbauernsohn aus Vorarlberg mutiert zum Studiosus und Philosophen

»Noch vor meinem 13. Lebensjahr erwachte in mir der Wunsch zu studieren. Es war ein heißer, jedoch in Anbetracht der Verhältnisse, in denen wir lebten, fast unerfüllbarer, vermessener Wunsch. Während mein Vater und meine Geschwister wohl insgeheim hofften, dass ich mir diese Gedanken an ein kostspieliges Studium aus dem Kopf schlagen würde, betete ich um ein Wunder. Um das Wunder, studieren zu dürfen«, notierte Gmeiner später. Er spürte in sich den Drang, aus der Enge des bäuerlichen Alltags entfliehen zu müssen. Sich selbst und seine Aufgaben finden zu müssen. Da die Familie nicht in der Lage und auch nicht willens war, Hermann seine »Spinnereien« zu finanzieren, kam das Wunder in Person des Dorfpfarrers von Alberschwende zu Gmeiner, der Gmeiners außergewöhnliche intellektuelle Fähigkeiten erkannte und durch seine Verbindungen förderte. »Hermann war immer schon anders. Hat so viel gelesen und sich für alles interessiert. Wir haben ihn nicht verstanden und natürlich als Spinner hingestellt. Er wusste, dass am Hof jede Hand gebraucht wurde, und deswegen ist er auch sehr wehmütig und mit einem schlechten Gewissen uns und dem Vater gegenüber zum Studieren gegangen.

Wir waren noch sehr jung und haben ihn einfach nicht verstanden«, erinnert sich Schwester Resi an die geistigen Eskapaden und die etwas andere Denkweise ihres intellektuellen Bruders.

»Wenn mich meine Familie, Freunde oder die Lehrer auf Widersprüche in meinen Gedankengängen aufmerksam machten oder mir vorwarfen, ein idealistisches Bild vom Menschen zu entwickeln, das der Wirklichkeit nicht entsprach, fühlte ich mich missverstanden und auch niedergeschlagen. Ich bildete mir ein, mit meinem Aufbegehren gegen die Missachtung des Guten allein auf weiter Flur zu stehen. Heute glaube ich, dass zwischen dem Interesse des Menschen an sich selbst und seinem Interesse am Zusammenleben in Gesellschaft, zwischen der Verpflichtung zu sich selbst und seiner Verpflichtung den anderen gegenüber kein fundamentaler Widerspruch besteht. Ist das Streben nach dem Guten gleichbedeutend mit der dialektischen Überwindung des Widerspruchs zwischen Altruismus und Egoismus?«, reagierte der zumeist Missverstandene noch Jahre später auf die oftmals quälenden Vorwürfe.

Die Gymnasialzeit in Feldkirch verlief für den wissenshungrigen Gmeiner nur zum Teil erfreulich. Musste er doch noch als knapp 17-jähriger Bauernjunge eine Klasse mit 13-Jährigen besuchen. Dann scheiterte er auch noch beim Lateinexamen. Nicht der Lehrplan, sondern die Philosophie hatte es ihm angetan. Er beschäftigte sich mehr mit Nietzsche, Kant, Hölderlin oder Pestalozzi als mit seinen Schulfächern. Er schwänzte oft die Schule und konnte nicht begreifen, dass eine Grundausbildung zum Studium so lange dauern konnte. »Für mich war es deprimierend, bedrückend und manchmal demütigend, dass man um Jahre älter ist, aber nicht gescheiter als die anderen Mitschüler. Auf jeden Fall ist man dabei recht klein geworden, wenn man es nicht schon war. Wer weiß, wenn es den Weg zurück in unser Dorf gegeben hätte, vielleicht wäre ich ihn gegangen. Doch den Weg zurück gab es nicht. Wer unseren Weiler Tannen in Alberschwende einmal verlassen hat, der steht eigentlich nur noch vor der Wahl, als gemachter Mann oder als Gescheiterter heimzukehren. Ich habe mich für Ersteres entschieden. Also nahm ich, einmal fröhlich gestimmt, einmal verdrossen, immer wieder die Bemühungen auf, den Kampf mit dem Leben zu gewinnen.« In der Klassengemeinschaft gelang dieser Kampf nicht immer, denn Gmeiner war als schrullig, eigenartig und wieder einmal als »rechter Spinner« verschrien. Er verbrachte seine spärliche Freizeit mit dem Studieren seiner ganz persönlichen Präferenzen fernab des Lehrplans und – so erinnert sich Schwester Resi heute noch verwundert: »Der Hermann hat in Feldkirch ja sogar ganz wilde Hypnoseversuche an Katzen vorgenommen. Die dürften ihm dann wirklich aufs Wort gefolgt haben, so stolz hat er davon erzählt. So war er. Immer wollte er das Sagen über andere haben, egal ob Tier oder Mensch. Er hatte diese beherrschende Führerrolle schon als Kind im Blut.«

Ein schlechter Schüler – doch Hermann Gmeiner strebt nach Höherem

Schulisch lief es weniger erfreulich. Seine einzigen, wirklich messbaren Erfolge konnte Gmeiner damals im Sport verbuchen. Besondere Verdienste holte er sich im Turnen und gelangte so wieder zu Ansehen und Akzeptanz bei den Mitschülern. »Ich hatte einen Vorteil auf meiner Seite, der mir letztendlich half, die Feldkircher Gymnasialzeit doch noch ganz gut zu bestehen. Der harten Bauernarbeit am Hof verdanke ich nämlich eine hervorragende Kondition. Als Turner, Radfahrer und Skiläufer verschaffte ich mir bei meinen Kameraden und Lehrern mehr Respekt denn als Mathematiker. Warum begnügte ich mich nicht mit den leicht erreichbaren Erfolgen? Warum glaubte ich, dass sich der Mensch über sich und seine Welt eher zu wenig als zu viel den Kopf zerbrach? Warum war ich nicht wie all die anderen,

deren Kunst zu leben in der Kunst bestand, den Hindernissen aus dem Weg zu gehen?«

Gmeiner war anders als die anderen Jugendlichen. Wenn die Probleme des Alltags für die anderen längst erledigt und ad acta gelegt waren, begann in ihm der Kampf um prinzipielle Entscheidungen. Ein oft endloser, zermürbender Kampf, der ihm immer wieder vor Augen hielt, dass er nicht aufgeben dürfe, nicht nachlassen und weiterforschen müsse. Die Antwort auf viele seiner quälenden Fragen fand er oftmals in Gesprächen mit engen Freunden, mit Gleichgesinnten, derer es nur wenige im engen Feldkirch gab. Das Abenteuer des Denkens übte eine ungeheure Anziehungskraft auf den jungen Gmeiner aus. Stundenlang stand er oft am Fenster seines Zimmers, starrte auf die Straße und beneidete seine Kameraden, die rauchend, scherzend und völlig unbefangen hin und her flanierten. Er selbst konnte all das nicht. Er bewunderte deren Leichtfertigkeit und litt. »Doch dann packte mich wieder einer von diesen Gedanken, der sich über das Hier und Heute hinausschwang, dem zu folgen es einen gewissen Mut erforderte, der ab und zu dem Versuch des Kolumbus glich, Indien auf einer neuen Route über den Ozean zu erreichen.«

Sehr nah kam er diesen Zielen stets, wenn er spätabends oder im Morgengrauen einen Abstecher auf den Ardetzenberg, den Feldkircher Hausberg, machte. Bei Sonnenaufgang meditierte er, machte sich frei vom Alltagstrott und fand dort oben Antworten auf seine lebensphilosophischen Fragen. Hier lösten sich für ihn oft die inneren Widersprüche auf. Hier beim Durchstreifen der Wiesen und Wälder konnte er durchatmen und neue Kraft schöpfen. Wieder waren es die gelesenen Philosophen und der streng anerzogene Glaube, die Gmeiner beschäftigten. So universell sein Interessenkreis damals auch war, von Politik wollte Gmeiner nichts wissen. Geschichte, ja. Belesen im Altertum, im Mittelalter und auch im Beginn der Neuzeit war er, nur die Tagespolitik, das Zeitgeschehen in Österreich und den angrenzenden Nachbarstaaten, dafür konnte und wollte Gmeiner kein Interesse entwickeln. Auch was sich in der fernen Bundeshauptstadt Wien in diesen Jahren ereignete und abzeichnete, das waren für den Vorarlberger vielmehr fernöstliche Probleme als aktueller Alltag.

Der Beginn des Zweiten Weltkriegs und Gmeiners Ausschluss aus der Hitlerjugend

Nietzsche und Kant standen Hermann Gmeiner wesentlich näher als Dollfuß und der keimende Nationalsozialismus. Völlig überrascht und wenig beeindruckt zeigte sich der Philanthrop demnach auch im März 1938 über den deutschen Einmarsch in Österreich und den »Anschluss« seiner Heimat an das Deutsche Reich. Ganz im Gegenteil: Wie viele Gymnasialkollegen meldete sich Gmeiner von der nationalen Begeisterung erfasst bei der Hitlerjugend an und besuchte gelegentlich die nationalen Schulungsabende. Dort wiederholte sich, wofür Gmeiner schon am Gymnasium berüchtigt war: Er begann zu widersprechen, als der Schulungsleiter in einseitigen Darstellungen die historischen Begebenheiten verdrehte und einen Frontalangriff auf die von Gmeiner hoch geschätzte Institution der Kirche und den von ihm gelebten christlichen Glauben startete. Gmeiner konnte mit seinem fundierten geschichtlichen Wissen die anwesenden HJ-Novizen von der offensichtlichen Irreführung überzeugen und die wahren Hintergründe und Zusammenhänge mehr als glaubhaft erläutern. Fazit: Hermann Gmeiner wurde nach nur wenigen Wochen als »subversives Element« aus der Hitlerjugend ausgeschlossen.

»Schon in jungen Jahren glaubte ich, zunächst vage, dann mit zunehmender Bestimmtheit, mir und den anderen einen schlechten Dienst zu erweisen, wenn ich nichts als Anpassung an das Übliche, an die gesellschaftlichen Gegebenheiten und Konventionen anstrebte.« Nicht aus politischer oder nationaler Motivation, sondern aus sozialem Antrieb – die Worte der Mutter im Gedächtnis – meldete sich Gmeiner nach Schulschluss im Sommer 1938 zur Ferienarbeit beim »Hilfszug Bayern« in Nürnberg an. Keine herausfordernden und aufregenden Arbeiten hatte der 19-Jährige dort zu verrichten, es war die soziale Betreuung der bereits Not leidenden Bevölkerung, die ihn anspornte und aushalten ließ. Nebenbei hatte Gmeiner weiterhin noch jede Menge Zeit, sich seinen Büchern zu widmen, und freute sich auch über die ganz passable Bezahlung, die ihm das kommende Schuljahr um einiges erleichtern würde. Und: Der Bergbauernsohn aus Alberschwende war zum ersten Mal über die Grenzen seines Landes hinausgekommen. Nürnberg war zudem eine geschichtsträchtige Stadt.

Der Sozialdienst im Sommercamp sollte ebenso schnell vergehen wie das darauffolgende Schuljahr. Es endete erstmals für österreichische Schüler mit der Beurteilung in der pädagogischen Diktion des Deutschen Reiches, die neben den herkömmlichen Noten eine genauere Beschreibung der Haltung des Schülers aufwies. Bei Gmeiner lautete diese: »Der Schüler Hermann Gmeiner ist kräftig, leistungsfähig und zielstrebig, als Vorturner im Leibeserziehungsunterricht sehr brauchbar, jederzeit kameradschaftlich und hilfsbereit, etwas schwerfällig und wechselnd im Fleiß.«

Den Sommer 1939, seinen letzten vor dem Abitur, verbrachte Gmeiner wieder in einem Arbeitscamp. Nicht im geliebten Nürnberg, sondern an wechselnden Orten im Westen Deutschlands. Dieser Sommer und die aktuellen Ereignisse ließen den sonst so unpolitischen Schüler etwas tiefer in die aktuelle Zeitgeschichte eintauchen. Der Krieg war ausgebrochen und der Schulbeginn in Feldkirch war ein anderer als sonst. Es war düsterer geworden. Die immer häufigeren Verdunkelungsaktionen hielten die Ernsthaftigkeit der Situation selbst einem Hermann Gmeiner klar vor Augen. Immer mehr seiner Freunde und Gesprächspartner mussten in diesen Tagen Feldkirch verlassen. Sie wurden eingezogen zum Kriegsdienst. Er begann zu verstehen, dass da draußen eine andere Welt herrschte als in den Schriften und Büchern seiner geliebten Vorbilder. Mehr und mehr begann er wieder Trost und Ablenkung in der Religion und der Philosophie zu suchen – mit einem gravierenden Unterschied: Waren es vor Kurzem nur seine eigenen Probleme, die er einer Lösung zuführen wollte, so machte er sich nun um das Schicksal eines ganzen, seines Volkes sorgen. »Bleibt gut, Kinder!« – der Satz der sterbenden Mutter konnte in Zeiten wie diesen nur schwer in die Realität umgesetzt werden, denn es herrschte Krieg. Gott hat das Morden verboten, aber im Krieg wird genau das technisch organisiert, ja es wird sogar zur patriotischen Pflicht. Ein neues, unlösbares Dilemma kündigte sich für Gmeiner an. Wie sollte man Gutes tun? Wie konnte man den Krieg verhindern und den Frieden sichern? Vor allem in der Weihnachtszeit dieses Jahres, die er auf dem heimischen Hof verbrachte, musste Gmeiner unaufhörlich über den Frieden und ein zu schaffendes Friedenswerk nachdenken.

Zur angestrebten Reifeprüfung und somit zum Freibrief für seinen Traum, dem Universitätsstudium, sollte es in diesem Jahr nicht mehr kommen. Denn auch Hermann Gmeiner wurde zum Kriegsdienst einberufen.

KRIEGSJAHRE

Einberufung zur Wehrmacht – Hermann Gmeiners Vaterrolle entwickelt sich

Am 27. Februar 1940 hatte sich der Wehrdienstpflichtige um exakt 17.00 Uhr bei der 12. Kompanie des Gebirgsjäger-Ersatzregiments Nr. 136 im Tiroler Landeck einzufinden. Ein völlig neuer Lebensabschnitt hatte für Hermann Gmeiner begonnen. »Die Einberufung zur deutschen Wehrmacht beendete einen Abschnitt meiner Lehrjahre. Ein neuer begann, indem ich die Welt und die Menschen von einer anderen, neuen Seite kennenlernen sollte. Vom Gymnasium trennte ich mich ohne Begeisterung für das Militär, aber auch ohne viel Wehmut. Die Schule war mir eine zu kleine, zu enge Welt geworden, und ich fand, es wäre an der Zeit, sich vom behäbigen Kleinstadtfrieden frei zu machen und sich in unwegsameren Bereichen des Lebens zu bewähren. Zugleich ahnte ich, dass mir eine Zeit der Prüfungen bevorstand, der ich keineswegs frohen Mutes entgegenging.« Gmeiner begann sich schnell auf den tristen Kasernenalltag einzustellen und lernte eine neue Facette der sozialen Gemeinschaft, das Erleben der Kriegskameradschaft, kennen. Anders als in der Schulzeit übernahm diese Kameradschaft geradezu eine kompensatorische Komponente in seinem verzweifelt-einsamen Dasein. Schnell waren Freundschaften geschlossen, Gesprächspartner gefunden und Gmeiner konnte sich beweisen und bewähren. Er erhielt Anerkennung, fühlte sich bestätigt und war sich einmal mehr bewusst, dass er für Großes auserkoren war.

Eine Analyse von Gmeiners späterem Universitätsprofessor und Freund Vinzenz Neubauer hält fest: »Die Fähigkeit, mit Menschen umzugehen, das heißt, sie für sich zu gewinnen, dabei aber gleichzeitig über sie zu bestimmen, hat der junge Gmeiner im Krieg bis zur Perfektion entwickelt. Das kriegerische Kampfgeschehen bot Gmeiner zum ersten Mal die Gelegenheit, Führereigenschaften und eine Vaterrolle zu entwickeln. Er durfte ein Vater sein, der sich um das Wohl der Seinen kümmerte. Ein Vater, wie er sich diesen in seiner Kindheit immer gewünscht hatte. Dabei erlebte er gleichzeitig das stolze Bewusstsein und die tiefe Befriedigung, Menschen in Notsituationen helfen zu können. Genau diese Betreuer- und Führerrolle übernahm Gmeiner später auch für die Kinderdorf-Arbeit. Er blieb der ›Spähtruppführer‹ in dem ihm unbekannten Land der Sozialfürsorge, der eine verlässliche und ergebene Stoßtruppe um sich versammelte.«

Ein Kampf für das Vaterland, nicht für den Führer

Nicht nationales Gedankengut oder die Lust am Krieg ließen Gmeiner zur deutschen Wehrmacht gehen. Es war das Notgedrungene und wieder der Gedanke, »Gutes zu tun«, selbst oder gerade in dieser trostlosen Zeit. Was dem SOS-Kinderdorf-Gründer später von Kritikern und Gegnern oft angekreidet wurde – eben Gmeiners Kriegseinsatz – erklärte der schon früh so: »Es war die Zeit, in der so viele Menschen, wenn nicht gar die meisten, von den spektakulären Erfolgen der Politik Hitlers und seinen Blitzsiegen berauscht waren. Dank einer tief unter die Haut dringenden Propaganda waren sie überzeugt, Vollstrecker einer gewaltigen Wende in der Geschichte des Abendlandes zu sein. Sie glaubten, alle Opfer, die ihnen ein so ›großartiger Auftrag‹ abverlangte, freiwillig auf sich zu nehmen. Der eine oder andere sah sich schon in einer künftigen Herren- und Führerrolle in einem Stück eroberter und ihm zu Füßen liegender Welt. Die anderen genossen, so gut es ging, das Freisein von den bürgerlichen Unterhalts- und Treuepflichten, vom eintönigen Berufstrott und von der aufreibenden Verantwortung für ihre Familie. Nur wenigen kam in den Sinn, dass sie in Wirklichkeit die Verführten und Verkauften waren. In ihren Augen flackerte manchmal die Erkenntnis auf, ohnmächtige Figuren in einem abenteuerlichen Spiel zu sein, das um ihr Leben gespielt wurde, in einem Spiel, das den Sinn des Daseins und der Geschichte auf den Kopf stellte und zumindest sie selbst um viele Chancen ärmer machte.«

Ob als unerfahrener Rekrut bei der Ausbildung zum Gebirgsjäger im Tiroler Landeck oder später als dekorierter Leutnant in Russland: Gmeiner versuchte immer das Beste aus der unausweichlichen Situation zu machen. Sein soziales Herz ließ ihn über die Wut über diesen Krieg hinaus immer wieder auch eine menschlich sinnvolle Seite entdecken: »Die Tage, Wochen und Monate vergingen. Und ich entdeckte weit und breit nichts, was ich zu meiner eigenen Sache zu machen imstande gewesen wäre, außer der Pflege der Kameradschaft, der Bemühungen um Hilfsbereitschaft, gegenseitige Rücksichtnahme und Harmonie in der zwangsläufigen Schicksalsgemeinschaft, der wir vorübergehend alle angehörten. Denn in dieser Soldatenwelt gab es nichts Bleibendes. Auch der Mensch war letzten Endes nur so viel wert, als er vorübergehend für eine Sache ins Spiel gebracht und gebraucht werden konnte. Eine Sache, die ihm eindringlich als seine ureigenste Sache dargestellt wurde.«

Gmeiner durchlief, wie so viele damals, die übliche Wehrdienstlaufbahn: Er begann als Rekrut in der Gebirgsjäger-Kaserne in Landeck. Eine harte Ausbildung mit wenig Abwechslung. Bis er im Juni 1941 an die Front einberufen wurde. Als durchtrainierten Sportler hatte man ihn in Norwegen und später in Finnland einem Regiment des Fahrradzuges zugeteilt. Gmeiner versuchte diesen Einsatz lange Zeit zu verschleiern. Mit gutem Grund, so der spätere Kinderdorf-Vater: »Als ich meine Mission der SOS-Dörfer in Skandinavien, eben auch in Norwegen und Finnland, begonnen hatte, wäre es nicht gut gewesen, dass die Leute erfahren hätten, dass ich genau hier meinen NS-Militärdienst geleistet habe. Zu groß waren damals noch die Vorbehalte. Zu groß der Schmerz der Bevölkerung, dass sie das verstanden hätte. Obwohl ich nie dort oben in einen Kampf verwickelt war. Ich war ja nur in Bereitstellung.«

Nach wenigen Wochen in Bereitstellung und des Vormarschs in Richtung Russland wurde ihm bereits der Dienstgrad eines Gefreiten verliehen. Der erste Kampfeinsatz im russischen Grenzgebiet führte auch gleich zur ersten Verwundung. Ein befreundeter Kamerad Gmeiners, der Theologiestudent Karl Glatzer, kam bei diesem Angriff ums Leben. Was Gmeiner bis dahin nur von Erzählungen kannte, wurde nun bittere Realität. Der erste schmerzliche Verlust eines Kameraden im Kriegseinsatz. Der verwundete Gmeiner wurde zur Genesung in die Heimat transportiert und musste ein halbes Jahr in einem Lazarett in Klagenfurt verharren.

Wieder bei Kräften, meldete er sich bei einer Eliteeinheit, dem Hochgebirgsbataillon 1 in Berchtesgaden, zum neuerlichen Kriegseinsatz. Der Kaukasus war das Ziel der Elitetruppe. Wilfried Peters, ein Kamerad Gmeiners aus besagtem Bataillon, erinnert sich an die erste Begegnung mit dem späteren Freund: »Während der langen Fahrt in den Kaukasus hatte ich oft die Gelegenheit, mit Gmeiner zusammen zu sein. Er verhielt sich mir und auch allen anderen jüngeren Kollegen gegenüber sehr bescheiden und liebenswürdig und hat als Älterer seine Erfahrungen nie überheblich hervorgekehrt. Er hatte so etwas Väterliches an sich, das ihm das Vertrauen von uns allen einbrachte. Es war eine harte, gefährliche Zeit. In den wenigen ruhigen Stunden erfuhr ich, was Hermanns Denken wirklich beschäftigte – abseits der waghalsigen Stoß- und Spähtruppeinsätze. Er suchte stets nach einem Weg, das Leben der Menschen lebenswerter zu machen. Im Krieg und nach dem Krieg. Manchmal sprach er davon, dass man zuerst die Kinder von Not und Elend befreien müsste, um eine bessere Zukunft gestalten zu können.« Obwohl Tausende Kilometer entfernt, war der heimatliche, geistige Nährboden, ja dieses prägende Gute aus Alberschwende, für Gmeiner immer präsent.

Trotzdem tat Gmeiner tapfer jene Pflicht, die den Soldaten in diesen Tagen auferlegt war. Und er wurde abermals schwer verwundet. In einem Wehrmachtsbericht aus den ersten Novembertagen das Jahres 1942 ist nachzulesen: »Gmeiner hat durch einen mit größtem Schneid und Tapferkeit durchgeführten Spähtrupp am 30. Oktober auf den Bergköpfen südlich Perewalny die Grundlage geschaffen, dass der Durchbruch des bereits von den Russen eingeschlossenen Bataillons gelungen ist. Gmeiner, der sich bereits in allen vorher stattgefundenen Gefechten als äußerst tapferer und geschickter Gruppenführer ausgezeichnet hat, erhielt am 6.11.1942 das EK II für seinen opferbereiten Einsatz am Gajmanberg. Gmeiner wurde bei der Durchführung des Spähtrupps sehr schwer verwundet.«

Weitere Auszeichnungen sollten ebenso folgen wie weitere Verwundungen. Die Ernennung zum Offiziersanwärter und ein zweiwöchiger Heimaturlaub wurden Gmeiner als Lohn für seinen Einsatz um das Vaterland zuteil. In einem Brief an einen Frontkameraden schrieb er damals: »Ich schreibe Dir von zu Hause, losgelöst von aller Schwere der Zeit und des persönlichen Leidens. Ich schreibe Dir von dem Fleckchen Erde, das mir ewig heiliger bleiben wird als jeder andere Weltenort. Die Glückseligkeit geben mir nur meine Heimatberge, meine Lieben daheim und unser Haus, unsere lichte Stube.«

Auszeichnungen, Verwundungen, Reflexionen

Das Jahr 1943 sollte neben der Ernennung zum Leutnant an der Militärakademie in Wiener Neustadt, einer neuen Verwundung und dem dritten Fronteinsatz in Russland eben jene Begebenheit mit sich bringen, die Gmeiner zu Beginn des Buches so beeindruckend selbst schilderte. Eine jener Schlüsselsituationen in seinem Leben, die mehr zählte als Fronterfolge und Auszeichnungen, jene Erlebnisse, die ihn sein restliches Leben prägen und prüfen sollten.

»Was ich von der Front mit nach Deutschland brachte, war nicht viel. Eine zerfetzte Uniform, mein Soldbuch, Schuhe und ein Dutzend Notverbände. Im Ganzen gesehen nahm ich aber noch mehr mit: Granatsplitter, Durchschüsse und ein paar Knochenverletzungen. Sie waren in den Karteien zahlreicher Lazarette in Reichenberg, St. Pölten und in Tölz ebenso registriert wie in Riedberg und Bregenz. Damit ich sie selbst überdies stets in Erinnerung behalten sollte, steckte man mir das goldene Verwundetenabzeichen an meine Brusttasche. Überhaupt, ich sollte an alles denken, was ich in den vergangenen drei Russlandjahren erlebt hatte: Ich hätte die Kesselschlacht im Kaukasus nicht vergessen sollen, daran mahnte mich an meiner linken Brusttasche das Eiserne Kreuz erster Klasse. Dann Narvik, Murmansk; dafür schlang man mir das EK II-Band durchs Knopfloch. Sturmabzeichen, Bänder und noch ein paar Metallschilder. Alle Auszeichnungen für Tapferkeit vor dem Feind. Ich hatte Angst vor dem Sterben, deshalb verteidigte ich verzweifelt mein Leben. Das war alles. Und deshalb erschien ich den anderen tapfer. Vor allem nachher, als ich meine Orden trug. All diese Auszeichnungen hingen an mir. An meinem Uniformrock. Außen dran. Sie blieben das, was sie immer waren: Blech.«

Auch sein SOS-Wegbegleiter, Dr. Hansheinz Reinprecht, erinnert sich an zahlreiche Gespräche, in denen Gmeiner über seinen Kriegseinsatz Rechenschaft ablegte: »Wie wir alle, musste auch Hermann in den Krieg ziehen. Nicht mit Begeisterung und zum Gruß erhobener Hand und wehenden Fahnen. Gmeiner hielt nicht viel von den Nazis und Hitler. Er ist auch nicht in dieser Gesinnung losgezogen, sondern er hat immer wieder betont, dass er für das Vaterland und gegen den Bolschewismus gekämpft habe. Er war aus einer erzkonservativen, sehr christlichen Familie und es gab eben keine Alternative. Er hatte natürlich wie wir alle gedacht, dass wir den Krieg gewinnen.« In einer Tagebucheintragung ist Gmeiner auch auf einen eventuellen Sieg der deutschen Wehrmacht eingegangen und reflektierte dann das Kriegsende durchaus widersprüchlich.

Einerseits konnte er als Bauernsohn, ohne Ausbildung, ohne Abitur und ohne finanziellen Rückhalt in kein gutbürgerliches Leben zurückkehren. Andererseits fühlte er immer wieder sein seit der Kindheit stark ausgeprägtes missionarisches Bewusstsein, das ihn zu Höherem verhelfen sollte. So empfand er das bittere Kriegsende daher auch als Erlösung, als persönliche Freiheit, in der er nun endlich darangehen konnte, mit Gleichgesinnten seine große soziale Tat in die Realität umzusetzen, von der er allerdings noch nicht wusste, wie sie konkret aussehen sollte.

Sein positives Fazit des verlorenen Krieges: »Ich habe damals gewusst, wenn wir den Krieg gewinnen, dann wirst du Gmeiner, wahrscheinlich dein ganzes Leben lang in irgendeiner verhassten Welt draußen sein als Kommissar, als deutscher Verwalter, als einer, den das mächtige Deutschland hinausschickt. Alle anderen sind Sklavenvölker rundherum und ihr alle müsst wie in einem alten Rom einem Germanien Verwalter sein und die Sklaven unterdrücken. Wir können alle glücklich sein, dass wir den Krieg verloren haben. Sonst wäre unser Leben ein armes, armes Leben geworden.«

Kriegsende – Kriegsgefangenschaft

Der Krieg war zu Ende. Endlich wieder in Freiheit und doch war es für Gmeiner noch nicht möglich, sich frei zu bewegen. Nach seiner Entlassung aus dem Lazarett Bregenz-Marienburg konnte er nicht zur Familie auf den Weiler Tannen zurückkehren. Er versteckte sich auf einer Alm hoch oben im Bregenzer Wald vor den Franzosen, die mittlerweile als Schutzmacht Vorarlberg besetzt hatten. Ohne offizielle Entlassungspapiere wurde er von einer französischen Patrouille aufgegriffen und verhaftet. Er verbrachte die Zeit bis November 1945 in Kriegsgefangenschaft, bevor er dann endlich wieder daheim war, am Bergbauernhof seines Vaters und seiner Geschwister.

Nach dem Krieg: Hermann Gmeiner steht im sozialen Abseits

»Oft beschämt und manchmal sehr verzweifelt stellte ich fest, dass so viele Gedanken, die im ersten Augenblick eine Klärung der Situation versprachen, mit den Worten ›Nach dem Krieg …‹ begannen. Der Krieg war nun vorbei. Und dennoch gelang mir oft sonst nichts als die Flucht zu Erinnerungen an meine Kindheit und Jugend, die ich nun, hier auf dem elterlichen Hof, mit überraschender Intensität noch einmal erlebte.« Gmeiner musste in seiner Verzweiflung an die vielen Freunde, Bekannten und Kameraden denken, die draußen geblieben waren, an den Fronten des unsäglichen Krieges. Sein ältester Bruder Jodok war in Frankreich gefallen. Seine beiden anderen Brüder waren noch nicht aus der Gefangenschaft zurück. Der Vater war alt und krank. Also musste Hermann Gmeiner für die nächsten Monate die Pflege und Bestellung des elterlichen Hofes übernehmen. Oft dachte er an seinen Lieblingsplätzen aus der Jugend, hoch über dem Weiler Tannen, in seiner Einsamkeit über das Leben nach und was es ihm noch bringen sollte. Einer wie er, mit Plänen und Visionen und einem Lebensalter von 26 Jahren, müsste längst ein abgeschlossenes Studium vorweisen können. Einem sinnvollen Beruf nachgehen und eben dieses Gute tun. Gmeiner hatte aber nicht einmal die Reifeprüfung am Gymnasium abgelegt. Er stand im sozialen Abseits.

Schwester Resi erinnert sich an diesen bitteren Nachkriegssommer: »Der Hermann packte an und wir bestellten alle gemeinsam die Felder und machten die Arbeit. Glücklich war er aber nicht. Er sah sich als Versager. Er konnte seine Träume nicht verwirklichen. Wir und der Hof waren ihm beinahe ein Klotz am Bein, aber gesagt hätte er das nie. Er war sehr gut zu uns und allen, die ihn um Hilfe oder Brot gebeten hatten.« Man hatte zu essen bei den Gmeiners, nicht reichlich, aber genug. Und man begann aufzubauen, was zerstört war.

Als dann sein Bruder Anton aus der Gefangenschaft heimkehrte und gemeinsam mit der Schwester Else und dem Vater die Hofarbeit verrichten konnte, war für Hermann Gmeiner eines völlig klar: Er musste und wollte etwas unternehmen – jetzt. »Ich glaube, die Armut ist da, damit sich die Menschen ihr gegenüber und vor Gott als wirkliche Menschen erweisen können. Daher müssen wir immer und überall dankbar dafür sein, wenn sich uns die Möglichkeit ergibt, etwas Gutes zu tun. Wer Gutes tut, wer für Hilflose und Arme ein Ohr hat und wem es gelingt, von seinem Wohlstand etwas abzugeben, dem wird in seinem Leben viel Segen zuteil. Denn Gutsein macht frei. Gutsein macht glücklich.«

Seinen Weg zu diesem Glück glaubte Gmeiner im Medizinstudium in Innsbruck zu finden. »Er hatte damals immer davon gesprochen, dass er armen Kindern helfen will. Kinderarzt wollte er nun werden. Da könnte er den schwächsten Mitgliedern der Gesellschaft helfen und sich selbst etwas beweisen«, entsinnt sich Schwester Resi.

Aber auch auf Gott hatte der streng katholisch erzogene und gläubige Gmeiner damals vertraut, dass ihm dieser den richtigen Weg weisen werde. In einem Brief an Pfarrer Paul Bayer, den er seit seines Lazarettaufenthalts in Maria Wörth in Kärnten zum Freund und Vertrauten gewonnen hatte, schrieb Gmeiner damals: »So bin ich denn vor ein paar Tagen nach Innsbruck gereist, unentschlossen, was ich hier anfangen soll, und schrieb mich dann auf der hiesigen Hochschule für Medizin ein. Wer weiß, ob nicht Theologie besser wäre. Bis in den Herbst muss ich dann vollends lossteuern und Du und Gott müsst mir helfen, dieses Steuer richtig in die Hand zu nehmen.«

STUDIUM IN INNSBRUCK

Medizinstudium in Innsbruck – die Vision nimmt Gestalt an

»Es war halt so, dass der Hermann nach Innsbruck zum Studieren gegangen ist. Wir Geschwister waren sehr stolz auf ihn, aber in Alberschwende hat man das ja nicht verstanden. Da war er wieder, der Spinner und Einzelgänger vom Weiler Tannen.« Schwester Resi ist heute noch immer etwas enttäuscht über die Geringschätzung ihres berühmten Bruders, dem man im kleinen Gebirgsdorf auch später nicht die angemessene Wertschätzung für seine verwirklichten Visionen entgegenbrachte. Nur zwei von 60 Schülern hatten damals den Weg an die Universität gewagt. Hermann war einer davon. Helfen war sein Auftrag. Von der Vision, familien- und mütterlosen Kindern ein neues, besseres Leben zu ermöglichen, eine neue Familie zu geben, hat er seiner Familie lange nichts erzählt. »Er war zu jener Zeit sehr in sich gekehrt und hat wenig geredet, wenn er da war. Ja, vom harten Studium hat er erzählt und dass er Kindern als Arzt helfen wollte, als Kinderarzt, weil sie eben nach den ganzen Kriegswirren nun die schwächsten Glieder der Gesellschaft seien«, weiß Schwester Resi zu berichten.

In Innsbruck hatte Gmeiner in den ersten beiden Studienjahren kein einfaches Studentenleben geführt. Ohne Abitur konnte er sich lediglich als außerordentlicher Hörer an der medizinischen Fakultät einschreiben und musste das Reifezeugnis innerhalb der ersten beiden Jahre erfolgreich nachreichen. Im vorarlbergischen Dornbirn, so hatte er erfahren, bestünde für Kriegsteilnehmer die Möglichkeit, als Externer einen lediglich einjährigen Abiturkurs zu belegen. Gmeiner nahm die zusätzlichen Strapazen des Pendlerdaseins auf sich und schloss den Kurs am 11. September 1946 mit jener Reife ab, die ihm nun ein reguläres Medizinstudium ermöglichte.

Allerdings nur für kurze Zeit, denn Gmeiner musste sich sein Studium und seine Unterkunft hart erarbeiten. Von zu Hause konnte er keine finanzielle Unterstützung erwarten. Es herrschte Hunger und Chaos im kriegsgeschädigten Innsbruck. Der Tag begann für den Medizinstudenten früh und endete spät. Seine Tagesabläufe prägten am Morgen Vorlesungen in Anatomie, nachmittags Studierstunden in der Klinik und am Abend Nachhilfestunden für Gymnasiasten bis spät in die Nacht hinein. Dazwischen eine wärmende, aber kaum sättigende Milchsuppe in der Universitätsmensa. Und dann immer wieder die Gedanken aus dem Krieg, die Gmeiner durch den Kopf gingen. Der Junge in Russland, die vielen Tausend Kinder, die nun ohne Hab und Gut und ohne Familie und vor allem ohne Zukunft dastanden.

Kinderelend im zerbombten Innsbruck und eine schicksalhafte Begegnung mit einem Zwölfjährigen

Das Leid der hungernden Kinder und Jugendlichen im zerbombten Innsbruck. Die Sinnlosigkeit des verlorenen Krieges. Die ungewisse Zukunft. Die Trümmerfrauen, die begonnen hatten, mit härtestem Körpereinsatz das Zerstörte wieder aufzubauen. »Ich möchte in all diesem Leid um mich herum ein guter Arzt werden. Ein Mediziner, der aber auch nicht die Wunden der geschundenen Seelen seiner Patienten vergisst«, hat Gmeiner damals in einem Brief an seinen Freund Pfarrer Beier in Maria Wörth geschrieben. Neben dem Medizinstudium hatte er nun auch noch die Bürde von Vorlesungen in Pädagogik und seiner großen Jugendleidenschaft, der Philosophie, auf sich genommen. Abhilfe gegen alle Krise und Not wollte er nun auch praktisch in Angriff nehmen. Nicht die Wissenschaft allein, sondern konkretes Handeln begann sich mehr und mehr in den Mittelpunkt von Gmeiners Lebensinteresse zu drängen. »Ich möchte nicht so wie all die anderen mit leeren Händen dastehen und nur über die Probleme der Kinder und Jugend reden. Ich möchte nicht reden, ich möchte etwas tun. Wir sind durch einen Krieg gegangen, und wir sind in diesem Krieg reif geworden. Wir haben den Zusammenbruch einer Welt miterleben müssen, an die wir junge Menschen doch irgendwie geglaubt hatten. Ich möchte nicht auch verzweifeln wie so viele andere. Ich möchte nicht aufgeben. Ich möchte arbeiten und etwas leisten.«

Genau in jenen kalten Wintertagen hatte Gmeiner eine Begegnung, die sein Leben wieder einmal nachhaltig in die vorgegebene Richtung des »Gutseins« beeinflussen sollte. Der spätere SOS-Kinderdorf-Generalsekretär und Gmeiner-Intimus Hansheinz Reinprecht erinnert sich noch bestens an die Begebenheit, die ihm Gmeiner wieder und wieder erzählte: »Eines Abends ist Gmeiner ein Bub über den Weg gelaufen. Er hat ihm Sacharin zum Kauf angeboten. Doch Gmeiner hatte kein Geld, aber ein großes Herz und Interesse für die Lebensgeschichte und das traurige Schicksal des Zwölfjährigen, das er mit Tausenden Altersgenossen teilte.«

Hatte Gmeiner bislang das Leid und die Not der Bevölkerung nur in deren Augen und deren Gestik erahnen können, so bot sich ihm nun erstmals die Möglichkeit, eines dieser Schicksale hautnah und aus erster Quelle geschildert zu bekommen. Der Junge, Hansl, war trotz seines alten, ausrangierten und viel zu großen Militärmantels völlig durchfroren und hatte Hunger. Also beschloss Gmeiner, den zitternden Jungen zu sich mitzunehmen in sein bescheidenes Untermietszimmer im zweiten Stock in der Frau-Hitt-Straße 9 in der Innsbrucker Innenstadt. Zumindest einen warmen Tee und ein Stück Brot wollte er ihm geben, wenn er ihm schon kein Sacharin abkaufen konnte.

Und dann begann der Junge zu erzählen. Dass er sich an seinen Vater noch gut erinnern konnte, obwohl dieser in den Krieg hinaus musste, als Hansl erst vier war. An die schönen Stunden, wenn der Vater auf Heimaturlaub und voll und ganz für ihn da war. Und an jene harte Zeit, als man Hansl und seiner Mutter mitteilte, dass der Vater nie wieder zurückkommen würde. An die ständigen Bombenangriffe, an die vielen Toten und an den Einschlag, der die elterliche Wohnung total verwüstete. Seither hatten Hansl und seine Mutter bei einer Nachbarin ein paar Häuser weiter in einem winzigen Zimmer Unterschlupf gefunden. An die Angst, die Sorgen und die Launen der Mutter, die für das Kind immer unerträglicher und unverständlicher wurden. Immer öfter kam die Mutter nächtelang nicht nach Hause. Hansl musste das Alleinsein lernen. Und dann war da plötzlich ein Mann, der mit ihm und der Mutter in dem kleinen Zimmer wohnte. Er war plötzlich da und blieb, den ganzen Tag, die ganze Nacht, denn er hatte keine Arbeit. »Vater« wollte er von Hansl genannt werden. Doch der Vater war lange tot. Hansl wollte und konnte diesen Mann nicht Vater nennen. Die Situation eskalierte und täglich gab es eine Tracht Prügel. Seine Mutter ließ dies zu und Hansl begann den Stiefvater mehr und mehr zu hassen.

Doch was hatte es mit dem Sacharin auf sich? Gmeiner ließ nicht locker und konnte auch diese Geschichte in Erfahrung bringen. Die Vermieterin, bei der Hansl und seine Mutter untergekommen waren, hatte einen gut gehenden Schleichhandel mit Sacharin aufgezogen. Woher es stammte, wusste Hansl nicht, aber wo sie es aufbewahrte. So entschloss er sich, in einem günstigen Moment ein paar Säckchen des wertvollen Gutes zu entwenden. Brot für sich und die Seinen wollte er kaufen. Zum Überleben. Gmeiner war in jener Nacht der Erste, der dem jungen Dieb aus Not und Hunger über den Weg gelaufen war. Verkauft hatte er noch kein Gramm, aber sein bisheriges Leben, sein trauriges Schicksal hatte der Junge dem Medizinstudenten so beeindruckend geschildert, dass Gmeiners Gewissen diesen auf der Stelle zum Handeln motivierte, ja zwang. Nur wie sollte er dem armen

Hansl und all den anderen zukunftslosen Kindern und Jugendlichen zur Seite stehen?

Später erinnerte er sich an diese Zeit in einer Tagebuchaufzeichnung wie folgt: »Nach dem Krieg, als ich in Innsbruck studierte und mich in meiner spärlichen Freizeit mehr und mehr für die Jugendarbeit interessierte, begegnete ich einer großen Zahl von verwahrlosten, verlassenen und vergessenen Mädchen und Jungen. Diese Kinder und Jugendlichen konnte man nicht einfach auf der Straße in einer Verderben bringenden Umgebung lassen. Aber auch Heime und Anstalten altherkömmlicher Art waren gerade für diese Kinder keine Lösung. Es waren fast immer elternlose Kinder. Sie hatten auf der Flucht Vater und Mutter verloren. Oder sie waren weggelegt worden, verlassen worden, verschmäht worden. Ihre Eltern waren auf der Straße geblieben. Ich spürte, was diese Kinder am meisten brauchten: eine Mutter. Ihr Schrei nach einer Mutter war nicht zu überhören. Der Gedanke, dass man ihnen eine Mutter geben musste, manifestierte sich immer mehr in mir. Ich dachte, eine Mutter, so wie ich eine gehabt hatte. Da würde ihr Leben von selber wieder geordnet und licht.«

Ein neuer Lebensmittelpunkt: katholische Jugendarbeit

Bis zur Realisierung der Vision von der Mutter für jedes Kind sollte noch ein langer, steiniger Weg liegen, denn nun hatte Gmeiner vorrangig akute Hilfe für den kleinen Hansl und andere Kinder zu leisten. Das soziale Anliegen an der verwahrlosten Jugend wurde nun zu Gmeiners neuem Lebensmittelpunkt. Sein Studium geriet mehr und mehr ins Abseits. Knochenkolloquium und diverse Rigorosa hatte er mit bestem Erfolg absolviert, doch nun fehlten plötzlich die Zeit und auch die Motivation für diese Wissenschaft. Am 10. Juni 1947 – so kann man in den Universitätsaufzeichnungen nachlesen – ist Hermann Gmeiner zu seiner letzten medizinischen Herausforderung angetreten, der Physikprüfung – und dabei gescheitert.

Weit wichtiger waren für ihn damals schon die Diskurse mit Pfarrer Beier oder seinem Studienkollegen Ludwig Kögl, dem späteren Leiter des bischöflichen Seminars Marianum im Kärntner Tanzenberg. Es ging dabei hauptsächlich um Sozialwerke, die sich mit der Not und den zum Teil unmenschlichen Lebensbedingungen von Kindern auseinandersetzten. Sein damaliger Traum: eine soziale Gemeinschaft von verschiedensten Ärzten und Priestern mit ordensähnlichem Aufbau und christlichem Hintergrund.

Gerade deswegen erschien dem eifrigen Kirchengänger Hermann Gmeiner die Einladung und Bitte des Kaplans der Innsbrucker Pfarrei Mariahilf im September 1947 wie ein Fingerzeig, ein Zeichen von ganz oben: Kaplan Simon Mayr ersuchte Gmeiner um Mithilfe beim Aufbau einer neuen katholischen Jugendgruppe – obwohl den Kirchenmann das spezielle und von Gmeiner so drastisch geschilderte Schicksal des kleinen Hansl nur sehr wenig beeindruckte. Hatte die Kirche doch in diesen Tagen allein in Innsbruck Hunderte Kinder und Jugendliche, die täglich um eine Suppe anstanden und von denen viele vom rechten Weg abgekommen waren. »Was wir wirklich brauchen, ist die menschliche Hilfe. Die Buben brauchen Ablenkung vom Erlebten und sollten wenigstens ein paar Stunden in der Woche den tristen, grauen Alltag vergessen können« – so umschrieb Mayr die neue soziale Herausforderung für Gmeiner.

Nun konnte er loslegen und endlich in der Praxis zeigen, wie man Gutes tut. Nicht jeden bemitleidenswerten Jugendlichen sprach Hermann Gmeiner in den Innsbrucker Straßen an, nein, er wählte nur ganz besonders verwahrloste Kinder aus. 14- bis 18-Jährige, die sich vor Kinos oder Gasthäusern herumtrieben, sprach er immer wieder an und konnte so, nach anfänglicher Skepsis, deren Vertrauen gewinnen. In einem zu Beginn kahlen Kellergewölbe des Pfarrhauses begann er die Jugendlichen zunächst mit gemeinsamen Spielen und langen Gesprächen für seine soziale Sache zu interessieren. Aus den zehn, fünfzehn ständigen Mitgliedern wurden Woche für Woche mehr. Er rekrutierte sie überall. Die gute Sache begann sich herumzusprechen. Freunde und Freundesfreunde kamen, und er selbst klopfte an so manche Wohnungstür in Innsbruck, um seine Jugendgruppe publik zu machen. Er versuchte auch den Angehörigen – denn es handelte sich nicht ausschließlich um verlassene Waisenkinder – klarzumachen, dass es gerade in Zeiten wie diesen von enormer Wichtigkeit sei, diese jungen Menschen einfach einmal wieder Kinder sein zu lassen, die nichts anderes wollten als spielen und reden. Nicht immer mit Erfolg. Einige Mütter hatten noch den Eintritt ihrer Söhne in die »tausendjährige Jugendbewegung« vor Augen und wehrten sich gegen jede Art von Gruppierung und Beeinflussung. Trotzdem gab Gmeiner nicht auf. Der düstere Gemeinschaftsraum im Keller wurde bunt gestrichen. Ein Tischtennistisch und ein alter, beschädigter Billardtisch wurden herbeigekarrt. Man begann gemeinsame Ausflüge, ja sogar Skitouren auf die Innsbrucker Hausberge zu unternehmen. »Daheim sind sie doch nur eingespannt in das trostlose Milieu. Da leben sie ein Leben des unbewussten Abwehrkampfes. Gegen den betrunkenen Vater. Gegen den Hunger. Gegen das Alleinsein. Gegen die Kälte. Da herrscht nichts als Not und Elend, da ist kein Platz für Kinder. Hier aber sollen sie frei sein dürfen. Hier sollen sie vorerst vergessen lernen.«

Gmeiner schaffte es, die bunt zusammengewürfelte Truppe zu binden, zusammenzuschweißen und so einen Gruppengeist zu formen. Darüber hinaus sorgte Gmeiner immer wieder dafür, dass die jungen Menschen zu essen hatten – ein sehr überzeugendes Argument in der kargen Nachkriegszeit. SOS-Präsident Kutin sieht heute reflektierend in Gmeiners Aktionen der frühen Nachkriegszeit eine weitere Schlüsselstellung für die Gründung von SOS-Kinderdorf: »Durch seine Tätigkeit als Jungscharführer in Mariahilf hat er immer intensiver angefangen, sich mit den Problemen der aus der Gesellschaft herausgebrochenen Jugendlichen zu beschäftigen. Und er hat sich sehr stark mit den religiösen Einflüssen auf diese jungen Menschen befasst. Ich würde sagen, das war das zweite entscheidende Erlebnis für die Idee.«

Ein »Stoßtrupp« gegen das Leid – Hermann Gmeiner formt seine erste Jugendgruppe

Die jungen Leute sollten lernen. Immer wieder verwickelte sie der Pädagoge Gmeiner in intellektuelle Diskurse und gab ihnen sein Wissen so spielerisch weiter. Nicht schulmeisterhaft, nicht mit dem erhobenen Zeigefinger. Er wollte einer von ihnen sein, ein Freund. Eines, auch ein Basisgrundsatz seines späteren Wirkens, wollte der gläubige Gmeiner jedoch nicht: die Oberherrschaft der katholischen Kirche über diesen gruppendynamischen Prozess. »Sie sollen natürlich im christlichen Glauben so wie ich erzogen werden und gottesfürchtige Christen sein, aber ich glaube, dass unser Kaplan Mayr vorerst nicht bei unseren wöchentlichen Treffen anwesend sein soll. Das sollte man langsam angehen. Erst muss ich die Burschen für die Sache gewinnen, dann folgen die nächsten Schritte.« Als immer mehr Jungen und auch vereinzelt Mädchen zur neuen Jugendgruppe stießen, war es an der Zeit, Gmeiners Kind einen Namen zu geben. Die Jugendlichen entschieden sich für »Stoßtrupp«, kurz »StT« genannt. Ein Terminus, der dem kriegserprobten und kampfgeschädigten Leutnant nur wenig Begeisterung entlocken konnte. Professor Hansheinz Reinprecht hatte später einmal mit Gmeiner über die Bezeichnung diskutiert und bekam folgende Antwort: »Es war eben die Zeit nach dem Krieg und alle Ausdrücke waren noch davon behaftet. Natürlich war ich nicht sehr glücklich über diese vorbelastete Namensfindung. Ich habe lange mit den Buben über den Ausdruck ›Stoßtrupp‹ diskutiert, aber sie wollten nicht davon abkommen und haben mir erklärt: Dann sind wir eben ein Stoßtrupp des Guten. Was sollte ich da noch machen!«

Gmeiner war nun erneut an vorderster Front im vollen Einsatz. Besser gesagt an zwei, zwei friedlichen Fronten. Einerseits die Jugendarbeit, die ihn mehr und mehr beanspruchte. Andererseits sein Medizinstudium, das trotz nicht bestandener Physikprüfung weiterhin hundertprozentige Konzentration erforderte. Pflichtenkollisionen, unter denen er sehr litt, die ihn aber auf der Universität kaum beeinträchtigten. Der Innsbrucker Klinikchef, Universitätsprofessor Dr. Breitner, erinnerte sich an einen Satz über seinen Studenten Gmeiner, den er vor versammelter Hörerschaft mit tiefer Überzeugung aussprach: »Ich kenne momentan nur einen unter euch, der mir eine sichere Hand und das nötige Wissen mitzubringen scheint, das ist der Kandidat Gmeiner.« Doch Gmeiners Aufenthalte an der Universität wurden immer spärlicher. Jugendgruppe, Nachhilfestunden zur Finanzierung des Studiums und des Lebensunterhalts und das freiwillige Zweitstudium der Pädagogik ließen für den Getriebenen die Nacht zum Tage werden. Oft nahm er sich in den frühen Morgenstunden noch ein Buch seiner Lieblingsphilosophen oder die Bibel zur Hand und suchte darin Zuflucht und Rat.

Ein Reifungsprozess setzte ein, der Gmeiner für seine schicksalsträchtige Aufgabe vorbereiten sollte. Und sein Weg wurde ihm nun auch selbst immer klarer. »Zwei Dinge habe ich bis jetzt deutlich erkannt. Und ich glaube mich dabei nicht zu irren. Dazu kenne ich meine Zöglinge und ihre häuslichen Verhältnisse jetzt schon zu gut. Dazu habe ich jetzt auch schon genügend Einblicke in andere Familiensituationen erhalten. Erstens: Diese Burschen sind nicht schlecht. Sie sind keine Asozialen, als die man sie immer wieder bezeichnet. Ich meine damit nicht nur die Buben meiner Gruppe, sondern die ganze Meute jener Burschen und Mädchen, die sich herumtreibt, stielt und von Schleichhandel lebt. In ihrem Kern sind sie so wie du und ich. In jedem Kind gibt es gute Anlagen. Aber diese Kinder sind eben verwahrlost. Sie sind geschädigt. Milieugeschädigt. Und wir beide wären heute vielleicht auch Verbrecher, wenn wir in einem solchem Milieu groß geworden wären wie eben diese Kinder.« Mit dieser Einsicht und Erkenntnis überraschte Gmeiner eines Morgens Kaplan Mayr, der ihm ob der erzielten Erfolge nur zustimmen konnte.

Erfolge, die sich nicht nur unter den Jugendlichen in Innsbruck herumgesprochen, sondern auch die zentralen Stellen der katholischen Jugend in Wien längst erreicht hatten. Waren es anfangs nur Dankes- und Anerkennungsschreiben, die Gmeiner aus der Bundeshauptstadt übermittelt wurden, so wurden die Auskünfte und Fragen, die man dem sturen Bergbauernsohn aus Vorarlberg und neuem Innsbrucker Jugendführer stellte, nun immer konkreter. Wie hatte Gmeiner es geschafft, mit solch verwahrlosten Jugendlichen nicht nur zu arbeiten, sondern sie auch für die Sache zu interessieren und sie zu integrieren? Gmeiner antwortete Jahre später auf diese immer wieder gestellte Frage kurz und bündig mit seiner Definition für Vertrauen:

»Menschlich gesehen ist unsere ganze Erde eigentlich ein Entwicklungsland. Jedenfalls hat die Entwicklung der Menschlichkeit mit dem Fortschritt der Wissenschaft und Technologie nicht Schritt gehalten. Wir sind im 20. Jahrhundert trotz der Kriege und Revolutionen irgendwie doch auch einsichtiger und aufgeschlossener für die Bedürfnisse der Mitmenschen geworden. Noch nie wurde für Kriegsopfer, für Notleidende, für Flüchtlinge, für Hungernde und Kranke so viel getan wie in unserer Zeit. Das mag ein Hoffnungszeichen sein, dass die Menschheit eine Richtung auf das Ziel der Nächstenliebe einzuschlagen beginnt. Aber noch sind wir weit davon entfernt, einander genügend Vertrauen und Achtung entgegenzubringen, um kriegerische Auseinandersetzungen zu verhindern. Aber man weiß bis in die höchsten Machtstellen hinauf, dass es für die gesamte Menschheit katastrophal wäre, wenn man dieses Ziel verfehlte. Wir alle zeichnen dabei mitverantwortlich. In erster Linie geht es darum, dass wir von unten her, von der Basis her, Misstrauen abbauen und Vertrauen aufbauen. Dazu haben wir in unserem Alltag genügend Gelegenheiten. Und wir sollten keinen Tag versäumen, damit zu beginnen.«

Der »Spinner« von Alberschwende – Neid und Argwohn

Uneingeschränktes Vertrauen in seine Sache wurde Hermann Gmeiner allerdings nicht überall entgegengebracht. Mit zunehmendem Erfolg in der Jugendarbeit kamen auch Argwöhner und Neider auf den Plan, Anfeindungen und selbst Verleumdungen, dass er die katholische Institution für seine ureigenste Utopie missbrauche, folgten seinem Ruf. Selbst bis in seine Heimatgemeinde hatten sich Gmeiners Aktivitäten herumgesprochen. »Er hat ja nicht viel erzählt von dem, was er da aufbauen wollte. Vom Studium hat er berichtet. Vom Sezieren, von den Vorlesungen und davon, dass er viel Arbeit hätte. Er wollte halt den Vater beruhigen und hat die Jugendarbeit ihm gegenüber mit keinem Wort erwähnt. Der Vater hätte das nicht verstanden. Aber wir in Alberschwende haben doch irgendwie von seinen Vorhaben erfahren und gleich hat man ihn noch mehr als Spinner und Sonderling hingestellt und nur den Kopf geschüttelt«, weiß Schwester Resi zu erzählen.

Bei einem der zu dieser Zeit eher seltenen Heimatbesuche im Bergbauerndorf hatte Gmeiner an seinen Freund Pfarrer Beier in Maria Wörth folgende Zeilen geschrieben: »Am Samstag bin ich zu Hause angekommen. Ich habe mit viel Dankbarkeit wieder die Erde betreten, die mich geboren hat und beten lehrte, die meine tote Mutter in ihrem Schoß geborgen hält. Ich will immer weniger die Dinge, die mir gegeben sind, als selbstverständlich hinnehmen.

Dankbarkeit Gott gegenüber und Liebe zu seinen Geschöpfen erfüllt mein Herz.« Gmeiner kümmerte sich wenig um die Neider und Kritiker, die seinen Weg auch später immer wieder säumen sollten. Schon gar nicht in Alberschwende, jenem Ort, an dem er – wie als Kind – eins mit der Natur wurde, an dem er Kraft und Glauben tanken konnte. Wenn nur noch selten und für wenige Tage.

Erste Erfolge – Wien wird auf Hermann Gmeiner aufmerksam

Ganz anders sah man die Erfolge im fernen Wien. Anfang März 1948 kam aus der Zentrale der katholischen Jugend in Wien die Ernennung Gmeiners zum Dekanatsjugendführer. Für ihn eine Anerkennung und ein wichtiger Schritt, dessen er sich nun würdig erweisen musste. »Ich werde nun opfern und arbeiten. Ich werde Tag und Nacht arbeiten und beten.« Im Mai desselben Jahres stand in Innsbruck mit dem Bekenntnistag der katholischen Jugend die erste große öffentliche Herausforderung für Gmeiner ins Haus.

Motiviert wie nie zuvor stürzte sich Gmeiner in die Organisation des Jugendtages. »Das wird ein Festtag, wie ihn die katholische Jugend und Innsbruck noch nie gesehen hat!« Auch seine Zöglinge aus der Mariahilfer Jugendgruppe wurden voll und ganz in die Vorbereitungsarbeiten integriert. Wiederholt wurde Gmeiner zu Bischof Rusch in die Diözese eingeladen, um die nötigen PR- und Werbestrategien zu besprechen. Gmeiner war in seinem Element und konnte etwas bewegen.

Der harte Einsatz hatte sich schließlich gelohnt. Der Erfolg des Jugendtages am 23. Mai 1948 war überwältigend. Statt der erwarteten 2 000 hatten über 5 000 Jugendliche die St. Jakob-Pfarrkirche be- und umlagert. »Die Kirche, die mir immer so groß erschienen ist, war in Anbetracht der Massen an jungen Menschen um ein Vielfaches zu klein. Ganz Innsbruck hat zu brennen begonnen. Es war ein wunderbares Gefühl«, ließ Gmeiner seinen Emotionen an diesem denkwürdigen Tag freien Lauf. Beeindruckt hatte Gmeiner auch die sehr offene Predigt von Bischof Rusch, in der er den mangelnden Idealismus und schrumpfenden Kirchenbesuch der Jugend in der Nachkriegszeit mit harten Worten anprangerte: »Jung sein heißt Idealist sein. So wie sich die Natur ohne Rücksicht auf Witterung und Naturkatastrophen jedes Jahr mit neuer Blüte schmückt, so muss auch die Jugend wieder zu neuem Leben erwachen, erfüllt mit heiligem Idealismus und mit Feuereifer, dort zu helfen, wo Not, Trübsal und Bedrücktheit herrschen. Und den Lebensquell hierfür muss und kann sie finden an den Geheimnissen der Altäre.«

An seinen Freund Pfarrer Beier schrieb Gmeiner damals: »Ich habe wirklich einen Weg gewiesen und viel Eifer und Ernst für die Sache Christi in die Jugend gebracht. Ich glaube, dass es wirklich Vorsehung war, dass ich die Sache für die Jugend übernehmen durfte. Mit dieser Führungsarbeit – zum ersten Mal in Zivil habe ich das Bewusstsein gewonnen, dass ich zu jeder Zeit eine Gefolgschaft führen werde und kann, dass es in meiner Natur liegt, Menschen zu fesseln und sie für meinen Kopf arbeitend zu machen. Ich glaube jetzt ganz klar, dass der Tag und die Stunde kommt, die ich immer fühlte, aber nie glaubte, in der ich an einem bestimmten Werk zu arbeiten beginne. Und ich glaube jetzt alle Stunden an das, was Gott allein durch mich will. Durch mich als Mittel.«

Erleichtert wurde dem neuen, hauptamtlichen Dekanatsjugendführer sein ambitioniertes Vorhaben und sein karges Leben durch ein monatliches Fixeinkommen von 400 Schilling. Miete und Verpflegung waren damit abgedeckt. Was übrig blieb, steckte Gmeiner bis auf den letzten Groschen in seine Jugendgruppe, die er trotz der vielen organisatorischen Aufgaben nicht im Stich lassen wollte. Das größte Manko und gleichzeitig Anliegen war für ihn nun eine fachliche pädagogische Weiterbildung. Die Nächte wurden abermals zum Tag. Pädagogische Literatur, ausgewählte Vorlesungen an der Universität für Erziehungswissenschaften und dann auch noch sein Medizinstudium, das immer mehr ins Hintertreffen geriet. Prägend waren auch jene Szenen, die Gmeiner an der Gynäkologischen Klinik Tag für Tag mitverfolgen musste und die ihm nachts immer wieder durch den Kopf wanderten: die Lieblosigkeit, mit der junge Mütter ihre oft unerwünschten Kinder ansahen und behandelten. Was sollte aus diesen ungeliebten Geschöpfen werden, wenn sie denn die Säuglingsjahre überhaupt überleben würden? Aussetzung, Aufnahme durch Pflegeeltern, Fürsorgeheim oder später gar »Besserungsanstalt«! Ein sich ständig wiederholender Elendskreislauf, der Gmeiner sein ganzes Leben begleiten sollte.

»Man spricht gerne von Sozialwaisen. Es handelt sich dabei um Kinder, die aus der Familie herausgebrochen sind, aber deren Eltern – oder zumindest ein Elternteil – noch leben. Es sind schuldlose Opfer vom Versagen und von der Verzweiflung erwachsener Menschen. Und daher nenne ich sie statt Sozialwaisen lieber ›Waisen der Lieblosigkeit‹. Sollte man nun als Arzt diese armen Würmer für ihr künftiges Elendsleben retten und betreuen, oder galt es nicht vielmehr, ihnen durch eine neue Fürsorgepraxis mütterliche Liebe und eine lebenswerte Zukunft zu bereiten?«

Gmeiners Visionen formten sich immer konkreter und er begann sich intensiv mit Leben und Werk des Schweizer Pädagogen und Philanthropen Johann Heinrich Pestalozzi zu beschäftigen. Interessant erschien Gmeiner dabei vor allem Pestalozzis ganzheitlicher Ansatz: Dessen Ziel war es, den Menschen zu stärken und ihn dahin zu bringen, sich selbst helfen zu können. Besonderes Augenmerk richtete der weitblickende Pädagoge auf die Elementarbildung der Kinder, welche schon vor der Schule in der Familie beginnen sollte. Dabei kam es ihm darauf an, die intellektuellen, sittlich-religiösen und handwerklichen Kräfte der Kinder allseitig und harmonisch zu fördern.

Abbruch des Medizinstudiums – Die »Anarchie des Guten« nimmt ihren Anfang

Gmeiner war bewusst, dass man diese immer noch gültigen und in der Praxis angewandten pädagogischen Thesen nun, zwei Jahrhunderte später, vervollständigen, verfeinern und optimieren musste. Für sein Medizinstudium blieb hingegen freilich kaum noch Zeit. Ein einstiger Studienkollege erinnert sich in einem Interview an den Mitstudenten Gmeiner: »In Innsbruck habe ich Hermann an der medizinischen Fakultät kennengelernt als einen sonnigen, stets lustigen Kollegen, den ich aber nie studieren sah, und auch bei keinem Prüfungstermin ist er mir über den Weg gelaufen, obwohl wir doch im selben Jahrgang die selben Fächer belegt hatten. Auf meine Frage und mein Drängen, warum er denn nicht endlich Prüfungen mache, gab er mir stets lächelnd und voller Überzeugung zur Antwort: Du wirst sehen, dass aus mir noch sehr viel werden wird.« Allerdings nicht im angestrebten Arztberuf, wie Professor Burghard Breitner seinem Chirurgiestudenten Gmeiner damals, Schlimmes ahnend, nahelegte: »Arzt sein, Gmeiner, ist ein hohes Ziel. Höher, als Sie denken. Arzt und Arzt ist ein Unterschied. In Ihnen, spüre ich, ist etwas lebendig für den echten Arztberuf. Sie haben das Zeug dazu. Aber es wird nichts daraus, wenn Sie nicht konsequent an sich arbeiten. Lassen Sie alles liegen und stehen, was Ihr Studium beeinträchtigen kann. Diese Jugendarbeit, von der Sie da immer reden, ist ja gerade Gift für Ihr Studium. Entweder Sie wollen Arzt werden, dann müssen Sie sich reinknien, bedingungslos. Oder Sie wollen Pfadfinder spielen, dann lassen Sie die Hände vom Medizinstudium. Das ist mir zu heilig, dass es jemand nur halb tut!«

Vielleicht hätte Breitner, der als Präsident des Österreichischen Roten Kreuzes tätig war, seinem Studenten nicht so oft die Missstände im heimischen Fürsorgesystem erläutern sollen, denn

Gmeiners Entschluss war nun gefasst. Pfarrer Beier teilte er diesen am Tage des Gesprächs mit Breitner in einem Brief mit: »Ich werde nun doch kein Wissenschaftler werden. Ich werde eine Mission der sozialen und religiösen Form in unser Land bringen. Ich will, dass mein Ich-Leben ab jetzt nur noch eine Kette für die Menschen wird und dieser Kranz meines Lebens soll die Menschen umkränzen. Ich aber als Ich darf ruhig als Versager gelten.«

DIE VISION WIRD REALITÄT

Reger Aktivismus und soziale Höchstleistung – Hermann Gmeiner beginnt sein Projekt

Weder von seinen Professoren noch von Pfarrer Beier und auch nicht von Kaplan Mayr hatte sich Gmeiner überzeugen lassen. Die Vision der neuen Aufgabe forderte ihn so sehr, dass er schließlich auch das Amt als Dekanatsjugendführer niederlegte und auf die monatliche finanzielle Sicherheit verzichtete.

Die überraschende Aufgabe der Diözesanführung hatte allerdings noch einen anderen Beweggrund, der einen immer wiederkehrenden Charakterzug des Hermann Gmeiner gut widerspiegelt. In der Schule, beim Militär, im Studium und in der Jugendgruppe konnte er seine Führernatur stets ausleben und war es gewohnt zu bestimmen. Die Arbeit in der Führungsebene der Diözese hatte begonnen, ihn mehr und mehr normativ einzuschränken. »Sich Anordnungen und Richtlinien zu fügen, ja unterzuordnen, das ist nicht ganz sein Sinn«, meinte ein damaliger Weggefährte. Und auch sein Psychologieprofessor Neubauer analysierte rückblickend: »Von Geduld und Ausdauer forderndem Zwang war Gmeiner nicht sehr angezogen. Er benötigte stets einen hektischen Aktivismus und das Erreichen sozialer Hochleistungen. Fand er dann endlich Ruhe, so führte das wiederholt zu resignativer und depressiver Stimmung. Oft keimte dann in Gmeiner der Wunsch auf, in ein Kloster einzutreten. Derartige Gefühlslagen verschwanden aber dann rasch wieder, wenn er sich einer neuen Herausforderung stellen konnte, die ihn förmlich zum Handeln zwang. Dann sprühte er vor Optimismus, versetzte wahre Berge und realisierte sein weltanschauliches Credo, dass man alles schaffen könne, wenn man nur fest daran glaube.«

Sowohl das Credo als auch der Wille und Drang waren bei Gmeiner präsenter denn je zuvor. Nur, wie sollte er seine Anliegen realisieren? Immer wieder kamen ihm die harten Worte von Professor Breitner ins Gedächtnis: »Wollen Sie Arzt werden oder Pfadfinder spielen?« Pfadfinder, was meinte Breitner damit, dass er Gmeiners Visionen von einer menschlichen Jugendfürsorge einfach so gering schätzte? Die Würfel gegen die Fortsetzung des Medizinstudiums und für seine sozialorientierte Berufung waren jedenfalls gefallen. Gmeiner begann in der Theorie und in der Praxis die Ursachen für das völlig desolate öffentliche Fürsorgesystem zu eruieren. Pestalozzi und seine Ideen vom Familienanschluss mussten doch auch andere Pädagogen studiert haben! Worin lagen die Fehler des Systems, das aus den Zöglingen der sozialen Einrichtungen nur in den seltensten Fällen lebensfähige Menschen machte? Gmeiner hielt damals fest:

»Anstatt der verlorenen Eltern gibt man ihnen Erzieher und Aufseher. Man nimmt ihnen ihre leiblichen Geschwister und steckt sie in ein Kollektiv von gleichaltrigen Knaben und Mädchen. Genau dort kann sich das Kind dann nicht individuell entwickeln. Nicht zur eigenständigen Persönlichkeit werden und so nicht zum intakten Mitglied der Gesellschaft, die es künftig aufnehmen soll. Und die öffentliche Fürsorge entlässt ihre Zöglinge bei erreichter Altersgrenze aus diesem abgeschlossenen System in eine Welt, die sie bislang noch nicht gekannt hatten.«

Missstände, Forderungen, Visionen, die Gmeiner nun zum Mittelpunkt von Diskussionen machen wollte und musste. Zuerst unter Studenten, dann bei den zuständigen Behörden und Ämtern. Eine kleine Gruppe – vorzugsweise Medizinstudenten – in Gmeiners Dunstkreis begann nun Pläne zu schmieden, wie man den tristen sozialen Verhältnissen in Tirol entgegenwirken könnte. »Wir müssen etwas tun, wir müssen etwas für die Allgemeinheit tun«, betonte Gmeiner im Kreise der Gleichgesinnten immer wieder. Unterstützung brauchte der Studienabbrecher aber nun auch wieder in Form finanzieller Natur. Ludwig Kögl, ein schon zitierter Freund und Mitstudent Gmeiners, dessen Mutter eine renommierte Bäckerei in Innsbruck betrieben hatte, versorgte Gmeiner mit Brot und Kartoffeln. Hedwig Weingartner, zu diesem Zeitpunkt Hauptschullehrerin, verschaffte ihm eine kostenlose Wohngelegenheit bei ihrer Vermieterin. Die befreundete Sozialpädagogin Maria Hofer, aus wohlhabendem Elternhaus, stellte Gmeiner einen Teil ihres Besitzes zur Verfügung, um auch die finanzielle Basis der gemeinsamen Vorhaben gesichert zu wissen. Die genaue Strukturierung ihres Sozialprojekts war aber keinem der ambitionierten Helfer klar.

Klar war jedenfalls, dass die Art der momentanen Betreuung in keinster Weise jener Lebensform entsprach, in der ein familienbetreutes Kind heranwachsen sollte. Gewissheit konnte sich Gmeiner in einer nahen Erziehungsanstalt holen, wo er sich eindringlich und authentisch von den Zuständen dieser Heime überzeugen konnte. Er erfuhr von den verschiedenen Kategorien der Heimzöglinge. Waisenkinder, Kinder mit körperlichen Gebrechen, geistig behinderte Kinder, schwer erziehbare Kinder, nicht berufstätige, gestrauchelte und asoziale Jugendliche. So lautete die für Gmeiner unmenschliche amtliche Einteilung. Das Leben in einer sterilen, lieblosen Anstalt, das Fehlen von ausgebildeten Erziehungskräften, ja die soziale Minderstellung des Erzieherberufes – all das schockierte Gmeiner beim Besuch der Erziehungsanstalt. Was diesen jungen, vom Schicksal gebeutelten Menschen fehlte, war Wärme, Freundlichkeit, das Schöne im Leben und vor allem die menschliche Bindung. Als Autodidakt begann Gmeiner die pädagogischen Probleme zu analysieren, er rezipierte noch mehr pädagogische und philosophische Literatur und verschaffte sich durch den Besuch von Waisenhäusern, Kinderheimen und »Besserungsanstalten« tiefe Einblicke in das bestehende marode System.

Vergangenheitsbewältigung mit Zukunft – Spurensuche in der eigenen Kindheit

Was Gmeiner bei der aktuellen Problematik vermehrt wieder in den Sinn kam, war das Schicksal seines jüngsten Bruders Anton: »Nicht ganz ohne Einfluss auf mein späteres Wirken und die Gründung der SOS-Kinderdörfer ist auch das Schicksal meines jüngsten Bruders gewesen. Als die Mutter gleich nach der Geburt von Anton im Kindbett an Lungenentzündung gestorben war, hatten wir nun dieses kleine, ganz kleine Kind in der Familie, und das ging eben nicht. Der Bruder meiner Mutter hat sich des Säuglings angenommen und später wollte dann der Onkel den Buben nicht mehr abgeben. Er hatte keine eigenen Kinder, einen schönen, großen Hof und war in dieses Kind total verliebt. Es ging dann lange Jahre so hin und her, bis der Vater und die großen Geschwister das Einverständnis zur Adoption gaben. Jahrelang hat man sich zuvor geweigert, obwohl man bei uns eine Stube voller Kinder hatte und unsere Familie sehr arm war. Dem Buben ist es doch dort sehr gut ergangen. Der Onkel hatte dem Buben allerdings untersagt, mit uns Kontakt aufzunehmen. Doch in der Schule war es bekannt, dass er ein adoptiertes Kind war, und man hat ihn dafür sogar gehänselt. Es wurde ihm brutal mitgeteilt, dass er unser Bruder sei. Als der Toni nun so zwölf Jahre alt war, kamen wir doch einmal zusammen und er hat angefangen fürchterlich zu weinen. Völlig aufgelöst meinte er: ›Weißt du Hermann, ihr habt mich damals verschenkt. Hergegeben. Und nun habe ich keine Geschwister mehr. Ich bin ganz allein dort beim Onkel.‹ Der Bub hat als Kind sehr darunter gelitten, dass er keine Geschwister hatte, also uns nicht mehr hatte. Er ist sich verkauft, verschenkt vorgekommen.«

Ein weiteres persönliches Schicksal, das Gmeiner später nicht nur dazu veranlasste, die natürliche Rolle der Mutter seines sozialen Werks in den Mittelpunkt zu stellen, sondern auch Bedacht auf die Geschwisterlichkeit zu nehmen. Nicht das Einzelkind, das von den Geschwistern getrennte Kind, sondern die Gruppe, das familiäre Prinzip von Bruder und Schwester sollte aufkeimenden Hospitalismus verhindern.

Vergleiche mit der eigenen mutterlosen Kindheit und den Umständen des Heranwachsens in der Familie wurden herangezogen für die Neuplanung der gmeinerschen Kinderfürsorge. Es wurden Notwendigkeiten für die Eingliederung der Mutterlosen in die menschliche Gesellschaft überlegt. Bis man schließlich den Hauptmängeln der staatlichen Heimfürsorge ein verbessertes, erneuertes Konzept entgegensetzte:

Das mutterlose Kind soll anstelle der verlorenen Eltern eine Pflegerin bekommen, die sich bereit erklärt, ihr Leben lang dem Kind eine liebende und sorgende Mutter zu sein. Das Kind soll weiterhin nicht als Einzelkind, also geschwisterlos aufwachsen. Zu diesem Zwecke muss die Pflegemutter insgesamt acht bis neun Kinder in die neue Familie aufnehmen. Sie sollten verschiedenen Alters und Geschlechts sein. Leibliche Geschwister, die ihre Eltern verloren hatten, dürfen nicht getrennt werden und sollen gemeinsam aufwachsen. Die so gegründete neue Familie soll wie andere Familien in einem eigenen Haus aufwachsen. Mehrere dieser Familienhäuser sollten ein Dorf bilden: ein Kinderdorf unter der Verwaltung eines Dorfleiters, der die gemeinsamen Anliegen der Familien betreut und regelt. Dieses Kinderdorf sollte stets in der Nähe eines bestehenden Dorfes angelegt werden, damit die Kinder öffentliche Einrichtungen wie Schule oder Kirche gemeinsam mit anderen Kindern aus normalen Familien nützen können.

Ludwig Kögl hat heute noch Gmeiners euphorische Worte in dieser Gründerstunde im Ohr: »Ich werde den Plan vom Bau eines Kinderdorfes zu Papier bringen. Ihr habt doch alle schon von Peter Flanagans ›Boys Town‹ gehört. Mir schwebt aber anderes, Menschlicheres, Familiäreres vor. Ich möchte in diesem Dorf dem verwaisten, verlassenen Kind wieder die natürliche

Welt der Familie erobern. Daher kein Bubendorf, wie eben bei Flanagan, sondern ein echtes Kinderdorf für Buben und Mädchen, mit Kleinen und Großen, so wie sie auch in jeder Familie aufwachsen. Neun Kinder, so wie wir es waren, sollen zusammen in einem Familienhaus leben. Je drei in drei eigenen Schlafzimmern. In diesem Haus soll eine Frau wirken, die diesen neun Kindern wirklich eine Mutter ist. Keine Fürsorgerin oder Erzieherin. Es muss eine Frau sein, die mit Überzeugung und ein für alle Mal ganz für diese Kinder da ist. Sie muss in diesem Haus für die Kinder die eigene Küche führen, sie muss dort wirtschaften und sorgen wie jede andere Hausfrau und Mutter in der normalen Welt der Familie. Die Kinder müssten wirklich zu ihr ›Mutter‹ sagen dürfen. Die Kinder müssten bei ihr geborgen sein. Es muss ein echtes Daheim sein für die neun Kinder. Eine Familie, in der sich auch das seelisch krank gewordene Kind frei und gesund entwickeln kann. Und keine Anstaltsschule dürfte es in diesem Dorf geben. Die Kinder müssten hinaus in die öffentlichen Schulen und sich dort treffen mit allen anderen Kindern. Dieses Kinderdorf muss in jeder Beziehung Eingliederung für das verlassene Kind bedeuten und nicht Ausgliederung, wie sie in den heutigen Anstalten praktiziert wird. Auf diese Weise könnten wir dem unschuldig aus dem Nest der Familie gefallenen Kind wieder jene gottgewollte Atmosphäre erobern, die jedes Kind benötigt, damit es seelisch gesund aufwachsen kann. So ein Kinderdorf würde dann Modell sein für eine neue und zeitgemäße Form der Jugendfürsorge. Es muss leuchten und hinausstrahlen in die Welt. Es muss die Menschen begeistern und allen bewusst machen, dass jedes Kind Liebe und Geborgenheit braucht, um wachsen und gedeihen zu können. So ein Dorf müsste einfach bahnbrechend werden. Wir würden dann endlich aufhören, das verlassene Kind in der Masse zu erziehen, und würden es wieder als Individuum sehen, so wie jede Mutter ihr eigenes Kind sieht.«

Die Vision wird Realität und bekommt einen Namen: Societas Socialis

Der Grundstein für die Basis von Gmeiners visionärer Erneuerung war mit den oben genannten vier Programmpunkten gelegt. Wie sollte sein revolutionäres Konzept wenige Jahre nach dem Ende des Zweiten Weltkrieges aber realisiert werden? Es begann ein wochenlanger Spießrutenlauf für Gmeiner. Von Amt zu Amt, von Behörde zu Behörde, von Entscheidungsträger zu Entscheidungsträger. Staat, Kirche, Wirtschaft, Privatpersonen. Eine Absage und Enttäuschung folgte der nächsten – »theoretisch ein tolles Konzept, praktisch nicht finanzierbar«. Trotz des negativen Feedbacks sah der ambitionierte Gmeiner keinen Grund zur Resignation: »Es scheint mir von existenzieller Bedeutung, dass der Mensch an sich selbst glaubt; an seinen Wert, an seine Würde und an seine Visionen. Das kommt zweifellos der Liebe zu sich selbst gleich. Diese Selbstachtung, wie man das auch nennen kann, ist ganz wesentlich für das Vermögen, andere zu lieben und zu bejahen. Nur wer sich selbst annimmt und an sich selbst glaubt, ist frei, sich dem Guten um ihn herum anzuvertrauen. Hilf dir selbst, dann hilft dir Gott. Ich werde versuchen, meinen Plan jetzt ohne fremde staatliche oder sonstige Hilfe zu verwirklichen, denn ich bin zutiefst von seiner Richtigkeit überzeugt. Daher muss ich jetzt handeln, sonst wäre ich ein schlechter Mensch, ja ein schlechter Christ.«

Gmeiner vertraute auf Gott und eine Eingebung. Diese soll sich laut Ludwig Stadelmann, jenem Jugendfreund aus Alberschwende, in Gmeiners geliebter Natur eingestellt haben. »Als er sinnend durch die Fluren am Stadtrand etwas oberhalb von Innsbruck wanderte und seine Gedanken nur noch um die Möglichkeit der Verwirklichung seines Kinderdorfes kreisten, kam ihm plötzlich beim Anblick eines kleinen Sägewerks ein genialer Einfall. Wie wird ein Sägewerk angetrieben? Von einer großen Anzahl von kleinen Wassertropfen, die letztendlich das Werk mit enormer Kraft betreiben. Wenn ihm nun eine Menge von Leuten jeder bloß einen einzigen Schilling gäbe, müsste das mit der Zeit für ein ganzes Kinderdorf reichen.« Auch der Slogan für die Kinderdorf-Idee war geboren: »Gib mir nur einen Schilling!«

SOS – Hilferuf und Auftrag

Da von öffentlicher und privater Hand keine Unterstützung zu erwarten war, entwickelte Gmeiner mit seinen treuen Gesinnungsgenossen die Idee, einen Verein mit Statuten und Organisationsstrukturen zur Realisierung des Projekts zu gründen. Ein Konsortium von Ärzten, Schwestern, Pädagogen und Sozialarbeitern sollte gemeinsam eine innovative Lösung für das Problem der Jugendfürsorge finden. Als Bezeichnung des Vereins wählte Gmeiner die lateinische Wortkombination *Societas Socialis.* »Als Abkürzung dafür verwendete er die drei Buchstaben SOS, was einprägsam war und gleichzeitig an den internationalen Hilferuf auf hoher See erinnert. Ein Hilferuf für unsere Probleme und Anliegen. Ein genialer, weiser Schachzug«, kommentiert Hansheinz Reinprecht die Namensfindung. Als erläuternden Zusatz fügte man »Hilfswerk für Waisenkinder« an das Kürzel SOS.

Herbert Pfanner, Jurastudent aus Vorarlberg und Mitglied des gmeinerschen Antragstellerkomitees, fasste Gmeiners Ideen in juristische Worte und zeigte am 8. März 1949 die Gründung einer Gesellschaft mit dem Namen »Societas Socialis – SOS« bei der Sicherheitsdirektion Innsbruck an. Folgende Statuten wurden festgelegt:

- Gründung einer privaten Hilfsorganisation für Waisenkinder
- Errichtung eines Waisenhauses samt einer Vermittlungsstelle für Adoptiveltern

- Schaffung einer sozialen Einrichtung »Mutter und Kind« zum Schutze unverheirateter Mütter
- Schaffung einer Arbeitsgemeinschaft von Fürsorgerinnen, Ärzten und Krankenschwestern

Später sollte auch noch die Errichtung eines »Mutterhauses« für die SOS-Schwesternschaft, also das Fürsorge- und Pflegepersonal, in die Statuten eingebracht werden. Diese Schwesternschaft definierte Gmeiner wie folgt: Unverheiratete Frauen oder Witwen zwischen 18 und 30 Jahre, wobei bei diesen Frauen besonderer Wert auf charakterliche, berufliche und sittliche Eignung gelegt wird. Jede dieser Schwestern würde allerdings im Falle einer späteren Verheiratung ehrenhaft aus der SOS-Organisation ausscheiden. Als äußeres Zeichen der SOS-Zugehörigkeit schwebte Gmeiner ein Markenzeichen mit dem SOS-Emblem auf rot-weiß-rotem Grund vor.

Societas Socialis – ein Verein für Gmeiners gute Sache

Unter dem Vorsitz von Herbert Pfanner und im Beisein der Gründungsmitglieder – namentlich Ludwig Kögl, Josef Jestl, Maria Hofer, Hedwig Weingartner, Arthur Haidl und Franz Müller – fand am 25. April 1949 in den Örtlichkeiten des Jugendreferats der Landesregierung in der Innsbrucker Hofburg die erste Vereinsversammlung statt. Gmeiner wurde in geheimer Wahl zum »Regens« des Vereins, Arthur Haidl, der damalige Leiter des Tiroler Jugendreferats, zum »Ehrenrat« gewählt. Gleichzeitig begannen die Medien erstmals über Hermann Gmeiner und sein soziales Werk zu berichten. In der verbreiteten *Tiroler Tageszeitung* konnte man lesen: »In Tirol hat sich das Jugendwerk Societas Socialis – kurz SOS – gebildet, das Sozialarbeit auf überparteilicher Grundlage leisten will. Es sieht nicht nach der politischen oder weltanschaulichen Einstellung des Einzelnen. In ihm haben sich, wie man uns berichtet, vor allem junge Frauen als Fürsorgerinnen, Säuglings- und Krankenschwestern verpflichtet. Der Plan geht dahin, ein Kinderheim für alle hilflosen Kinder zu errichten, deren Leben infrage gestellt wird.«

Am 13. Juni 1949 wurde schließlich der Verein »Societas Socialis« unter der eingetragenen Aktenzahl V/374/49-167/49(V) von der Tiroler Sicherheitsdirektion bestätigt.

Ein eigenes Vereinsbüro wurde gesucht und auch gefunden. Gegenüber der Universität in der Anichstraße bezog man einen kostenlos zur Verfügung gestellten Abstellraum, der mit gebrauchten Tischen und Stühlen notdürftig eingerichtet wurde. Die Arbeit konnte beginnen. Flugzettel mit der Idee und dem Anliegen von SOS wurden mit einer primitiven Druckerpresse vervielfältigt und von Jugendlichen, Freiwilligen und allen Vereinsmitgliedern vor Kinos, Restaurants und öffentlichen Gebäuden in Innsbruck verteilt. Der neue Verein musste bekannt gemacht werden. Geld musste zur Verwirklichung der Ziele in die Vereinskasse fließen. Gönner, Mitglieder und vor allem auch Mütter für das Kinderdorf mussten gefunden und angeworben werden. Ein mühsames Unterfangen, dem nicht alle Innsbrucker positiv gegenüberstanden.

Eine der ersten, wenn nicht überhaupt die erste Interessentin war Helene Didl. Aufgrund eines Flugblatts meldete sich die ehrenamtliche Betreuerin von Kriegsopferkindern, deren Mann und Sohn ebenfalls gefallen waren, im provisorischen SOS-Büro bei Hermann Gmeiner. Was sie in der Anichstraße 44 vorfand, versetzte der für die gute Sache interessierten Frau vorerst einen herben Schock: »Ich wurde von der Vereinssekretärin, Frau Hofer, empfangen. Aber dieser Raum glich mehr einer Rumpelkammer oder einer etwas größeren Toilette als einem Büro. Dort hatten jedenfalls kaum mehr als drei Personen Platz, und die mussten sich stehend und sitzend abwechseln. Ich dachte mir in dieser Situation so meinen Teil. Es kamen und gingen ständig quirlige junge Burschen, die offensichtlich völlig euphorisch Bericht erstatteten. Ich hatte keine Ahnung, wo ich da hineingeraten war.« Man erläuterte dem etwas konfusen Neuzugang die Statuten und Aufgaben von SOS, die Ein-Schilling-Spendenaktion und dass sie nun als erste Außenstehende dafür in ganz Innsbruck werben solle. »So war ich wohl das erste Opfer für diese schwierige Aufgabe. Die Euphorie in diesem kleinen Raum war beeindruckend, aber ich hatte schon noch Bedenken, ob das Vorhaben so einfach zu realisieren sein wird. Die Leute auf der Straße waren zwar gut ansprechbar und sehr offen, aber sie waren damals auch noch sehr verbittert von all dem Kriegsgeschehen und den Nachwirkungen.«

Ähnlich verblüfft zeigte sich Didl über ihre erste Begegnung mit Hermann Gmeiner: »Plötzlich stand mir Gmeiner gegenüber. Ich hatte mit einem honorigen, älteren Herrn als Gründer und Leiter dieses neuen Vereins gerechnet. Und da stand plötzlich ein junger Student, der mir seine Vorhaben mit allem Idealismus vorzutragen begann. Trotz seines jungen Alters wirkte er ernst und glaubwürdig auf mich. Der wusste damals schon genau, was er wollte. Ich war nach seinen Erklärungen schließlich so beeindruckt, dass ich versprach, es zu versuchen. Zur Probe habe ich dann eine Liste zur Werbung von zehn neuen Mitgliedern angenommen und bin mit allem Für und Wider nach Hause.«

Helene Didl sollte eine der eifrigsten Werberinnen und Helferinnen werden und war später nicht nur maßgeblich am Aufbau des ersten Kinderdorfes beteiligt, sondern auch die erste SOS-Kinderdorf-Mutter.

Drei Wochen später kehrte Frau Didl wieder in die neuen SOS-Räumlichkeiten zurück. Es hatte sich viel getan in den vergangen Tagen. Gmeiner hatte das Büro mittlerweile in die Hofburg verlegt, wo man sich mit dem Roten Kreuz einen gemeinsamen, großen und hellen Raum teilte. Zwar hatte Didl die doppelte Anzahl von Mitgliedern werben können, aber die Erfolgsbilanz fiel dennoch eher ernüchternd aus: »Viele Frauen, die ich angesprochen hatte, nahmen das Unternehmen nicht ganz ernst, haben aber trotzdem einen Schilling gespendet. Aus Mitleid. Mit Schimpf und Spott haben andere wieder reagiert. Mir selbst wollte die Sache immer noch nicht ganz einleuchten. Ich konnte aufgrund des Erlebten nicht wirklich glauben, dass Herr Gmeiner sich durchsetzen würde. Ich verlor etwas den Mut, da ich daran zweifelte, dass es sich bewähren würde.« Glücklicherweise begegneten der frustrierten Helferin genau zu diesem Zeitpunkt zwei Kriegsopfer-Witwen, die sich von der Idee schwer beeindruckt und begeistert zeigten und gemeinsam mit Didl zu sammeln begannen – mit Erfolg. Gmeiner konnte sie überreden zu bleiben, und mithilfe von freiwilligen Helferinnen des Frauenrings begann sich das Werk des Guten im Schneeballsystem zu vervielfältigen.

Wesentlich zur positiven Wende hatte damals eine neue Einsicht von Hermann Gmeiner beigetragen: Nicht in zu viele Teilbereiche sollte man sich verzetteln, sondern klar und deutlich – vor allem der Öffentlichkeit gegenüber – ein konkretes Ziel verfolgen. Dieses Ziel lautete nun: verlassenen Kindern und Waisenkindern eine Mutter geben. Man müsse, um die Finanzierung und den Erfolg dieses Vorhabens zu sichern, ein vorzeigbares Resultat präsentieren können. Das Vereinsvermögen hatte zu diesem Zeitpunkt gerade die bescheidene Summe von 600 Schilling erreicht. Das auch nur, weil Gmeiner längst seine persönlichen Ersparnisse auf das Konto überwiesen hatte. Zu wenig für die Errichtung eines Dorfes und auch zu wenig für den Ankauf eines Grundstücks. Also begann Gmeiner in Zeitungsinseraten, Flugblattaktionen und nicht zuletzt durch das Schreiben von unzähligen Briefen an Tiroler Gemeinden sein Anliegen zu verbreiten. Seine vorrangigste Bitte: Man solle doch dem jungen Verein ein kostenloses Grundstück für den Bau des ersten Kinderdorfes zur Verfügung stellen.

Ein mutiges Unterfangen, das selbst innerhalb der engsten SOS-Gruppe auf Skepsis gestoßen war. »Wenn ihr mich als einen Fantasten hinstellt, kann ich nur ganz energisch sagen, dass ich das nicht bin. Ich bin Realist und als solcher habe ich die Aktion gestartet. Ich werde Erfolg damit haben, auch wenn es euch nicht passt.«

Ein Brief aus Imst – Die Zukunft hat begonnen

Gmeiner hatte wieder einmal recht behalten, denn am 27. Juni 1949 traf eine Rückantwort von Bürgermeister Josef Koch aus Imst in Tirol im SOS-Büro ein. Ein Brief, der die weitere Zukunft von SOS nicht unwesentlich beeinflussen sollte.

»Sehr geehrter Herr Gmeiner! Wir haben Ihre Zuschrift vom 22. Juni erhalten und interessieren uns sehr für Ihren Plan zur Erstellung eines Kinderdorfes. Wir werden Ihre Anfrage bei der nächsten Gemeinderatssitzung zur Sprache bringen, sollten aber Ihrerseits noch nähere Angaben erhalten: 1. Um welche Gesellschaft es sich handelt. 2. Wer die Angelegenheit baut und finanziert. 3. Um welche Kinder es sich handelt. 4. Werden die Kinder von weltlichen oder geistlichen Schwestern betreut? Was verstehen Sie zum Beispiel unter ›nicht zu weit von einer Schule entfernt‹ und welche Strecke meinen Sie? Wir waren neulich in der Schweiz und haben dort in Speichern bei St. Gallen ein Kinderdorf gesehen und auch besucht und waren von dieser Einrichtung vollauf begeistert …«

Für Gmeiner war dies nicht nur ein Lichtblick, sondern auch ein Fingerzeig. War Bürgermeister Koch doch nicht nur begeistert von der Institution des Pestalozzi-Kinderheims in der Schweiz, nein, er war selbst als Waisenkind aufgewachsen und wusste so um die Bedürfnisse und Anforderungen einer solchen sozialen Einrichtung bestens Bescheid. Ein echter Verbündeter war gefunden. Trotz des Widerstands einiger Gemeinderatsmitglieder konnte Gmeiner beim persönlichen Besuch in Imst die nötige Überzeugungsarbeit leisten. Konkret teilte er Bürgermeister Koch und den Gemeinderäten mit: »SOS ist eine private, nicht parteigebundene Gesellschaft, welche mit Jugendamt, Jugendreferat und Jugendrotkreuz zusammenarbeitet. Die Leitung obliegt dem Initiator des SOS-Frauenring-Gedankens, Hermann Gmeiner, die anderen Mitglieder setzen sich aus staatlich geprüften Fürsorgerinnen und Diplom-Krankenschwestern zusammen, denen ein kaufmännischer Berater zur Seite steht. Die Betreuerinnen rekrutieren sich aus sorgfältig ausgesuchtem Frauenmaterial. Die Finanzierung ergibt sich durch ein Grundvermögen, Stiftungs- und andere Spenden. Für die Erhaltung des Kinderdorfes wird der Frauenring Sorge tragen. Bei den ins Kinderdorf aufzunehmenden Kindern handelt es sich um verlassene Kinder und Waisenkinder aus Tirol.« Der mehrmalige Zusatz Gmeiners, dass es sich um ein »gänzlich unpolitisches Unternehmen auf ausgesprochen sozialer Basis und auch nicht um ein neuerliches Waisenhaus, sondern um eine Pflegeeinrichtung« handle, konnte selbst die Skeptiker im Gemeinderat überzeugen.

In einem TV-Interview im Jahr 1960 erinnert sich Bürgermeister Koch an jene entscheidenden Tage in Imst: »Niemand hat gewusst, wer dieser Gmeiner und die ganzen Leute sind. So habe ich Erkundigungen eingeholt beim Bischof, bei der Landesregierung, bei der KPÖ, der ÖVP und bei der SPÖ. Niemand hat gewusst, wer diese Leute eigentlich sind und woher sie kommen. Dann habe ich sie zu mir nach Imst kommen lassen und mir die Spitzbuben einmal angesehen. Und siehe da: Die haben einen sehr guten Eindruck gemacht und mich von der visionären Idee überzeugt. Da habe ich den Gemeinderat gebeten, sie sollten für das Projekt stimmen und wir sollten ihnen um den symbolischen Spottpreis von ein paar Schilling ein Grundstück überlassen. Heute ist das SOS-Kinderdorf nicht mehr aus Imst wegzudenken und die Kinder haben sich von Anbeginn so in die Gemeinde integriert, dass es eine wahre Freude ist. SOS-Kinderdorf und Imst sind eins und ich bin froh und glücklich, dass ich damals so entschieden habe.«

Ein Areal von 7 500 Quadratmetern oberhalb des neuen Schießstandes in Imst wurde mit einem Quadratmeterpreis von 4 Schilling zum Erwerb bereitgestellt. In einer Vertragsklausel hatte man SOS ein Vorkaufsrecht auf weitere 2 500 Quadratmeter eingeräumt, aber auch die Bedingung gestellt, dass das Grundstück im Falle einer Auflösung des Vereins wieder an die Gemeinde zurückfalle. Das Grundstück war ab diesem Zeitpunkt zwar im Besitz der Societas Socialis, aber die Grundbucheintragung sollte erst nach der Erstellung von Sicherheiten erfolgen. Gmeiner nahm das Angebot euphorisch an, musste aber viel später, nach mehreren Begehungen mit Fachleuten feststellen, dass es sich bei dem Grundstück hoch über der Stadt Imst um kein aufgeschlossenes Stück Land handelte. Auf den Berg oberhalb von Imst führte weder eine Straße, noch gab es Elektrizität oder Wasseranschluss. Auch diese Hürde meisterte Gmeiner bravourös: Der Zufall wollte es, dass ausgerechnet ein alter Kriegskamerad in Imst ein florierendes Bauunternehmen hatte. Der Baumeister erklärte sich bereit, das erste Haus des Kinderdorfes auf Kredit und ohne Anzahlung zu errichten. Gmeiner triumphierte.

Positive Medienresonanz hier, Neider und Verleumdungen da

Die Medienresonanz über das Vorhaben war äußerst positiv. Die *Tiroler Nachrichten* titelten: »SOS der Jugend. Endlich die Tat vor der Theorie«. Im Artikel erklärte man nicht nur die Funktion der neuen Institution, man erinnerte mit erschreckenden Statistiken auch daran, dass die Geschlechtskrankheiten in Tirol gegenüber 1938 um das Achtfache gestiegen wären, die Jugendkriminalität von 1947 auf 1948 gar um das Zwölffache. Bei den unehelichen Geburten wäre in Tirol eine Zunahme von sechs auf 20 Prozent zu verbuchen. Außerdem: »Besonders zu beklagen ist in den vergangenen Jahren ein rasantes Ansteigen der Prostitution und der Abtreibungen. Leidtragende bei dieser tragischen Entwicklung sind wie immer die Kinder. Mord bleibt Mord! Ob er nun vor oder nach der Geburt geschieht. Ein Rückgang der Abtreibungen kann erst dann einsetzen, wenn man der jungen Mutter hilft, das schwere Kreuz zu tragen. Die Societas Socialis ist aus dieser Not heraus geboren und kann mit ihrem weitsichtigen Konzept bereits vielversprechende Anfangserfolge verzeichnen.«

Artikel wie diese brachten aber für Gmeiner und sein Team nicht nur Wohlwollen mit sich, sondern riefen auch Neider und missgünstige Feinde auf den Plan. Auslöser waren vor allem die von Gmeiner angeordneten unerlaubten Plakat- und Sammelaktionen. Gmeiner dazu: »Es ist nicht nur einmal vorgekommen, dass ich um Mitternacht meine Buben bei der Polizei auslösen musste, weil sie schwarz plakatiert haben und dabei geschnappt worden sind. Was hätten wir denn tun sollen, wir hatten doch damals kein Geld, um die Plakate und Sammlungen offiziell anzumelden! Das hätte ja alles gekostet.«

Eine verleumderische Anzeige, beruhend auf dem Paragraf »gegen unerlaubte Sammeltätigkeit«, hatte kurzfristig nicht nur das Verbot der Societas Socialis erwirkt, sondern auch die Verhaftung Gmeiners zur Folge. »Es war ganz furchtbar am Anfang. Man hatte mich beschimpft, verleumdet und meine persönlichen Bankkonten gesperrt. Ich dachte, jetzt ist es aus und vorbei, aber ich habe nicht aufgegeben«, erinnert sich Gmeiner an jene Tage im Sommer 1949, an denen sein Schreibtisch für mehrere Wochen amtlich versiegelt war und er einen erbitterten Kampf gegen die üble Missgunst und die schleppende Bürokratie um die Aufhebung des Verbots und die Freigabe der Konten führte. »Man hat mir damals auch Unterschlagung von Vereinsgeldern vorgeworfen, völlig absurde und bösartige Unterstellungen zur Sprache gebracht. Letztendlich war es ein Leichtes, die statutengemäße Verwendung der Gelder nachzuweisen. Mit dem unerlaubten Plakatieren ist es mir etwas schwerer gefallen. Wir mussten Strafe bezahlen. Alle waren wir unglücklich, denn wir wussten, dass alles zu Recht geschah. Wir konnten lückenlos nachweisen, woher das Geld kam und wohin es ging. Man schüttelte über mich oft die Köpfe und glaubte, einen verrückten Visionär vor sich zu haben, gab mir aber zur Weiterarbeit schließlich alles wieder frei.«

Es sollte nicht sein letzter Kampf sein. Das Gerücht, er hätte Gelder unterschlagen, wurde selbst in späterer Zeit von Feinden und Gegnern immer wieder aufs Tapet gebracht, um Gmeiners Idee zu schaden. Ein SOS-Mitarbeiter beklagte sich noch Jahre später: »Es kam nicht nur einmal vor, dass Ämter, Behörden, ja sogar ausländische Sicherheitsdienste regelrecht mit Verleumdungen und Anzeigen gefüttert wurden. Der Erfolg unserer Organisation und die Idee Gmeiners sollte schlechtgemacht und verhindert werden. Oft wurden dann gegen SOS geheime Untersuchungen und Prüfungen eingeleitet. Stets vergebens.«

Andererseits verhalfen diese negativen Attacken auch zu einem positiven Neben-, nämlich einem Werbeeffekt für die SOS-Idee. Man wurde auf die Anliegen und Ziele aufmerksam, und oft erleichterte das so zugefügte Unrecht sogar anstehende Verhandlungen mit den Behörden, wenn es um geplante Straßensammlungen oder Postwurfsendungen ging.

»Es gibt nicht nur eine Kettenreaktion des Bösen, es muss auch eine Kettenreaktion des Guten geben« – dieses Motto machte sich Hermann Gmeiner entgegen aller Widrigkeiten zum neuen Leitspruch und begann neue Werbekampagnen zu entwickeln, um Mitglieder und Mitarbeiter für diese Kettenreaktion zu akquirieren und das ambitionierte Projekt in Imst finanzieren zu können. In den *Tiroler Nachrichten* war zu lesen: »Nach einigen Werbefeldzügen in den Innsbrucker Kinos liefen bereits namhafte Geldbeträge ein, die den Grundstock für die weitere Arbeit bilden sollen. Eine aufgeschlossene Frau in Igls stellte 1 000 Quadratmeter Baugrund zur Verfügung. Ein junger Architekt arbeitete freiwillig und kostenlos die Pläne für ein zu errichtendes Kinder- und Müttererholungsheim aus. Mit einem Gasthofbesitzer in Axams wurde ein Vertrag abgeschlossen, nach dem verlassene Kinder – vorerst provisorisch – während des Sommers in der würzigen Luft des Mittelgebirges einen längeren kostenlosen Aufenthalt verbringen können. Erfahrene Frauen werden sich der Kinder annehmen.«

Weihnachtsaktion – die SOS-Werbemaschinerie beginnt auf Hochtouren zu laufen

Mehr Mitarbeiter, mehr unterstützende Mitglieder, mehr Werbeaktionen und auch mehr Platz waren nun notwendig, um die gute Sache voranzutreiben. Ein neues Quartier wurde kurzfristig in einer alten Baracke am Innsbrucker Rennweg bezogen. Neben einer Schreibstube, einer eigenen Versandabteilung und einem Aufenthaltsraum durfte Gmeiner nun erstmals ein Chefbüro sein Eigen nennen. Gemeinsam mit Helene Didl, mittlerweile für Werbe- und Versandarbeiten zuständig, hatte er nun die wohl zündendste Idee nach der »Ein-Schilling-Aktion«: Eine Weihnachtskartenaktion sollte österreichweit rund 40 000 Personen über SOS informieren, sie begeistern und gewinnen. Jede Karte wurde mit einem Begleitbrief, einer Informationsbroschüre und einem Spendenaufruf versehen. Ganze Schulklassen samt Lehrern waren tagelang unermüdlich mit dem Verpacken und Versenden der Briefe beschäftigt. Unterstützung bekam Gmeiner dabei von Tyrolia-Druck: Man verzichtete darauf, die anfallenden Druckkosten sofort zu verrechnen, sondern erst im Januar des nächsten Jahres.

Schon drei Tage nach der Aussendung der Weihnachtsaktion konnte man auf dem SOS-Konto sichtbare Erfolge verbuchen. Die

Bauvorhaben im ersten Kinderdorf in Imst waren gesichert. Gmeiner hatte nach der Konzeption des ersten bereits im Bau befindlichen Hauses mit dem Namen »Haus Frieden« nun auch schon eine Bezeichnung für Haus Nummer 2 gefunden: In Anlehnung an die erfolgreiche Aktion würde es »Haus Weihnacht« heißen und die treue Mitstreiterin Helene Didl sollte als »Anerkennung und Dankeschön« den ersten Spatenstich durchführen. Nun war der Enthusiasmus von Gmeiner nicht mehr zu bremsen, wusste Helene Didl später zu berichten: »Er entwarf in seiner oftmals harten militärischen Diktion einen sogenannten Schlachtplan zur Eroberung Innsbrucks und teilte die gesamte Stadt in Blocks ein, Straßenblocks, Häuserblocks, und ließ in jedem Haus für jede Familie Listen auflegen, in die man sich als förderndes SOS-Mitglied mit einem Schilling im Monat eintragen konnte. Es gelang uns durch den ruhelosen Einsatz aller Frauen und Jugendlichen, neue Mitglieder, Freunde und Gönner zu werben. So kam einiges an Geldbeträgen und Spenden herein. Es wurde eine Arbeitsgemeinschaft für den Bau gebildet und man begann gleichzeitig, fest am Aufbau des ersten Dorfes zu arbeiten.« In den *Tiroler Nachrichten* war zu lesen: »Die Societas Socialis hat sich nun ausgerechnet, dass sich von den 70 000 Schilling, die ein Haus kostet, mindestens 30 000 durch die eigene Arbeit ersparen lassen, und man wolle den Rest durch den Verkauf von Kinderdorf-Postkarten und verschiedene Sammelaktionen hereinbekommen. Das geistige Band, das sie zusammenhält, ist der Gedanke des internationalen Zivildienstes.« Immer größer wurde der Kreis der unterstützenden Organisationen, die Gmeiner beim Bau und bei der Durchführung seiner Idee tatkräftig unter die Arme griffen. Neben der Tiroler Bergwacht waren es bald auch junge Idealisten des Landesjugendreferats, der UNICEF, des Kinderhilfswerks der UNO und natürlich die Stadtgemeinde Imst, welche für die kostenlose Unterbringung sorgte.

Eine von Gmeiners größten Stärken war es zeitlebens, Politiker und Personen des öffentlichen Lebens in die Kinderdorf-Idee einzubeziehen. Sie nicht nur dafür zu begeistern, sondern aktiv einzubinden. Als einen der ersten prominenten Politiker konnte er den Tiroler Landeshauptmannstellvertreter Josef Anton Mair für die Sache gewinnen. Vorausblickend wurde Mair noch im November 1949 mit dem Ehrenschutz über den Verein betraut. »Ein genialer und wohldurchdachter Schachzug«, beurteilte Professor Reinprecht später immer wieder Gmeiners charismatischen Einsatz und Weitblick, wenn es um den Gewinn politisch relevanter Personen ging.

Wertkonservatives Tirol – Widerstand von den Kirchenkanzeln

Sehr wohl erinnert sich Reinprecht aber auch an andere Aussprüche Gmeiners, welche die immer wieder aufkeimende Ernüchterung der ersten Tage und Monate klar verdeutlichen: »Es ist etwas geschehen, an das ich nie gedacht hätte. Man hat mich mit meiner Idee überall vor die Tür gesetzt. Ich war bei allen Stellen, von denen ich gedacht hatte, dass sie dankbar wären, wenn jemand einen Plan bringt, der eine Lösung der Jugendprobleme anschneidet. Man hat mich aber für einen Narren gehalten. Man hat über mich gelacht. Man hat mich höflich, aber entschieden überall hinausgeworfen. Man hat mich nirgends ernst genommen.«

Besondere Enttäuschung musste der strenge Katholik ausgerechnet in den Reihen der katholischen Caritas und selbst in den Kirchen des »heiligen Landes« Tirol erfahren: »Einige Pfarrer haben bei ihrer sonntäglichen Predigt von ihren Kanzeln gegen unsere Sache gesprochen. Ja, sie haben Stimmung gegen uns gemacht. Nicht katholisch, nicht christlich seien unsere Ideen und Vorhaben.« Hintergrund dafür war die Religionsfreiheit, die Gmeiner als eines der obersten Gebote für seine SOS-Idee forderte. Was in Gmeiners Kopf bereits feststand, er aber anfangs nur zaghaft in der Theorie anklingen ließ, konnte SOS-Kinderdorf all die Jahre später und bis zum heutigen Tag stets durchsetzen: »Die SOS-Kinderdorf-Idee schließt ein, dass wir allen großen Weltreligionen die Hände reichen. So haben sich in unseren Dörfern Christen und Moslems, Hindi und Buddhisten und Juden in einem gemeinsamen Werk zusammengefunden und sind zu einer großen Familie der Verständigung und der Versöhnung geworden. Wir suchen das Miteinander. Wir suchen mehr Frieden in unserer gemeinsamen Heimat, die Erde heißt.« Keine Unterschiede zwischen Völkern, Religionen oder politischen Anschauungen sollte das soziale Werk beeinflussen. Ein Grundsatz, der bis heute Gültigkeit hat.

In Staat und Kirche waren die Meinungsträger und Meinungsbildner damals in erster Linie im gesetzteren Alter. Fürsorge war nicht das vorrangigste Thema im konservativen Nachkriegs-Tirol. Das ohnehin knappe Budget wollte man nicht mit entsprechenden Projekten belasten. An Nichtregierungsorganisationen abseits des Roten Kreuzes zeigte man wenig Interesse.

Professor Neubauer schreibt in seinen Abhandlungen über die schwierigen Anfangsmonate: »Mit Gmeiner sprach ein junger Mann bei den Ämtern vor, der über keine berufliche Ausbildung und keinen fundierten finanziellen Hintergrund verfügte. Überdies stand die Tiroler Landespolitik generell neuen, bisher unbekannten Ideen, wie sie SOS-Kinderdorf zur Anwendung brachte und bringen wollte, in ihrer Wertekonservativität nicht gerade aufgeschlossen gegenüber. Der damalige Landesfinanzreferent Hans Tschiggfrey hörte sich daher die Ausführungen Gmeiners zwar geduldig an, hatte aber dafür nicht mehr als ein Achselzucken übrig. Ein Jahrzehnt später war es dem schließlich erfolgreichen Gmeiner eine ganz besondere Genugtuung, als ihm der inzwischen zum Landeshauptmann von Tirol aufgestiegene Tschiggfrey das Ehrenzeichen des Landes Tirol verleihen musste.«

Harter Kampf um Anerkennung – Hermann Gmeiner leistet Überzeugungsarbeit

Gmeiner nahm den harten Kampf um Anerkennung und um die Zukunft der verlassenen Kinder dennoch mit vollem Elan auf: »Ich bin kein Visionär, sondern Realist. Kindern kann man nicht mit schönen Worten helfen, sondern nur mit Taten. Wenn Kinder hungern, brauchen sie Brot und nicht fromme Reden von Weltverbesserern.« Recht und Pflicht waren auf seiner Seite, Macht und Einfluss noch nicht. Nicht schreierisch laut, sondern klug und verhalten war seine Reaktion auf Widerstand und unlautere Vorwürfe: »Ich habe niemals auf einen Vorwurf reagiert. Ich habe niemals auf einen Presseangriff geantwortet. Ich habe niemals wegen Ehrenbeleidigung geklagt. Ich habe niemals zurückgeschlagen. Und ich werde das auch niemals tun. Ich arbeite für mein Werk. Ich arbeite für das verlassene Kind. Ich will dafür meine ganze Kraft aufbieten und werde sie nicht durch Gegenangriffe zersplittern.« Ein Prinzip, dem er und die Seinen stets treu geblieben sind. Ein Grundsatz, den Gmeiner in vielen Gesprächen und Reden immer wieder hervorgehoben hat.

Ein Miteinander und kein konkurrierendes Denken hatte er angedacht, im Sinne zeitgemäßer Fürsorgereformen, im Sinne der leidenden Kinder: »Ich habe nie behauptet, dass die alten Heime und Anstalten keine Leistungen vollbracht haben. Ich bin voll der Hochachtung vor den Opfern, die das Erziehungspersonal in den herkömmlichen Fürsorgeeinrichtungen auf sich genommen hat. Ich weiß auch, dass wir für einen Teil unserer sozialwaisen Kinder immer Anstalten benötigen werden. Und ich habe die SOS-Kinderdörfer nicht geschaffen, um allen Anstalten das Licht auszublasen, sondern um einen Willen zur Reform zu schaffen. Man muss nur gewisse Dinge im rechten Licht aufzeigen. Da muss ich in aller Deutlichkeit sagen, dass alle pädagogischen Erfahrungen und Erkenntnisse sowohl der Vergangenheit als auch der jüngsten

Zeit entschieden dagegen sprechen, ein körperlich und geistig normales Kind, nur weil es seine Eltern verloren hat, in geschlossenen Anstalten unterzubringen. Der Pädagoge und verantwortungsbewusste Jugendfreund wird, auch wenn er selbst in einer geschlossenen Anstalt wirkt, die neuen, fortschrittlichen Formen der Jugenderziehung unterstützen und anerkennen müssen. Die SOS-Kinderdörfer haben mit ihrer Arbeit das Verantwortungsbewusstsein der Öffentlichkeit gegenüber dem hilflosen Kind wachgerüttelt und den Menschen das Kind wieder nahegebracht. Der öffentlichen, privaten und kirchlichen Fürsorge wurde damit Hilfe geleistet, indem das Verständnis für die schwere und verantwortungsvolle Arbeit der Fürsorgeeinrichtungen im Volk geweckt wurde. Vor allem wurde der Bevölkerung die überragende Bedeutung der Familie bewusst gemacht. Es ist den SOS-Kinderdörfern gelungen, als privates Sozialwerk Modelle zu schaffen, die für die künftige Waisenfürsorge beispielgebend sind. Sie haben alle die mit der Verwirklichung des neuen Weges der Waisenfürsorge verbundenen Risiken getragen und sich anfänglichen Bedenken zum Trotz hervorragend bewährt. Wo es um die Zukunft schutzbedürftiger Kinder geht, soll es nur einen Weg für die künftige Entwicklung geben: den besseren!«

2. Dezember 1949 – umjubeltes Richtfest in Imst

Ein Weg, der seinen ersten Höhepunkt und überwältigenden Anfang am 2. Dezember 1949 mit dem Richtfest des Hauses »Frieden« hoch über den Dächern von Imst verzeichnen konnte. Zwar war von der Tiroler Landesregierung nicht der Landeshauptmann selbst angereist, aber neben SOS- und Gmeinerfreund Josef Anton Mayr verliehen auch die Leiter des Landesjugendreferats, des Landesfürsorgeamts, des Landesjugendamts, der Mutter- und Säuglingsfürsorge, des Tiroler Hilfswerks, des Landesgesundheitsamts und nicht zuletzt der französische Gouverneur von Imst dem Festakt Glanz und Bedeutung. Auch Vertreter der Schweizer Pestalozzi-Stiftung erwiesen Gmeiner und seiner Idee durch ihre Anwesenheit die Ehre. Natürlich fehlten bei der Feier am späten Nachmittag im schneeverhangenen Imst auch nicht die Gemeindevertreter, allen voran SOS-Verbündeter Koch, der Bezirkshauptmann, der Stadtpfarrer und auch Freund Pfarrer Mayr aus Innsbruck. Allein die Abwesenheit des Bischofs und noch prominenterer Landesvertreter ließen in Gmeiner leichte Enttäuschung aufkommen, die er allerdings in seiner enthusiastischen Rede mit keinem Wort aufkommen ließ. Ein kluges, entbranntes und überzeugendes Bekenntnis zum Guten mit einem Schlusswort, welches bei den Anwesenden Standing Ovations hervorrief:

»Freunde, helft mir doch, Menschen für diese Idee zu gewinnen! Helft mir, die trägen Herzen der Menschen aufzuschließen für die Not des verlassenen Kindes! Helft mir, dieses Dorf zu bauen, dieses Dorf für Kinder! Helft mir, diesen Ärmsten ein neues Daheim zu schaffen! Dazu werden Opfer notwendig sein. Mit frommen Sprüchen kommen wir nicht zu unserem schönen Ziel. Ich selbst habe mich auch entschlossen, nur noch für dieses Ziel da zu sein, nur noch den ärmsten, elternlosen Kindern zu dienen. Ich werde die Hoffnung auf meine eigene Existenz, auf meinen eigenen, ersehnten Beruf aufgeben, bis ich dieses Dorf geschaffen habe. Es soll als ein kleiner Lichtblick in unsere dunkel gewordene Welt hinausstrahlen. Licht bringen, den Kindern, die im Schatten unseres Daseins aufwachsen müssen. Gutsein ohne Opfer ist Schein und Lüge. Wir sind zu diesem Opfer bereit. Wir wissen, dass dieser Rohbau nur Sinnbild für den Anfang eines Opferweges ist, den wir gehen müssen. Aber wir werden ihn gehen, weil wir an das Gute glauben. Wir glauben noch daran, dass die Menschen gut sind. Wir glauben daran, auch wenn uns die letzten Jahre eines anderen belehrt haben. Wir müssen die Menschen zu diesem Gutsein nur aufrütteln. Dazu möge uns der Herrgott die Kraft geben. Wir zogen ja nur aus, um seinen Kindern zu dienen, die er so liebt!«

Dankende, bewundernde und unterstützende Worte für Gmeiner folgten dann auch von Landeshauptmannstellvertreter Mayr: »Wir müssen endlich einsehen, dass die Bedenken der Alten nicht immer richtig am Platz sind. Ich begrüße die stürmische Begeisterung der Jugend, die uns zeigt, dass sie zu unser aller Nutz oft schon jene Probleme durch die Tat gelöst hat, welche die bedächtige Erfahrung des Alters noch theoretisch behandelt. Seien wir glücklich, dass das revolutionäre Element unserer Jugend stark auf die Schaffung neuer menschlicher Werte und nicht auf Zerstörung bedacht ist. Wir können stolz sein auf unsere Jugend, denn sie ist gesund, tüchtig und voll der Ideale. Wir können stolz sein auf Sie, Herr Gmeiner, denn Ihr Drang zum Neuen, Ihre Begeisterung, Ihre Dynamik und Ihre Taten kommen aus reinem und gutem Herzen.«

Positives Presseecho – Erfolg für das erste Kinderdorf

Am 3. Dezember 1949, einen Tag nach dem gelungenen Richtfest in Imst, stand in der *Tiroler Tageszeitung*: »Das Kinderdorf Tirol ist – selbst für die größten Skeptiker – kein unrealisierbarer Traum, keine Illusion hoffnungsloser Idealisten mehr. Gestern wehten die bunten Bänder vom Firstbaum des ersten im Rohbau fertiggestellten Hauses dieses im Entstehen begriffenen Dorfes in Imst.«

Die gute Sache schien nun durch diesen ersten, auch vorzeigbaren Erfolg viele Politiker von der skeptischen Haltung Gmeiner gegenüber abzubringen. Nur zehn Tage später, am 13. Dezember 1949, hatte Gmeiner erneut Grund zum Feiern. Erteilte doch die Tiroler Landesregierung dem Verein SOS für Juni 1950 die lang ersehnte legale Sammelgenehmigung für Sachspenden zur

Beschaffung von Baumaterialien, Einrichtungsgegenständen, Lebensmitteln und Wäsche und darüber hinaus eine Sammelerlaubnis für Geldspenden zum Aufbau eines Kinderdorfes. In gemeinsamen Briefen und Aufrufen an die Bevölkerung Tirols baten Josef Anton Mayr, der Innsbrucker Bürgermeister Melzer und Hermann Gmeiner, für das neu geschaffene Sozialwerk zu spenden.

Landeshauptmannstellvertreter Mayr betonte Jahre später in einem Interview, dass er seinen anfangs oft kritisierten Entschluss, Gmeiner zu unterstützen, nie bereut habe: »Man stelle sich vor, im Landhaus zu Innsbruck hatten wir im Jahr 1949 wirklich dringendere Probleme. Und genau da kommt ein junger Mann bei der Türe herein: Hermann Gmeiner. Unscheinbar, unbekannt, ein Medizinstudent, der Ihnen vorträgt, ein Kinderdorf gründen zu wollen. Er will dem Massenelend der Kinder und Jugend nach dem Kriege damit abhelfen. Eine Gruppe von Studenten und reinen Idealisten nannte er als seinen Hintergrund. Gmeiner selbst kam mir bei dieser ersten Begegnung vor wie ein reiner Tor, eine Parsifal-Natur. Ich habe den jungen Leuten damals die Chance gegeben, denn die Absicht erschien mir rein. Das ist nun einmal das Vorrecht der Jugend, die Dinge, auch wenn sie übergroß sind, anzugehen, wenn die Idee schön und umfangreich ist. Die ersten Erfolge stellten sich dann ein und sofort kamen Angriffe von allen Seiten. Persönlicher Natur, finanzieller Natur und auch die ganze Idee wurde angegriffen und heruntergemacht. Aber die Idee hat sich durchgesetzt. Allerdings haben ihn (Gmeiner) die örtlichen Stellen und Behörden und vor allem der Bürgermeister von Imst aufgrund der schönen, reinen Idee tatkräftig unterstützt. Wo gibt es schon eine große Idee, die nicht ihre Gegner hat? Auch heute noch. Vielleicht ist den Gegnern zu viel Propaganda betrieben worden, aber können Sie sich in der heutigen Zeit der modernen Massenmedien eine Sache vorstellen, die sich nicht der modernen Werbemittel bedient? Darüber hinaus ist Gmeiner der einfache und saubere Idealist geblieben, der reine Tor, der sich für seine, die eine Idee aufopfert. Darum habe ich ihn immer und überall unterstützt.«

Um böse Unterstellungen und Anschuldigungen diesmal von Anbeginn im Keime zu ersticken, wurde Ernst Gschließer, der Sekretär der Tiroler Industriellenvereinigung, als oberstes Finanzkontrollorgan in den SOS-Vorstand aufgenommen. Nach der höchst erfolgreichen Weihnachtsaktion war man bereits auf Hochtouren mit den Vorarbeiten der kommenden Osteraktion beschäftigt.

Gmeiner schuftete Tag und Nacht und konnte so auch seinen lang ersehnten Weihnachtsurlaub in der Heimat nicht wahrnehmen. Den Heiligen Abend verbrachte er mit seinen engsten Mitarbeitern in Dankbarkeit und Ehrfurcht vor der guten Sache in der wenig festlich anmutenden Vereinsbaracke. »Es war sehr friedlich und irgendwie feierlich. Wir haben gedankt und gebetet dafür, dass unser Werk nun Anerkennung findet«, merkte Helen Didl zum Weihnachtsfest 1949 an. Erst am 30. Dezember brach Gmeiner schließlich nach Alberschwende auf, um das verheißungsvolle neue Jahr im Kreise seiner Familie zu verbringen. Schwester Resi erinnert sich: »Bis zu diesem Zeitpunkt hat Hermann ja nie viel von seiner Arbeit erzählt. Aber diesmal war er so stolz auf das Geleistete. Er hat geschwärmt von den erreichten und von den gesteckten Zielen. Wir waren natürlich stolz auf ihn, die ganze Familie.« Selbst Vater Gmeiner zeigte diesmal, dass er stolz auf seinen Sohn war. »Wir mussten nicht viel miteinander reden. Der Vater hat nie viel gesprochen, aber wenn er mich angesehen hat, dann war da so eine Zufriedenheit in seinen guten Augen. So ein Funkeln und er nickte nur mit dem Kopf und ich wusste, dass er nun wirklich stolz und beeindruckt vom Geschafften war. Obwohl er meinen Visionen noch lange nicht ins Detail folgen konnte. Vielleicht wäre er noch stolzer gewesen, wenn ich als Arzt zurückgekehrt wäre, aber er war stolz und wirkte sehr zufrieden mit dem, was sein Sohn da so machte«, berichtet der SOS-Pionier. Bereits am 3. Januar reiste Gmeiner zurück nach Innsbruck. Das Dorf musste nun wachsen, weitere Häuser mussten gebaut und auch besiedelt werden – so das ambitionierte Vorhaben für das Jahr 1950.

Weihnachtsaktion ermöglicht Expansion der SOS-Idee

Das Dorf in Imst wuchs mit einer Geschwindigkeit, die selbst Gmeiner kaum erträumt hatte. Das »Haus Frieden« sollte nicht lange allein auf der Anhöhe über der kleinen Tiroler Stadt stehen. Mit den gewaltigen Einnahmen der überaus erfolgreichen Postkartenaktion konnte man den Baubeginn des »Hauses Weihnacht« feiern, die Tiroler Industriellenvereinigung stellte die Mittel für das »Haus Industrie« zur Verfügung, Bevölkerung und Behörden aus Osttirol machten das gleichnamige Haus möglich und schließlich wurde das »Haus Ostern« durch die zweite Postkartenaktion finanziert. Die Erschließung mit Straße, Strom und Wasser hatte Bürgermeister Koch mit den Mitteln der Gemeinde kostenlos übernommen.

»Das sind Ihre Häuser. Finanziert mit Ihrem Schilling. Ein echtes Werk der Nächstenliebe. An jedem SOS-Kinderdorf haben auch Sie, meine lieben Freunde, Ihren vollen Anteil«, so begannen denn auch die Reden, die Hermann Gmeiner anlässlich der unzähligen Führungen und Präsentationen im ersten Kinderdorf hielt. Ein Werk, das auf den Schilling der kleinen Leute gebaut war. Leute, auf die sich Gmeiner verlassen konnte, auf die er baute. Menschen, die es aber nicht nur in Tirol geben musste. »Wir haben jetzt ein schönes, kleines Dorf in Tirol errichtet, aber das ist erst der Anfang. Wir müssen in ganz Österreich neue Freunde und Gönner gewinnen. Wir müssen beginnen, unsere Arbeit auf das ganze Land auszudehnen, denn das Dorf soll ja auch für Kinder aus ganz Österreich offenstehen. Ich bin mir ganz sicher, dass wir überall im Land Menschen finden werden, die unsere Idee gutheißen, unterstützen und uns helfen werden«, untermauerte Gmeiner seine Vision und begann mit einer landesweiten Postwurf- und Plakataktion, für SOS zu werben.

Gmeiner hatte nur eines im Sinn: neue Häuser, neue Dörfer und somit glückliche Kinder. »Ich hatte keine Scheu, im ersten Jahr fast unsere gesamten Spenden und Ersparnisse in die Werbung und Aktionen zu stecken, denn wir mussten bekannt werden im ganzen Land. Je mehr Briefe, Rundschreiben und Plakate wir hinausbrachten, desto größer war der Erfolg. Mit diesen Aktionen hatten wir in Kürze ein Vielfaches der Ausgaben wieder eingenommen und einem Weiterbauen stand nichts im Wege«, erklärte Gmeiner seine Strategie. Eine Strategie, die bereits im ersten Jahr voll aufgehen sollte. Klar ersichtlich auch in den Finanzberichten des SOS-Vereins am Ende des Jahres 1950: Die Eingänge aus Spenden und Aktionen steigerten sich in den Jahresberichten von 1949 auf 1950 von rund 171 300 auf 664 300 Schilling. Rund eine halbe Million Schilling wurde von diesen Erträgen für den schuldenfreien Bau der ersten fünf Häuser verwendet. Das völlig neue Werbemittel der Postkartenaktion hatte zu Weihnachten 1949 einen beachtlichen Erfolg gebracht: Auf insgesamt 76 100 versandte Karten erfolgte auf immerhin 28 000 eine Reaktion, wobei insgesamt 110 000 Schilling gespendet wurden. Nur zwei Jahre später wurden bei dieser bahnbrechenden sozialen Direktmarketing-Aktion bereits 1,6 Millionen Postkarten an 400 000 Haushalte versandt. Der Nettoreinertrag konnte dabei bei einem ungefähren Aufwand von 247 000 Schilling mit 620 000 Schilling beziffert werden. Eine stetige Expansion, die Gmeiner in seinen Reden gerne als »Sensation des Guten« bezeichnete:

»Wir sollten über jedes SOS-Kinderdorf, das wir errichten, viel, sehr viel Propaganda machen. Wir müssen alles daransetzen, dass die Menschen es erfahren und unsere Arbeit für das sozial verwaiste Kind zur Kenntnis nehmen. Wir müssen das Gute, das wir zu tun uns bemühen, zu einer Sensation machen. Über das Böse wird ohnehin unentwegt berichtet. Das Gute wird so geflissentlich verschwiegen. Wenn in Amerika ein Mörder herumläuft, schreibt die ganze Weltpresse darüber und über die Fernsehschirme flimmert sein Bild. Wenn wir 100 oder 1 000 Kinder retten, nehmen die Medien nicht Notiz davon. Das tut weh, denn auch das Gute kann Sensation sein. Und das vor allem in unserer so lieblos gewordenen Zeit.« Worte, die offensichtlich fruchteten, denn schon fünf Jahre nach der Gründung von SOS-Kinderdorf wies die Bilanz der heute legendären Aktionen 4,5 Millionen Weihnachts- und 2,5 Millionen Osterkarten auf.

Der nächste logische Schritt war die Umstrukturierung der Organisation des Vereins. Aus den vornehmlich ehrenamtlichen Helfern und Mitarbeitern wurden hauptamtliche Kräfte, die laut neuer Vereinsstatuten nun als hauptamtliche Mitarbeiter und SOS-Schwestern Anspruch auf ein angemessenes Gehalt und auf eine Anstellung im Rahmen des Privatrechtes hatten. Weiterhin wurden in den Statuten des neuen SOS-Vereins die Hauptaufgaben neu definiert: »Betreuung verlassener und elternloser Kinder, deren Erziehung durch Frauen als SOS-Kinderdorf-Mütter in einem Beruf mit Berufung und die Beschaffung der Mittel durch kleine Spenden, Aktionen und große Stifter und Gönner.« Der Zweck des »überparteilichen, auf Privatinitiative beruhenden Sozialwerkes zum Schutze der Jugend« wurde ebenfalls neu definiert: Vereinszweck ist es, die Errichtung von Pflegeeinheiten für elternlose, verlassene und pflegebedürftige Kinder, die in einem Kinderdorf zusammengefasst werden, zu errichten.

Rekrutierung der Mütter – erklärte Chefsache

Nach allen organisatorischen Umstrukturierungen, der neuen Vereinsdefinition und der momentanen finanziellen Absicherung sollte aber nun im ersten Bestandsjahr das schwierigste und diffizilste Vorhaben folgen: das Rekrutieren der Kinderdorf-Mütter. Wurde noch im Jahr 1949 ganz im Sinne vom großen Vorbild Pestalozzi an »eine Frau als Mutter oder aber auch (an) ein Ehepaar, wobei der Mann einen Beruf ausüben muss«, gedacht, so kristallisierte sich in Gesprächen mit Psychologen und Pädagogen nun immer mehr heraus, dass es eine alleinstehende Frau sein sollte, die durch einen unterstützenden männlichen Dorfleiter als Alleinerzieherin das Kernstück der SOS-Kinderdorf-Pädagogik und des neuen Familienmodells sein sollte. Nach monatelangem Studium von pädagogischen Fachbüchern und stundenlangen Diskussionen mit Professor Vinzenz Neubauer, jenem frühen Freund, ehrenamtlichen Mitarbeiter und Universitätsprofessor für Psychologie in Innsbruck, war Gmeiner zu diesem Schluss gekommen.

»Für die Erziehung und Persönlichkeitsbildung eines jeden Kindes ungefähr bis zum 14. Lebensjahr sind der Einfluss der Mutter und die innige Verbundenheit des Kindes mit ihr ausschlaggebend. Bis zu diesem Alter ist die Mutter daher unersetzlich. Hingegen kann die Rolle des Vaters verhältnismäßig leicht von Personen übernommen werden, die außerhalb der Familie stehen. In den SOS-Kinderdörfern wird die Vaterfunktion in erster Linie vom Dorfleiter ausgeübt. Auch der Dorfmeister, die Freizeitgestalter und der Lehrer in der Schule helfen mit, das fehlende männliche Element so weit als nur möglich zu ersetzen.«

Gmeiner konnte und musste bei seinen Betrachtungen auch immer wieder auf die prägenden positiven Erfahrungen aus seiner eigenen Kindheit und Jugend ohne Mutter, großgezogen von der Schwester, zurückgreifen. »Meine Mutter war eine einfache

Frau. Sie kannte von der Welt nicht viel mehr als das Stück des Bregenzer Waldes, in dem sie aufgewachsen war. Sie kannte es gut und stellvertretend für die ganze Welt, die andere Menschen, ohne viel von ihr zu erfahren, kreuz und quer bereisen. Ihr Horizont war nicht klein, denn sie hatte jene tiefe Gläubigkeit, die alle Dinge durchsichtig macht und den Blick für das Wesentliche weitet. Meine Geschwister beschrieben sie als Frau, die wusste, was sie wollte und worauf es ankam. Es kam ihr vor allem darauf an, vor ihrem eigenen Gewissen zu bestehen. Sie wollte ihre Pflicht erfüllen, die darin bestand, für Haus und Hof und ihre Familie zu sorgen. Die Erfüllung dieser Pflicht erforderte ihre ganze Kraft und überforderte sie schließlich. Ich kann mir vorstellen, dass sie stolz darauf war, stark zu sein, stark im Hinnehmen des harten Bergbauernschicksals, das uns beschieden war, stark im Geben und stark auch im Verzicht auf alles, was ihr überflüssig erschien. Ein Teil ihrer Zähigkeit und Zielstrebigkeit hat sich wohl auf mich übertragen. Ich habe meine Mutter zu einer Zeit erlebt, in der das Wort erst allmählich zur Brücke der Verständigung zwischen Mutter und Kind wird. Vielleicht deshalb habe ich sie als eine Frau in Erinnerung, der es leichter fiel, sich mit Blicken als mit Worten auszudrücken. Der Ausdruck ihres Gesichtes lobte, strafte und liebte. Ihre Blicke schienen stets besorgt oder fürsorglich auf uns zu ruhen. Sie waren ihr wichtigstes Erziehungsmittel.

Ich sehe meine Mutter aus dem Blickwinkel des fünfjährigen Kindes. Sie ist neben mir nicht alt geworden. Ich habe keinen Wandel der Beziehungen zu ihr erlebt und weiß nicht, welche Erfahrungen ich dadurch versäumt habe. Dafür weiß ich sehr genau, was die Mutter dem fünfjährigen Kind bedeutet. Die Mutter ist ihm die Mitte der Welt. Sie steht am Anfang des Daseins. Das Kind bildet mit ihr eine Einheit, die nur unter Gefahr für sein Leben aufgelöst oder ganz zerstört werden kann. Unser Bild von der Mutter verändert sich, wenn wir beginnen, den Kampf um unsere Selbstständigkeit zu führen. Der heranwachsende, junge

Mensch vergisst, wie hilflos und schutzbedürftig er einmal war und in welcher lebensnotwendigen Abhängigkeit von seiner Mutter er sich befand. Ist es uns bewusst, dass die Mutter ihr heranwachsendes Kind sozusagen noch einmal unter Schmerzen zur Welt bringen muss, unter Angst um seine Zukunft und seine Fähigkeit, im Leben zu bestehen? Wir hören auf, das Kind zu verstehen, wenn wir das Wissen um die Bedeutung der Mutter-Kind-Bindung aus unserem Bewusstsein verdrängen. Es steht außer Frage, dass diese Bindung die Basis unserer ganzen persönlichen und gesellschaftlichen Entwicklung ist. Ich weiß und fühle es, wie es in der Seele eines Kindes, das seine Mutter verloren hat, aussieht. Und es gibt wahrscheinlich keine Worte, die imstande wären, die Situation, in die ein solches Kind gerät, zu schildern. Wir behelfen uns damit, zu sagen, dass die Welt dieses Kindes buchstäblich zusammenbricht. Ihm ist, als stünde es morgen auf und wüsste, dass ein neuer Tag begonnen hat, aber ein Tag, über den die Sonne nicht aufgehen will. Ihm ist, als würde in den Zimmern die Luft knapp oder als wäre das Feuer im Ofen nicht imstande, die Kälte zu vertreiben, die von draußen hereinkriecht.«

Ein Plädoyer für die Frau und Mutter. Nur wo und nach welchen Kriterien sollte Hermann Gmeiner nun, kurz vor der Fertigstellung des ersten Kinderdorfs, diese idealen Mütter herbekommen? Durch Inserate und mündliche Werbung angesprochen, kamen erste Bewerberinnen in die neue Innsbrucker SOS-Niederlassung. Der Personalstand war mit dem Wachsen der Aufgabe gestiegen. Man war mit dem Büro wieder in die Räumlichkeiten der Innsbrucker Hofburg umgezogen. Gmeiner begann in langen Gesprächen eine Vorauswahl zu treffen.

Professor Neubauer zeichnete für die pädagogischen Eignungstests verantwortlich. Der Psychologe, der gemeinsam mit seiner Frau Auguste schon vor der SOS-Gründung intensiven Kontakt zu Gmeiner pflegte, legte besonderen Wert auf die pädagogische und psychische Eignung der künftigen Mütter, denn er wusste, dass sich Gmeiners Frauen- und Mütterbild im Laufe der Jahre aufgrund seiner persönlichen Erlebnisse etwas verklärt hatte und vom pädagogischen Standpunkt aus sicherlich nicht unumstritten war: »Die Mutter wurde für Gmeiner immer mehr zur Idealgestalt einer Frau. Darin wurzelt auch der Grund, warum er verlassenen Kindern nicht nur Familie, sondern vor allem eine Mutter geben will. Und so wie seine Mutter am Bauernhof ihren Kindern durch Mühen und rastloses Schaffen Vorbild und Ansporn für Spiel und Arbeit wurde, so sollten auch die Kinderdorf-Mütter ihre Kinder und Jugendlichen nicht durch ein ausgeklügeltes Erziehungssystem, sondern durch hingebungsvolle Liebe und tätiges Beispiel erziehen.«

Letztlich verließ sich Gmeiner, wie schon so oft zuvor in seinem Leben, auf seine eigene Intuition und vor allem die charakterlichen Eigenschaften der Frauen. Einfache Frauen vom Land, religiös, häuslich, gefestigt und geschickt im Umgang mit Kindern, wurden demnach als erste Kinderdorf-Mütter rekrutiert.

Das Kinderdorf in Imst wurde eingerichtet, bezogen und begann zu leben. Fünf Waisen aus dem Burgenland hatten den Weg nach Imst ebenso gefunden wie ein sechsjähriger Waise aus Oberösterreich, ein russisches Besatzungskind, aber auch einige der drängendsten Fälle aus Gmeiners Jugendgruppe in Mariahilf wurden in einem der fünf Häuser untergebracht. Sie waren es schließlich, die den Medizinstudenten nunmehr schon vor über vier Jahren in seiner Vision bestärkten und so die Initialzündung des nun geschaffenen Werkes auslösten. Ende 1951 hatten bereits 50 Kinder aus allen Teilen Österreichs ein neues Zuhause im Kinderdorf gefunden.

IMST – DAS ERSTE SOS-KINDERDORF NIMMT SEINEN BETRIEB AUF

Der realisierten Vision folgt harsche Kritik

Gmeiners Vision war Realität geworden. Das Experiment SOS musste sich nun im Alltag bewähren. Denn nicht überall in der Imster Bevölkerung wurde die neu geschaffene Institution ausschließlich positiv angenommen und selbst Bürgermeister Koch gestand später mit einem argwöhnischen Augenzwinkern: »Obwohl ich von der Idee und auch der Umsetzung immer überzeugt und beeindruckt war, bin ich – ich muss es ganz offen zugeben – ganz am Anfang oft heimlich nachts um die Häuser geschlichen und habe mir vor Ort ein Bild gemacht, was dort passiert und wie das Dorfleben so aussieht.«

Weitaus kritischer gingen Mitglieder der konkurrierenden österreichischen Kinderdorfvereinigung Pro Juventute gegen das erste SOS-Kinderdorf vor. Ein Beobachter wurde ins Dorf entsandt und sollte die Umstände und Verhältnisse sachlich und objektiv recherchieren. Fazit dieser Exkursion war ein vernichtender Bericht: »Pro Juventute will hiermit den Tiroler Behörden zur Kenntnis bringen und unterstreichen, dass sie sich von den Praktiken des SOS-Kinderdorfs Tirol eindeutig distanziert und es aufs Tiefste bedauert, wenn die den Begriff des Kinderdorfes beinhaltende wertvolle Idee einer familienähnlichen Waisenerziehung durch solche unseriösen Machenschaften Schaden erleidet. Der Vorstand erklärt sich bereit, an der Sanierung der Zustände mitzuhelfen und dazu beizutragen, dass die in der Siedlung Imst eingewiesenen Kinder nicht weiterhin, oder gar auf Dauer, gesundheitlichen, psychischen und charakterlichen Schäden ausgesetzt bleiben.« Der Expertenbericht bemängelte vor allem auch den moralisch untragbaren Zustand, dass es sich bei einer der ersten Kinderdorf-Mütter, Frau Franziska Fahlenbeck, um eine geschiedene Lehrerin mit zwei eigenen Kindern handelte. Weiterhin wurde bemängelt, dass auch Nichtvollwaisen im SOS-Kinderdorf Zuflucht gefunden hätten. Bauliche und räumliche Mängel wurden ebenso festgestellt wie die permanente Vernachlässigung der Obhut und der Aufsichtspflicht der größtenteils unausgebildeten Pflegemütter.

Ein zu offensichtliches Konglomerat aus Vorurteilen, Konkurrenzdenken und Missgunst ohne jegliche Beweisführung konnte letztlich auch die positive Einstellung der Tiroler Landesregierung zu Hermann Gmeiner und seiner SOS-Idee nicht erschüttern. In einem Brief an die wachsende Schar von SOS-Freunden und Gönnern bekräftigte er abermals die wohlüberlegten vier Prinzipien und Grundsäulen seiner Idee: »Ich weiß nichts Besseres, einem Kind zu helfen, als ihm eine Mutter zu geben, Geschwister zu geben, ein Haus, ein Dorf zu geben.«

Auch wenn Gmeiner kaum auf negative Kritik reagierte, erläuterte er nochmals und klar verständlich im Detail die vier Eckpfeiler seiner Grundidee. Die alles beherrschende Basis: die Mutter. »Wozu also die Mutter: Jedes Kind bekommt eine SOS-Kinderdorf-Mutter. Sie lebt gemeinsam mit den ihr anvertrauten Kindern, durchschnittlich zwischen fünf und neun Kinder, in einem eigenen Haus wie eine Familie zusammen. Sie gestaltet mit ihnen den Familienalltag, schafft verlässliche und tragfähige Beziehungen. Durch die Liebe und Geborgenheit bekommen die Kinder ein beschützendes und sicheres Zuhause. Menschen, die sich dazu entschließen, mit Kindern zu leben, bekommen eine intensive fachliche Ausbildung. In ihrer verantwortungsvollen Aufgabe wird die SOS-Kinderdorf-Mutter von pädagogischen Mitarbeitern, dem Dorfleiter, dem Dorfleiterassistenten und Familienhelferinnen sowie Frauen, die sich noch in der Mütterausbildung befinden, unterstützt.«

Seine Definition der Geschwisterlichkeit, die Gmeiner seit frühester Kindheit maßgeblich beeinflusst hat: »Buben und Mädchen unterschiedlichen Alters wachsen wie Geschwister gemeinsam in einer SOS-Kinderdorf-Familie auf. Leibliche Geschwister werden nicht getrennt und so können auch größere Geschwistergruppen zusammenbleiben. Kinder werden bis zum Alter von zehn Jahren aufgenommen, bei Geschwistergruppen kann das Aufnahmealter auch über 10 Jahre liegen. Die Kinder besuchen öffentliche Schulen, da ein großer Wert auf die Integration in die umliegende Gemeinde gelegt wird. Der SOS-Kindergarten steht für Kinder aus der Umgebung offen.«

Das Haus als schützender Hafen der neuen familiären Gemeinschaft: »Das Haus ist der beschützende äußere Rahmen einer SOS-Kinderdorf-Familie. Jede SOS-Kinderdorf-Familie lebt in einem Einfamilienhaus, das die Familie nach eigenen Wünschen und Bedürfnissen gestaltet. Das Wohn- und Esszimmer ist das Zentrum des sozialen Lebens der Familie. Meistens haben zwei Kinder ein gemeinsames Kinderzimmer, das sie zusammen mit ihrer SOS-Kinderdorf-Mutter so einrichten und dekorieren, dass sie sich wohl und geborgen fühlen.«

Und schließlich der sozial verbindende Dorfgedanke: »Jedes SOS-Kinderdorf besteht aus durchschnittlich 10 bis 15 Familienhäusern. In vielen Dörfern gibt es einen Kindergarten, den auch Kinder der umliegenden Gemeinden besuchen. Die Familienhäuser sind in die Dorfgemeinschaft eingebettet, und auf diese Weise wird den Kindern das Gefühl von Heimat und Zugehörigkeit vermittelt. Das SOS-Kinderdorf ist ein offener Ort. Die Integration der SOS-Kinderdorf-Kinder in ihr nachbarschaftliches Umfeld wie auch der Austausch und die Begegnung mit den Nachbargemeinden werden besonders gefördert.«

SOS-Prinzipien als sicheres Boot in der sozialen Brandung

Ein Prinzip, dem Gmeiner stets treu geblieben ist und das bis heute seine Gültigkeit behalten hat. Allen Kritikern und Skeptikern gab Gmeiner über die Jahre immer wieder folgende Worte mit auf den Weg: »Unser Leben gleicht der Reise über ein stürmisches Meer. Wer sich behaupten will, braucht ein gutes Boot, auf das er sich verlassen und dem er in den Gefahren, die ihn bedrohen, stets vertrauen kann. Dieses Boot ist für das Kind die Familie. In ihr findet es Geborgenheit, Liebe und Rückhalt, sie gibt ihm die sichere Grundlage für ein gesundes Leben. Aber wie mangelhaft ausgerüstet und schlecht versorgt müssen viele Kinder ihre Fahrt ins Leben wagen! Wenn sie dann eines Tages mit ihrem lecken Boot kentern und untergehen, bricht man den Stab über sie. Man sagt, dass sie eben schlechte und verdorbene Matrosen auf ihrem Schiff durchs junge Leben waren. Nach der Schuld der Erwachsenen an ihrem Schicksal wird wenig gefragt. Denken wir dabei an die gestrauchelten Jugendlichen, an die kleinen Diebe und Herumstreuner, an die Gewalttätigen und Drogensüchtigen. Ein Kind ohne Eltern ist ein kleines, hilfloses Menschlein auf einem sinkenden Schiff. Es sehnt sich nach einem Platz, wo es zu Hause sein kann. Wir dürfen keine Zeit versäumen, solchen Kindern, die am Rande der Gesellschaft herumirren, Verständnis entgegenzubringen und sie wieder in unsere Herzen aufzunehmen. Vor allem sollten wir tatkräftig mittun, wenn es gilt, solchen Kindern wieder ein bleibendes Daheim zu schaffen.«

Gmeiner predigte diesen Vorsatz nicht nur in der Theorie, sondern er lebte ihn ab 1951 auch in der Praxis, tagtäglich. Als oberster SOS-Verantwortlicher und Vereinsvorsitzender übernahm er auch noch die Bürde des ersten Dorfleiters in Imst. Der spätere Ausspruch – »Alle Kinder dieser Welt sind meine Kinder« – begann ab diesem Zeitpunkt auch für ihn konkrete Formen anzunehmen. Tagsüber arbeitete er im Dorf und stand den Müttern mit Rat und Tat zur Seite, die Nächte verbrachte er mit seinem Sekretär, Berater und Freund, Fritz Haider, im Innsbrucker Büro. Oberstes Ziel war es nun, eine gesunde Ordnung in die wachsende Organisation zu bringen. Beinahe um jeden Preis. »Manchmal konnte er sich kaum noch aufrecht halten, aber die Probleme und Anliegen der Sache waren ihm so wichtig, dass er immer wieder neuen Mut und neue Kraft schöpfte, sich wachzuhalten. Er überraschte mich immer wieder mit neuen Ideen und Plänen. Mir ist es immer noch ein Rätsel, wo wir alle diese Kraft hergenommen haben«, erinnert sich Haider an die intensive und oft an die Grenzen der Gesundheit gehende Zusammenarbeit mit Gmeiner.

Was Gmeiner und seinem Team anfangs in der Theorie noch Kopfzerbrechen bereitet hatte, stellte sich spätestens nach den ersten Schulwochen in Imst als schwarzseherischer Irrglaube heraus: die Integration der schulpflichtigen Kinder in die öffentliche Schülergemeinschaft. Es kam weder zu Auseinandersetzungen in den Schulen noch auf dem Schulweg zu Problemen mit den oft aus verwahrlosten Verhältnissen stammenden Kindern. Die Kinderdorf-Kinder wurden von den Müttern und den Dorfleitern stets dazu angehalten, die Erwachsenen freundlich zu grüßen und mit ihren Schulkameraden so umzugehen wie mit ihren Geschwistern im Dorf. Eine weise Erziehungstaktik, die in der Bevölkerung auf sehr viel Sympathie stieß. Gmeiner hatte es somit geschafft, seinen Waisenkindern den Platz neben den anderen Kindern zurückzuerobern. Eine Höchstleistung, die Professor Reinprecht wie folgt bewertete: »SOS hatte damit bewiesen, dass die herkömmliche Anstaltsschule als – bis zu diesem Zeitpunkt – alleinige Möglichkeit der Ausbildung verlassener Kinder überwunden war und der Vergangenheit angehörte. Die ganz normale Welt war hereingeholt in das Leben der elternlosen Kinder. Gmeiner vollzog mit der Ermöglichung des Besuchs der Kinder von öffentlichen Schulen die Eingliederung in dieses normale Leben. Dieses innovative Prinzip war ein genialer pädagogischer Schachzug und sollte zu einer der stärksten Säulen der weiteren Arbeit im Bereich der Kinderdörfer werden.«

Einen weiteren wesentlichen Unterschied zu den Praktiken der herkömmlichen öffentlichen Fürsorge stellte die Finanzierung und die Logistik des Kinderdorfs dar. Im Gegensatz zu Kinderheimen oder Waisenhäusern existierten keine Großküchen, keine Speise- oder Waschsäle und keine gemeinsamen Lebensmittellager. Gmeiner hatte das sozialökonomische Bestreben, jede einzelne Dorffamilie zu einer eigenen beweglichen und selbstverantwortlichen wirtschaftlichen Einheit zu machen. Mit dem monatlichen Fixgehalt hatte jede Mutter auch für die Verköstigung ihrer Familie zu sorgen. Gekocht wurde für sich in der eigenen Küche, gewaschen in jedem Dorfhaus. Eigenverantwortung war das Motto und Schlüsselwort für die so entstehenden völlig autarken Mikrokosmen. Obst und Gemüse wurden für den Eigenbedarf hinter dem Haus in kleinen Gärten angepflanzt. Die tägliche Hausarbeit wurde vom Familienverband gemeinsam erledigt. Somit konnten nicht nur die Unterhaltskosten und der Aufwand eines Kinderdorfes wesentlich geringer gehalten werden als jene der herkömmlichen Waisenhäuser, sondern man konnte nebenbei noch den Effekt eines unbezahlbaren Erziehungsmittels nutzen. Die Integration der neu geschaffenen Familien funktionierte nicht nur nach außen, sondern auch nach innen perfekt, und das interne Zusammengehörigkeitsgefühl wurde ohne Zutun automatisch bestärkt.

Die Architektur der Dörfer: funktional und angepasst

Sehr großen Wert legte Gmeiner von Beginn an auf die bauliche Struktur der SOS-Kinderdörfer. Dies geschah in intensiver Kooperation mit befreundeten Architekten und Baumeistern unter Zuhilfenahme der modernsten sozialpsychologischen Erkenntnisse. In Gmeiners handgeschriebenem Anforderungsprofil kann man seine konkreten Vorstellungen, die auch heute noch Gültigkeit besitzen, nachlesen:

»Architektur, bauliche Ausführung und die Anlage der SOS-Kinderdörfer sollen auch äußerlich dem neuen Erziehungswerk Ausdruck verleihen und zum Sichtbarmachen der Idee beitragen. Die Gestaltung des Lebensraumes kommt in ganz besonderer Weise auch einer Milieuerziehung gleich. So werden hierbei die Stube, der Herd, das kleine Schlafzimmer, ja das Haus und das ganze Dorf bewusst als Erziehungsfaktoren gestaltet. Das Kind soll im Erleben und im Umgang mit dem Schönen und Lichten die Welt später einmal als das Erstrebenswerte sehen und so selber das Halbdunkel des Elends und der Verwahrlosung verabscheuen lernen. Selbstverständlich steht bei der baulichen Gestaltung eines Kinderdorfes im Vordergrund, der Familie genügend Raum und Möglichkeit zu einem gesunden Eigenleben zu geben. Die Familie soll in einer gediegenen Wohnstätte jenes Mindestmaß an Ruhe und Sicherheit finden, das sie zu ihrer normalen Entwicklung braucht. Da man mit allen möglichen Arten von Wohnkasernen überall auf der Welt recht schlechte Erfahrungen gemacht hat, wurde dem Einfamilienhaus der unbedingte Vorrang gegenüber den nur scheinbar wirtschaftlichen Großbauten gegeben. Die grundsätzliche Gliederung und Ausstattung dieser Einfamilienhäuser sollte einem bewährten Schema entsprechen. Die Häuser sind in der Regel einstöckig. Sie erhalten im Erdgeschoss eine große Wohnstube, die Küche und das Mutterzimmer. Im Obergeschoß befinden sich die Schlafräume der Kinder – für je drei Kinder ein eigener Raum – und manchmal auch ein kleines Lern- und Studierzimmer. Dazu kommen die erforderlichen Nebenräume. Jedes Haus ist mit einer Heiz- und Warmwasseranlage sowie einem Bad ausgestattet. Die Familienhäuser sollen wohnlich, jedoch nicht komfortabel eingerichtet sein. Die Ausstattung soll sich auf das Notwendige und Wesentliche beschränken und wird im Laufe der Zeit von der Familie selbst je nach Geschmack und Bedarf ergänzt. Durch Bescheidenheit und vernünftige Sparsamkeit bei der Ausstattung der Häuser wird erreicht, dass die verfügbaren Mittel der Betreuung möglichst vielen Kindern zugutekommen. Auch aus erzieherischen Gründen erscheint es angebracht, die Kinder in einer soliden, dem durchschnittlichen Lebensstandard entsprechenden Umgebung aufwachsen zu lassen. Luxuriöse Wohnstätten, deren Niveau vom Kinde später einmal, wenn es seine eigene Familie, sein eigenes Haus gründet, nicht erreicht werden können, üben, auf die Dauer gesehen, eine eher nachteilige Wirkung aus. Die Wohnungen der SOS-Kinderdorf-Familien sollen ungefähr den Wohnungen guter Arbeiter- oder Beamtenfamilien entsprechen.«

Noch exakter definiert hatte Gmeiner inzwischen auch das Aufnahmeprofil der elternlosen Kinder: »Das SOS-Kinderdorf will das elternlose, verlassene, aus der Familie herausgebrochene Kind in seinen natürlichen, ihm von Gott zugedachten Lebensraum zurückführen. Dieses Ziel wird durch die Bildung familiennaher Erziehungsstätten, den Kinderdorf-Familien, erreicht.« Erschreckend erscheint der Umstand, dass in den ersten Jahren mehr als zwei Drittel der SOS-Kinderdorf-Kinder bereits vor ihrer Aufnahme in den verschiedensten Formen der Pflegeobhut, sei es in Heimen oder bei Familien, gewesen waren und schon nach kurzer Zeit wieder weggegeben wurden. Oft war SOS wirklich der allerletzte Notruf für die gequälten, unverstandenen und im Stich gelassenen Kinder.

Erschütternden Einblick in den sozialen Hintergrund und die widrigen Wohn- und Lebensverhältnisse solcher Kinder liefert ein Protokoll aus dem Jahr 1951 der Polizeibehörde. Es schildert die traurigen Zustände, in denen ein zehnjähriges Mädchen aufgegriffen wurde: »Bei der Besichtigung der Wohnung fiel auf, dass dieselbe nicht den geringsten hygienischen Anforderungen entspricht. Die Küche – als Wohn- und Schlafzimmer in einem be-

Hermann Gmeiner in den 1970er-Jahren

oben:
Das Geburtshaus Hermann Gmeiners in Alberschwende/Vorarlberg

unten:
Hermann Gmeiner in seinen Studienjahren

oben:
Hermann Gmeiner mit einer Kinderdorf-Mutter und einem Kind im SOS-Kinderdorf Imst (1950er-Jahre)

unten:
Einweihung des SOS-Kinderdorfes Stübing/Steiermark 1959

oben:
Reiskorn-Aktion Korea 1963

unten:
Thailands Königin Sirikit 1964 im SOS-Kinderdorf Hinterbrühl bei Wien

Hermann Gmeiner in den 1970er-Jahren im SOS-Dorf Dhaka/Bangladesch ...

... im SOS-Dorf Gammarth/Tunesien ...

... und mit chilenischen Straßenkindern

oben: Hermann Gmeiners 60. Geburtstag am 23. Juni 1979 im SOS-Dorf Hinterbrühl
unten: Haus »Frieden« im SOS-Dorf Imst zur 30-Jahrfeier 1979

oben:
Hermann Gmeiner auf einem seiner vielen Flüge rund um die Welt

unten:
Vor dem Kapitol in Washington Anfang der 1980er-Jahre

Hermann Gmeiner im SOS-Dorf Worpswede/ Niedersachsen (1980)

Völkerverständigung im SOS-Dorf Tanta/Ägypten (1980)

Hermann Gmeiner im SOS-Dorf Cebu/Philippinen (1982)

nützt – starrt vor Schmutz. Der darin wahrgenommene Gestank und der üble Geruch lassen auf Bettnässen schließen und es hat den Anschein, als ob die Strohsäcke – etwas anderes ist gar nicht vorhanden – im Verfaulen begriffen wären. Möbel oder Bettwäsche sind überhaupt nicht vorhanden. Die Bettstellen bestehen aus ehemaligen deutschen Wehrmachtsbetten ohne Drahteinsatz. Beim Betreten der Wohnung muss gebeten werden, sofort die Fenster zu öffnen, weil man es sonst nicht aushalten kann, ohne Gefahr zu laufen, erbrechen zu müssen. Im November 1950 wurde eben dieses Kind auf dem Boden schlafend, mit Lumpen zugedeckt, hier vorgefunden.«

Nicht das einzige erschütternde Schicksal, das über die Medien an die schockierte Öffentlichkeit gelangte. So schrieb etwa auch die renommierte *Frankfurter Allgemeine Zeitung* über die Biografien der Kinderdorf-Kinder: »Selbstmord des Vaters, die Mutter nicht mehr zurechnungsfähig. Der Vater Alkoholiker, die Mutter schickt ihre Kinder auf die Straße. Die Eltern Flüchtlinge in einem Barackenlager, die Kinder werden zum Betteln geschickt. Die Eltern tot, die Zieheltern nutzen das Kind aus. Die Mutter eine ›Person‹, der Vater wird vermisst. Beide Eltern im Arbeitshaus. So und ähnlich steht es in den Karteien der SOS-Kinderdorf-Organisation.« Die *Tiroler Nachrichten* konfrontierten die Öffentlichkeit ebenso offen und ehrlich mit dem Leid der ersten Kinderdorf-Kinder: »In erster Linie werden Waisenkinder, die weder Vater noch Mutter haben, in die Gemeinschaft des SOS-Werkes aufgenommen. Ihre Zahl ist wahrlich nicht klein. Längst liegen bei den Jugendämtern, der Sozialhilfe und im SOS-Kinderdorf-Büro in Innsbruck hunderte Anmeldungen vor. Bei den bereits in Kinderdörfern untergekommenen Mädchen und Buben handelt es sich vornehmlich um Halb- und Vollwaisen, Flüchtlingskinder, deren Eltern tot oder verschollen sind, vernachlässigte, geschlagene, seelisch kranke Kinder, sogenannte Besatzungskinder, deren Eltern, meist die alleinstehende Mutter, in bitterster Not lebten.«

Den Behörden und SOS-Mitarbeitern bot sich zu diesem Zeitpunkt ein beinahe unbeschreibliches Bild von Armut, Trostlosigkeit und Verzweiflung. Hermann Gmeiner versuchte die überlasteten Helfer immer wieder mit hoffnungsvollen, tröstenden Worten zu motivieren: »Wer Gutes tut, wer für Hilflose und Arme ein Ohr hat und wem es gelingt, von seinem Wohlstand etwas abzugeben, dem wird in seinem Leben viel Segen zuteil. Denn Gutsein macht frei. Gutsein macht glücklich.«

Gerade in Zeiten wie diesen kein leichter Appell. Doch die Mitarbeiter von SOS halfen den Betroffenen selbstlos, unermüdlich und unbürokratisch. Zumal die veraltete Sozialgesetzgebung in Tirol damals zusätzlich zur Ausgrenzung und sozialen Diskriminierung der Betroffenen beigetragen hatte. Alleinerziehende, ledige Mütter, die sehr wohl in der Lage oder willens gewesen wären, für ihre Kinder zu sorgen, wurden vom Staat materiell vollends im Stich gelassen. Eine oft ausweglose Situation, wie das Fallbeispiel eines Kinderdorf-Zöglings ernüchternd unter Beweis stellt: Ein Mädchen wurde nach Imst gebracht, weil die leibliche, arbeits- und hoffnungslose Mutter es wochenlang in einem Kleiderschrank versteckt hatte. Die völlig abgemagerte Frau hatte in einem staatlichen Ledigenheim Zuflucht gefunden, das aber keine Kinder duldete. Ein Schicksal von vielen.

Das ausschließlich positive Medienecho verhalf SOS in der Öffentlichkeit nicht nur zu einem breiten Bekanntheitsgrad weit über die Tiroler Landesgrenzen hinaus, sondern auch das Image der privaten Sozialorganisation mehr und mehr aufzubessern. »SOS hat mit der Realisierung seiner Idee ein Märchenland für Kinder geschaffen. Man hört dort nur glückliche Kinderstimmen und Freude und Frieden sind in diesem Dorf zu Hause. Das jüngste Dorf in Tirol ist zweifellos auch das friedlichste Dorf unserer Zeit geworden«, schwärmte etwa die *Tiroler Tageszeitung*. Ebenso euphorisch berichtete damals die *Frankfurter Allgemeine Zeitung* nach dem Besuch eines Kinderdorfs: »Betritt man die kleinen Häuser, so muss man fast gewaltsam daran erinnern, dass es sich hier um keine durch das Blut verbundene Familie handelt, so fröhlich, familiär und geschwisterlich geht es da zu. Ich habe unter den vielen Kindern wohl auch schüchterne gesehen, zarte, nervöse und geistig oder körperlich leicht zurückgebliebene, aber unfreie, bedrückte, verlogen servile wie oft in den Anstalten oder ängstlich geduckte sind mir nicht begegnet.«

Die Integration der Dorfkinder von Imst – eine ganze Stadt hilft mit

Das Gros der Imster Bevölkerung trug zum Gelingen des Integrationsprozesses der jungen Fremden in den ersten beiden Bestandsjahren aktiv und positiv bei. Nur noch selten kam es zu Auseinandersetzungen oder hetzerischen Parolen. »So ein Gesindel tut man uns da her, die verderben unsere braven Imster Kinder. Ich lasse meine Kinder nicht mit denen gehen oder sitzen.« Aussagen wie diese wurden von höchster Stelle, vom Bürgermeister Koch persönlich, als dumm, primitiv und intolerant in aller Öffentlichkeit verteufelt. So auch nach einer hoch emotionalen Beschwerde Gmeiners im Herbst 1952, wonach Jugendliche aus Imst seine Kinderdorf-Bewohner am Schulweg wiederholt als »Bettelkinder« denunziert hatten. Der SOS-Freund Koch verfasste damals sogar einen forschen Brief an alle Verantwortlichen der städtischen Schulen:

»Ich habe Ihnen heute eine traurige und ernste Mitteilung zu machen. Es ist dies eine ganz grobe Gemeinheit und Unanständigkeit. Wir sagen den Imster Kindern, dass die Stadtgemeinde Imst das Kinderdorf hierher gewünscht hat und somit unter dem Schutz der Stadtgemeinde steht. Wir verbieten ausdrücklich, den Kinderdorf-Kindern ›Bettelkind‹ nachzurufen; denn es ist wirklich kein Grund vorhanden. Alles, was die Kinder benötigen, wird in Imst eingekauft und bezahlt, und es fließen monatlich Tausende von Schillingen den Imster Kaufleuten zu. Außerdem haben die vielen Häuser, die im Kinderdorf schon gebaut worden sind, unseren Arbeitern und unseren Handwerkern schon viel Beschäftigungsmöglichkeit und Verdienst gebracht. Wir bitten die Lehrerschaft mit Nachdruck, uns hier Ordnung schaffen zu helfen!«

Ausbildungsmängel – Kritik aus den eigenen Reihen

Anfangs wies die pädagogische Ausbildung der Mütter, Dorfleiter und Dorfhelfer noch Mängel auf, das bestätigt selbst der spätere SOS-Generalsekretär Fritz Haider: »Die pädagogisch-fachliche Qualifikation stand auf eher schwachen Beinen und es waren weitgehend fachliche Dilettanten am Werk. Die kaum vorbereiteten Frauen wurden ziemlich brutal ins kalte Wasser geworfen und hatten ihre Arbeit als schrecklich schwierig empfunden. Erst mit der Zeit, nach einer langen Eingewöhnungsphase, kam das Gefühl der Zusammengehörigkeit und des Zusammenwachsens auf.« Trotzdem fiel die offizielle Beurteilung des SOS-Kinderdorfs durch das stets vorsichtige und argwöhnische Imster Jugendamt völlig unerwartet neutral bis positiv aus: »Die Kinderdorf-Kinder sind nach unserer Beurteilung und Meinung nicht besser und nicht schlechter als die anderen. Das eine kann man aber mit Wohlwollen bemerken, dass sie besonders zur Höflichkeit erzogen werden. Sie grüßen höflich und weichen den Erwachsenen auf schmalen Wegen aus. Es sei allerdings auch angemerkt, dass die Kinderdorf-Leitung in schwierigen Fällen an das Jugendamt mit der Bitte herantritt, die in diesem Fall erforderlichen Erziehungsmaßnahmen einzuleiten. Letzten Endes ist auch das Kinderdorf in solchen Erziehungsfällen auf die Landeserziehungsheime angewiesen.«

Helene Didl, die mittlerweile auch eine tragende Rolle bei der Rekrutierung der Mütter innehatte, erinnert sich an die Unabkömmlichkeit des SOS-Gründers: »Es war mit manchen Kindern nicht gerade leicht, aber wir schafften es immer wieder. Herr Gmeiner hatte sich die pädagogische Führung vorbehalten und wir brauchten ihn sehr nötig, um uns zu überzeugen, zu trösten und uns zu helfen, wenn es notwendig war. Es war damals schon beeindruckend, wie er von Innsbruck nach Imst hetzte und sich all unsere Probleme anhörte, nie ratlos oder verzweifelt war und stets geholfen hat.« Gmeiners Anwesenheit im Dorf reduzierte sich ab diesem Zeitpunkt aber ausschließlich auf die Wochenenden. Die beiden Tage widmete er sich der Dorfgemeinschaft mit 100 Prozent und setzte all seine Energie und sein Wissen ein, um die neuen »Jungmütter« zu Höchstleistungen anzuspornen. Dass alle Kinder »seine Kinder« waren, hat Gmeiner auch immer wieder durch den Besuch der einzelnen Dorffamilien bekräftigt.

Und er hatte unter all seinen Kindern auch Lieblingskinder, wie den 1953 in Imst eingezogenen Alexander Gabriel. Dieser berichtet: »Wir haben Gmeiner anfangs oft gesehen. Meist mit Anzug, Krawatte und Hut. Er war eine absolute Respektsperson, die wir immer mit ›Herr Direktor‹ ansprechen mussten. Dass er der Gründer von SOS-Kinderdorf ist, war uns damals noch gar nicht bewusst.« Direkter wurde der Kontakt zwischen Gmeiner und Gabriel, als der »Herr Direktor« in langen Gesprächen mit der Hausmutter erfahren musste, dass Gabriel und sein jüngerer Bruder nicht getauft waren. Anlässlich der Taufe in der Imster Kirche in der Osternacht 1961 erklärte sich Gmeiner spontan bereit, die Patenschaft über Gabriel zu übernehmen. »Von da an kam Gmeiner immer zu Weihnachten und zu Geburtstagen und brachte uns Geschenke. Den Herrn Direktor als Paten zu haben, war natürlich etwas ganz Besonderes. Obwohl Gmeiner alle Kinder sehr gut und freundlich behandelte, hatten seine Patenkinder, es waren ja einige, einen ganz speziellen Status innerhalb der Gemeinschaft. Und ich war mächtig stolz, dass der Herr Direktor mein Taufpate war.«

Hermann Gmeiner sollte den weiteren Lebensweg von Alexander Gabriel noch maßgeblich beeinflussen, denn er war einer jener Auserwählten, die er später einmal für wichtige Aufgaben in der Institution SOS-Kinderdorf aus den eigenen Reihen rekrutieren sollte.

Von einem ähnlich prägenden Lebensweg weiß der heutige SOS-Kinderdorf-Präsident und Gmeiner-Nachfolger Helmut Kutin zu erzählen, der 1952 nach Imst kam. Die Mutter war verstorben, die Schwester war ermordet worden, der ältere Bruder war ebenfalls bereits aus dem Haus und Kutin lebte allein bei seinem betagten, kranken und völlig verzweifelten Vater in Bozen. Eine Cousine in Innsbruck hatte von der neuen Organisation des Hermann Gmeiner erfahren und reiste mit dem damals schon 13-jährigen Helmut Kutin zu einem Vorstellungsgespräch in das Innsbrucker SOS-Büro. »Ich wusste ja gar nicht, was mit mir geschieht, denn ich wurde weder von meiner Cousine noch von meinem Vater informiert. Und da stand ich nun mit meiner Pumphose und mit meinem Schulzeugnis in der Hand vor dem Herrn Direktor. Was mich etwas konsterniert hat: Gmeiner hat mein Zeugnis, ein italienisches Schulzeugnis mit einer Notenskala von 1 bis 10, genommen und mit einem Stift die österreichischen Noten eingetragen. Ich habe diese erste Begegnung faszinierend gefunden, weil Gmeiner ganz selbstverständlich ein offizielles Dokument um- und unterschrieben hat. So war er eben.«

Kutin wurde von Gmeiner akzeptiert und bekam einen Familienplatz im Haus »Südtirol«. Nur wenige Monate später durfte Kutin Gmeiner ins SOS-Ferienlager nach Caldonazzo begleiten. Wieder kam es zu einer typischen Gmeiner-Aktion: »Wir waren damals so 20 Kinder im Zugabteil und hatten, wie eben üblich, einen Sammelpass. Das Problem war, dass auf diesem Pass mein Name fehlte. Allerdings kein Problem für Gmeiner, der den Zöllnern bei der Kontrolle ganz einfach einen anderen Namen nannte. Wir waren über der Grenze und ich durfte dann den ganzen Sommer über den Übersetzer spielen. So hatte ich von Anbeginn immer sehr engen Kontakt mit Gmeiner.« Auch Kutin weiß von der Strenge des Herrn Direktor zu berichten: »Ich hatte nie Probleme, aber er war schon ein strenger, korrekter Mensch. Oft ließ er in Imst um 7.00 Uhr am Morgen alle Dorfkinder vor dem Gemeindehaus antreten und musterte ihre Kleidung. Das war dann immer eine ziemlich strenge und nervige Aktion für uns. Aber so war er eben. Eine wirkliche Respektsperson.«

Noch lange vor seinem Tod bestellte Gmeiner Kutin zu seinem Nachfolger.

Das Dorf wächst und ein Gebet als Zeugnis des Glaubens

Drei weitere Häuser waren durch grenzüberschreitende Spendenaktionen fertiggestellt worden. Ansiedler aus Südtirol spendeten das »Haus Etschland«, vom Geld einer großen Gönnerschaft aus dem Osten Österreichs wurde das »Haus Wien« errichtet und eine spezielle Bausteinaktion der Tiroler Geschäftsleute machte den Bau eines »Gemeindehauses« möglich, welches von nun an ein neuer Standard für jedes Kinderdorf werden sollte. Zentrale Angelegenheiten und die Administration des Dorfes waren darin ebenso untergebracht wie ein Aufenthaltsraum und ein Fortbildungsraum für die Erwachsenen, eine eigene Personalküche und der eigene Kindergarten des Dorfes.

Wurde nur zwei Jahre zuvor noch von vielen Kanzeln herab gegen die Kinderdorf-Idee gewettert, so konnte Gmeiner zur Einweihung der Dorferweiterung mit selbstsicherer Genugtuung einen wohlbekannten hohen kirchlichen Würdenträger begrüßen: den Innsbrucker Weihbischof Paulus Rusch. Gmeiner hatte den aufgeschlossenen Kirchenfürsten in seiner Funktion als Jugenddekanatsführer kennen- und schätzen gelernt. Grund und Ansporn genug für Gmeiner, noch vor der Einweihung seinen lang ersehnten Wunsch eines eigenen SOS-Kinderdorf-Gebetes nach seinem Entwurf zu äußern. Bischof Rusch überprüfte das Gebet und billigte es. Premiere hatte dieses Gebet bei einer Messe im Imster Kinderdorf. Der Wortlaut hat sich bis heute nicht verändert und wird tagtäglich in jedem katholischen Kinderheim als Zeugnis des Glaubens gebetet:

»Eingedenk sein wollen wir aller, die unserer Gemeinschaft angehören. Im Geiste vereint, bitten wir Dich, guter Vater im Himmel: Bewahre uns in Deiner Hand und zeige uns stets den rechten Weg. Du hast uns zusammengeführt, lass uns Dir immerfort auch eines Herzens dienen. Gib, dass in unserer Gemeinschaft immer Eintracht und Einigkeit herrsche. Bewahre das Kinderdorf vor allem Bösen, vor Sünde und Not. Verlasse auch unsere Angehörigen nicht und vergilt Du es denen, die uns Gutes tun. Wie Du, guter Heiland, uns alle liebst und uns verzeihst, so schenke auch uns füreinander Liebe und Verzeihen. Dank sei Dir, unser Herr und Gott. Amen.«

Nicht nur kirchliche, sondern auch weltliche Zeichen der Anerkennung konnte Gmeiner bei der Segnung des erweiterten Dorfes verbuchen. Neben Vertretern des Erziehungswesens und der Regierung war auch eine Delegation der UNESCO nach Imst angereist. Die Revolution des Guten hatte erste internationale Früchte getragen.

Der Weg des Bergbauernsohns aus Vorarlberg hinaus in die weite Welt war nun nicht mehr aufzuhalten. Doch zuerst musste Gmeiner noch ganz Österreich von seiner Idee begeistern und überzeugen. SOS-Zweigstellen mit Vereinscharakter sollten in jedem Bundesland eröffnet werden. Hintergrund dieses Vorhabens war es, dass Österreich immer noch von den Alliierten besetzt war und man danach trachtete, in jeder Besatzungszone eine autarke Niederlassung zu installieren, die unabhängig von der Zentrale in Innsbruck und den jeweiligen politischen Entwicklungen selbstständig agieren sollte.

Gmeiners vordringlichstes Anliegen zur Schaffung der neuen bundesweiten SOS-Struktur: die Gewinnung der Bundeshauptstadt Wien. »Wir müssen einsehen, dass sich Wien nicht mit Briefen und schönen Worten aus Tirol erobern lässt. Wir müssen hingehen und mit einem eigenen Büro in der Bundeshauptstadt vertreten sein. Nur so können wir den Osten für unsere Idee begeistern.« Es war eine aufregende und notwendige Herausforderung und eine für heutige Verhältnisse etwas absonderliche Reise, die Gmeiner gen Osten antrat, wie sich Fritz Haider erinnert: »Gmeiner setzte sich in den Zug nach Wien. Er hatte nicht einmal einen Koffer, sondern all seine Unterlagen und etwas Wäsche zum Wechseln in einen Pappkarton gepackt. So reiste er nach Wien, aber dass er erfolgreich zurückkehren würde, daran hatte er nie gezweifelt.«

Innerhalb kürzester Zeit machte Gmeiner in Wien Bekanntschaft mit wichtigen Persönlichkeiten aus Industrie, Politik und Sozialwesen und konnte sie für die Idee gewinnen. Ein kleines Büro wurde gleich hinter dem Rathaus im ersten Bezirk angemietet. Und wieder waren es junge, freiwillige Helfer, die Gmeiner an der Universität für seine Sache gewinnen konnte. »Wir haben das weit entfernte und doch so nahe ›Goldene Wienerherz‹ für uns gewinnen können«, schwärmte Gmeiner wenige Monate nach seiner ersten Wienreise bei einer SOS-Versammlung in Innsbruck. Weit über 100 000 neue Freunde und Gönner aus dem Osten Österreichs traten dem Verein als unterstützende Mitglieder schon im ersten Jahr bei.

KINDERDÖRFER IN GANZ ÖSTERREICH

Kinderdörfer in Osttirol und Oberösterreich

Der Grundstein für das zweite SOS-Kinderdorf war gelegt und auch ein Standort gefunden: Lienz in Osttirol. Das Jugendamt Lienz regte ausdrücklich in einem Schreiben an die Tiroler Jugendfürsorge an, dass hier eine Zweigstelle des SOS-Kinderdorfes errichtet werden sollte. Die Begründung: »Es finden sich in Osttirol immer wieder Kinder, die nicht auf Pflegeplätzen untergebracht werden können und noch nicht reif für eine Erziehungsanstalt sind.« Die Akzeptanz in der Bevölkerung und bei den maßgeblichen Politikern war groß, sodass bereits 1954 der SOS-Zweigverein Osttirol gegründet wurde und ein Jahr später das zweite Kinderdorf in Nussdorf-Debant eröffnet werden konnte.

Die SOS-Expansion erreichte zu dieser Zeit auch das Bundesland Oberösterreich. Drahtzieher war hier ein glücklicher Zufall und ein Journalist namens Hansheinz Reinprecht, der später eine Schlüsselposition in der Kinderdorf-Organisation einnehmen sollte. Dr. Reinprecht war damals als Chefredakteur des *Linzer Volksblattes* einer Presseeinladung von SOS nach Imst gefolgt, um mit der Funktion eines Kinderdorfs vertraut gemacht zu werden. »Ich hatte damals von dieser Organisation zwar gehört, aber keine Ahnung über die Strukturen und die Macher. Der österreichische Caritas-Direktor ersuchte mich, mir dieses eigenartige Dorf anzusehen und ihm Bericht zu erstatten.« So kam es zur ersten, schicksalsträchtigen Begegnung zwischen Reinprecht und Gmeiner: »Ein wahres Schlüsselerlebnis für mich. Wir haben einander auf Anhieb sehr gut verstanden. Es hat gefunkt und ich war fasziniert von seiner Person und seiner Idee.« Auf das Angebot Reinprechts, auch über Zeitungsartikel hinaus jederzeit hilfreich zur Seite zu stehen, kam Gmeiner nur wenige Tage nach Erscheinen des SOS-Beitrags im *Linzer Tagblatt* umgehend zurück: »Plötzlich stand er mitten in der Redaktion in Linz und bat mich, ihn doch beim Erstellen von Aufrufen und Bittschreiben journalistisch zu beraten. Das war der Beginn einer lebenslangen Zusammenarbeit und Freundschaft.«

Die Freundschaft Reinprechts mit dem oberösterreichischen Landeshauptmann Dr. Heinrich Gleißner tat das Weitere zur Gründung des ersten Kinderdorfes in Oberösterreich. Reinprecht: »Ich habe gemeinsam mit dem Landeshauptmann Gmeiner in Imst besucht. Er war so begeistert, dass er sofort grünes Licht für ein ähnliches Dorf in unserem Bundesland gegeben hat.« Ein Grundstück in Altmünster am Traunsee wurde zu günstigsten Konditionen erworben und das erste Kinderdorf außerhalb Tirols errichtet. Gleißner wurde Vorsitzender des neu gegründeten Vereins und Reinprecht konnte durch seine journalistischen Kontakte in wenigen Monaten sieben Häuser errichten lassen. »Wir haben damals einen eignen Verein gegründet, denn die Vorstände in Innsbruck waren zu diesem Zeitpunkt immer noch skeptisch, wenn ein Nichttiroler die Geschicke eines Dorfes leitete. So sind sie eben, die Tiroler. Seit damals hat SOS das System übernommen, dass in jedem Bundesland ein eigener Verein für die Geschicke der Kinderdörfer zuständig und verantwortlich zeichnet.« Auch Reinprecht legte von nun an seine Geschicke in die Hände von SOS-Kinderdorf: »Ich hatte mich so sehr engagiert, dass meine journalistische Arbeit plötzlich hintanstehen musste. Und obwohl mich Landeshauptmann Gleißner damals gerne in der Politik gesehen hätte und mir konkrete Angebote gemacht hatte, habe ich mich entschlossen – natürlich nach Absprache mit meiner Frau –, alles liegen und stehen zu lassen und mich voll der SOS-Arbeit zu widmen.« Ein Sprung ins kalte Wasser, der Reinprecht zunächst zum ersten Dorfleiter von Altmünster, später vom Kinderdorf

Wienerwald, dann zum Geschäftsführer der Landesorganisation und schließlich zum Generalsekretär von SOS-International werden ließ.

Das Kinderdorf in Imst war nun zum Modell für ganz Österreich geworden. Einziger Unterschied: Der Verein in Oberösterreich benötigte zum Aufbau keine Subventionen mehr vom Hauptverband in Innsbruck und das Land Oberösterreich hatte zugesichert, dem Kinderdorf eine jährliche Zuwendung in Höhe von 250 000 Schilling zu überweisen. Im Jahr 1957 zählte das Kinderdorf Altmünster so bereits elf fertige Häuser.

Angespornt durch diese Erfolge griff das Marketinggenie Gmeiner zu immer spektakuläreren Werbeaktionen für das Kinderdorf. Die Postkartenaktionen zu Weihnachten und Ostern gehörten nun schon zum fixen Bestandteil einer neuen österreichischen Sozialkultur. Die vereinseigene Zeitschrift *Der Kinderdorfbote* hatte eine Auflage jenseits der 300 000 Exemplare erreicht und wurde mit Begeisterung und Interesse von allen Förderern konsumiert. Alte Postkutschen wurden als Werbeträger quer durchs Land geschickt und sorgten für Aufmerksamkeit und Spendenbereitschaft. Das immer raffinierter gestaltete Marketingkonzept hatte nicht unwesentlich zur Beliebtheit und zum wachsenden Erfolg von SOS beigetragen. Gmeiner selbst begann aber auch durchs Land zu reisen und in Vorträgen neue Mitglieder zu werben. Er wurde zur schillernden Wohlfahrtsfigur und gewann durch seine medialen Auftritte an öffentlicher Bekanntheit.

Zur Jahresgeneralversammlung des SOS-Hauptverbands würdigten die Bürgermeister von Imst und Innsbruck, aber auch Landeshauptmannstellvertreter Josef Anton Mair die aufopfernde Tätigkeit Hermann Gmeiners und seiner Mütter: »Mit aufrichtiger Zufriedenheit kann ich hier und heute feststellen, dass aus kleinsten Anfängen von Opfermut und Tatkraft einer Schar beherzter junger Männer aus einer angeblichen Utopie ein imponierendes Lebenswerk geschaffen wurde. Ein herzliches Dankeschön im Namen der Landesregierung für diese Tätigkeit zum Segen der verlassenen Jugend.«

Eine Hommage an den Gründer kam damals auch von Fritz Haider. Berührende Worte, die im SOS-Kinderdorfboten 1953 für alle Spender nachzulesen waren und somit das erste ausführliche Bild von Hermann Gmeiner in der Öffentlichkeit zeichneten:

»Ein Kinderfreund war Hermann Gmeiner schon seit jeher. Ich sah einmal, wie er einem fremden kleinen Knirps eine Tafel Schokolade schenkte und wie glücklich er war, als er dem Buben diese Freude machen konnte. Es ist ein Wesensmerkmal dieses Mannes, dem Mitmenschen zu helfen. Schon als er mit zwanzig Jahren Offizier wurde, war er geradezu von einer väterlichen Sorge um alle ihm anvertrauten Soldaten erfüllt. Vom Kriege heimgekehrt, nahm er in Innsbruck das Medizin- und später auch das Philosophiestudium auf. Schon bald aber drängte es ihn, in der Jugendarbeit mitzuhelfen. Abend für Abend war er mit der Jugend zusammen, half in allen Nöten und versuchte das bittere Los vieler zu erleichtern. Der junge, durch den Frontkrieg früh gereifte Mann hatte eingesehen: Eine zerstörte Familie, eine schlechte Umgebung übt einen so verheerenden Einfluss aus, dass einem jungen Menschen niemals entscheidend geholfen werden kann, wenn er in dieser Umwelt weiterleben muss. Um hier einen gründlichen Wandel zu schaffen, müssen die Kinder ein Daheim bekommen, wo sie zu ordentlichen Menschen heranwachsen können. So kam er auf die Idee, ein Kinderdorf zu bauen, in dem die Kinder nicht wie eine Nummer in einer Massenanstalt behandelt würden, sondern wo sie wie in einer natürlichen Familie aufwachsen sollten. Geduld und Güte waren die Zauberworte, mit denen er sein Werk in die Welt setzte. Mit ihnen gewann er Freunde, Mitarbeiter und sogar die Behörden, überwand Misstrauen und Unverstand, gewann schließlich das Vertrauen des ganzen Volkes. Die ungezählten Menschen, die seither Schilling um Schilling gaben, bauten ihm das Dorf auf. Schließlich sah sich Hermann Gmeiner mit der Arbeit für die Kinder so verwachsen, dass ihm für nichts anderes mehr Zeit bleib. Er sagte zu mir einmal: ›Ich glaube, man muss dort stehen, wo die Welt einen am notwendigsten braucht. Mich brauchen jetzt die Kinder und ich will immer für sie da sein.‹«

Lobesworte und Anerkennungen, die Gmeiner in jenen Tagen sehr häufig zuteil wurden. Hommagen, die er – obwohl immer etwas eitel und selbstbewusst – nie auf sich selbst, sondern ausschließlich auf das Werk reflektiert sah.

Überwältigende Genugtuung und Freude bereitete ihm aber ein Ausspruch seines einstigen Professors an der Universität Innsbruck. Professor Dr. Burghard Breitner war es, der Gmeiner 1948 dringlich davon abgeraten hatte, sein Medizinstudium an den Nagel zu hängen und diese »absurden Pläne für das Kinder-Wolkenkuckucksheim ad acta zu legen«. Eben dieser Professor war es aber auch, der nun bei einem Besuch der SOS-Vollversammlung im Kinderdorf Imst geläutert, voller Anerkennung und beinahe entschuldigend anmerkte: »Aus einem Saulus wurde ich nun zum Paulus. Zuerst dachte ich, es gibt schon genug Institutionen, die sich mit verlassenen Kindern befassen. Nachdem ich aber gesehen habe, was geschaffen worden ist, freue ich mich sagen zu können, dass hier Idealisten mit Sinn für das Reale Einmaliges geleistet haben. Das SOS-Kinderdorf ist in jeder Hinsicht zu bejahen. Arzt zu sein, ist etwas Hohes. Doch ein noch Höheres hast du erreicht: Vater zu sein von Tausenden Kindern!«

Kinderdorf Hinterbrühl bei Wien

Dass es sich eben nicht um ein »Wolkenkuckucksheim« handle, dafür wollte Gmeiner nun auch den Herren in Wien den realen Beweis liefern. Obwohl er aus dem eigenen SOS-Büro in der Bundeshauptstadt eindringlich gebeten wurde, dort mit dem Bau eines Kinderdorfes noch etwas zu warten, da die Spendenkasse nicht voll genug sei und er selbst lange Zeit diesen Gedanken zögerlich vor sich hergeschoben hatte, war für ihn nun klar: »Wir brauchen ein Dorf in Wien.«

»Ich erinnere mich noch zu gut, als wir damals nach Wien gefahren sind und Gmeiner ohne Geld, aber mit seiner charismatischen Erscheinung sämtliche Stellen vom Bau eines Dorfes in Wien überzeugen konnte«, wundert sich Professor Reinprecht heute noch. Auch ein Grundstück, etwas außerhalb der Hauptstadt, inmitten der russischen Besatzungszone, war schnell gefunden und ein lächerlicher Kaufpreis für 7,5 Hektar Land vereinbart. »Gmeiner hatte das Stück Land, welches zwei jüdischen Schwestern, die mittlerweile in London lebten, gehörte, gesehen und sich sofort in diese Lokalität über der Ortschaft Hinterbrühl verliebt. Wir lagen damals beide in der Wiese auf dem Grundstück und er meinte nur lächelnd: ›Hier entsteht unser wichtigstes und nächstes Dorf.‹ Mit den wirklich allerletzten Groschen haben wir das Grundstück gekauft, hatten aber nichts mehr für den Bau des Dorfes. Gmeiner hat das kaum beeindruckt. Er redete nur vom neuen Kinderdorf.«

Er sollte recht behalten, denn schon im Sommer 1955 begannen die Bauarbeiten für das Kinderdorf Hinterbrühl. Dass ausgerechnet in diesem Jahr der Österreichische Staatsvertrag und somit der Abzug der Besatzungsmächte unterschrieben werden sollte, konnte Gmeiner bei seinen Verhandlungen noch nicht wissen, aber vielleicht erahnen. »Österreich ist frei!« – mit diesen historischen Worten erklärte Außenminister Leopold Figl am 15. Mai 1955 das besetzte Land zur demokratischen Republik und löste damit eine landesweite Welle der Euphorie und Freude aus. Reinprecht: »Damit hatte niemand rechnen können. Es passierte über Nacht. Gmeiner wusste diesen Umstand der Begeisterung so geschickt zu nutzen, dass es bald eine Ehrensache für jeden Staatsbürger war, seinen Dank für die wiedergewonnene Freiheit durch eine Spende an SOS-Kinderdorf abzustatten. Es kam eine wahre Spendenflut auf uns zu.«

Zuwendungen kamen aber nicht nur von überzeugten Privatpersonen, auch Geschäftsleute aus dem Raum Wien, Banken und Industrielle trugen dazu bei, dass dieses Kinderdorf bald zum Vorzeigebetrieb der gesamten Idee werden sollte. Gmeiner verfolgte gerade bei diesem Projekt die Strategie der Einbindung der hohen Politik in die Gremien des Kinderdorfs. Durch den inzwischen hohen Bekanntheitsgrad hatte sich auch schon ein gewisser Automatismus eingestellt, der es mit sich brachte, dass es in elitären Kreisen schon beinahe zum guten Ton und zur Verbesserung des Images gehörte, SOS öffentlich und tatkräftig zu unterstützen. »Einige Industrielle wie zum Beispiel Mayr-Melnhof haben Unsummen als Dank für die Freiheit Österreichs gespendet, und innerhalb kürzester Zeit hatten wir 17 Häuser finanziert«, erinnert sich Hansheinz Reinprecht mit Stolz.

Prominente und einflussreiche Mitglieder als Paten und Gönner

Durch einen weiteren Schachzug schaffte es Gmeiner, von nun an auch für jedes Kinderdorf ein eigenes Kuratorium zu gründen, dessen zumeist prominente Mitglieder den Ehrenschutz und die Kontrolle über das Dorf übernahmen – ein wichtiger Beitrag für die Seriosität, Akzeptanz und Beliebtheit in der Öffentlichkeit. So saßen im Kuratorium Hinterbrühl zum Beispiel auch die Landeshauptmänner der Bundesländer Niederösterreich und Burgenland, Josef Steinböck und Johann Wagner.

Gmeiner wusste auch diesen Umstand umgehend für die gute Sache zu nutzen. In einem sehr offenen Brief an den »hervorragenden und initiativen Freund des Kinderdorfes Hinterbrühl«, Landeshauptmann Steinböck, schreibt er: »Von den im Bau befindlichen Häusern in der Hinterbrühl fehlen noch die Stifter für fünf Häuser. Ich bin aber völlig überzeugt, dass sich nun, nachdem bereits 17 Häuser gestiftet wurden, auch für die übrigen noch Paten finden lassen. Ich weiß auch, dass die Stiftung eines Hauses nur davon abhängig war, dass eine entsprechende Persönlichkeit zur Stiftung aufforderte, ein gutes Wort für das SOS-Kinderdorf einlegte oder mich in Verbindung brachte. Ich würde Ihnen, sehr geehrter Herr Landeshauptmann, unsagbar dankbar sein, wenn Sie mir noch ein Unternehmen nennen könnten, das eventuell für die Stiftung eines Hauses infrage käme, oder für mich ein Wort einlegen könnten, damit ich einen Besuch machen darf.«

Seine Direktheit siegte und so avancierte das Kinderdorf Hinterbrühl nicht nur zum Vorzeigebetrieb für Delegationen aus aller Welt, sondern auch zum größten Kinderdorf Europas.

Professor Hansheinz Reinprecht: »Das hat damals noch viele im Wiener Gemeinderat sehr geärgert, denn Wien war ja immer eine sozialistische Hochburg in Sachen Sozialleistung und da kommt plötzlich ein Bauernbub aus Vorarlberg und stellt ihnen das SOS-Vorzeigeobjekt vor die Haustür. Wir hatten viele Jahre die Stadt Wien als unsere Gegner, die haben uns nie ein Kind gegeben. Heute ist das natürlich ganz anders und wir sind mit der Bundeshauptstadt im besten Einvernehmen. Ja, wir haben sogar zwei Dörfer dort. Hinterbrühl ist bis heute das Schaufenster zur Welt geblieben und es waren viele Staatsoberhäupter und wichtige Persönlichkeiten dort zu Besuch.«

Anerkennungen, Auszeichnungen und Ehrungen

Das Kinderdorf Hinterbrühl sollte Gmeiner nicht nur sozialpädagogisches, sondern auch gesellschaftliches Ansehen bringen. »Ich brauche keine Titel und Würden, sondern nur das Lächeln meiner glücklichen Kinder«, hat er damals einmal festgestellt. Trotzdem empfand er es als große Ehre und Genugtuung, dass er ausgerechnet an der Innsbrucker Universität, die er Jahre zuvor für die gute

Sache verlassen hatte, die Auszeichnung »Excellenti in litteris« entgegennehmen durfte und so seinen Doktortitel doch noch erlangt hatte. Die Begründung des Rektors: »Der SOS-Kinderdorf-Gedanke fordert Hunderttausende Menschen zum Liebesopfer der Dankbarkeit wider den Herrn auf, der ihnen die liebende Obsorge des Elternhauses nicht vorenthalten hat. Dieses Liebesopfer stärkt zugleich den Glauben an das Gute in uns selbst!«

Das erkannte auch Leopold Figl, der in seiner Funktion als Bundeskanzler und später als österreichischer Außenminister Gmeiner in einem Dankesbrief für das Engagement von SOS-Kinderdorf Dank sagte. Gmeiner erinnert sich in einer späteren Tagebuchnotiz an ein Zusammentreffen mit dem ÖVP-Politiker Figl wie folgt:

»Im österreichischen Industriellenverband wurde bei einer Sitzung beraten, was Bundeskanzler Leopold Figl zum 50. Geburtstag geschenkt werden könnte. Man kam auf die Idee, ihm ein SOS-Kinderdorf-Haus in der Hinterbrühl bei Wien zu schenken. Das Haus führt seither den Namen ›Leopold Figl‹. Am Tag nach der offiziellen Einweihung des Hauses und nachdem die Festgäste das Kinderdorf verlassen hatten, saß ich noch alleine mit Leopold Figl zusammen. Ich erzählte Dr. Figl eine lange, bis jetzt geheim gehaltene Idee. Ich wusste, dass Leopold Figl gute Freunde in Russland hatte. Freundschaften, die durch den Abschluss des Staatsvertrages in Wien und Moskau geknüpft wurden. Ich erzählte Dr. Figl, dass zwei Raketen abgeschossen werden müssten, eine von Russland aus und eine von Amerika aus. Es müssten zwei Raketen sein ohne Atomköpfe, Raketen, die Friedenspost befördern. Die Raketen müssten bestückt sein mit Minifilmen von Postkarten, die dann mit teurem Geld an Philatelisten und Interessenten verkauft werden. Die Postkarten sind bereits vorher schon verkauft, sind bereits adressiert, sind in Russland bzw. Amerika abgestempelt worden. Die Karten wurden gefilmt und kommen als Minipostkarten in die Raketen. Am Landeplatz in Österreich werden die Minipostkarten wieder vergrößert, bekommen den Landespoststempel als Sonderstempel, werden frankiert und den Bezahlern zugeschickt. Leopold Figl war hell begeistert und sagte: ›Das müssen wir durchführen, das muss geschehen, auch wenn ich persönlich nach Moskau reisen muss.‹ Figl sah sofort die vielen, vielen Millionenerlöse in einer solchen Friedenspost-Raketenaktion. ›Die zwei Großmächte schicken zwei ihrer Raketen als Friedensraketen mit Kinderdorf-Post nach Österreich. Herrlich!‹, sagte Figl und wollte sofort an die Realisierung gehen. Einige Monate später hat man Leopold Figl zu Grabe getragen und damit eine große Idee, die den armen Kindern unserer Welt Hilfe bringen sollte.«

Gmeiner konnte diese Idee nie realisieren, doch viele andere, ebenfalls sehr utopische Aktionen umsetzen. Einer der Gründe, warum ihm von nun an eine Ehrung und Auszeichnung nach der anderen ins Haus flatterte.

Im Herbst des Jahres 1955 konnte Gmeiner eine weitere Ehrung entgegennehmen. Diesmal aus den Händen des Unterrichtsministers im Audienzsaal des Bundesministeriums in Wien. Das »Silberne Ehrenzeichen für Verdienste um die Republik« wurde ihm verliehen. Spätestens jetzt hatte man auch im Osten Österreichs die Bedeutung der SOS-Sozialarbeit erkannt und wahrgenommen, wie der Minister in seiner emotionalen Dankesrede vor großem Auditorium mehrmals anmerkte:

»Ich freue mich, Sie bei einem so schönen Anlass begrüßen zu dürfen, und habe die Aufgabe, Ihnen die Auszeichnung zu verleihen, die Ihnen der Herr Bundespräsident für Ihre verdienstvolle Tätigkeit gegeben hat. Das Unterrichtsministerium ist stolz darauf, dass ihm die Antragstellung oblegen hat. Wir ehren damit das Werk und die Menschen, die in diesem Werk stehen, aber wir ehren sichtbar den Menschen, der es gestaltet hat. Sie stammen selbst aus einer kinderreichen Familie. Sie wissen um den Segen, aber auch um die Not, die in diesen Tagen für die Familien besteht. Sie haben die schweren Zeiten des Krieges erlebt – schreckliche Notzeiten. Sie wissen, was es für Familien bedeutet, wenn der Vater und dann die Mutter den Kindern nicht mehr zur Verfügung stehen. Sie haben den tapferen Versuch unternommen, als Heimkehrer aus dem Krieg nicht die akademische Laufbahn, sondern die schönere und höhere Laufbahn eines Erziehers zu ergreifen und dafür auch die materiellen Voraussetzungen im Kinderdorf zu verwirklichen. Ich habe selbst gesehen, wie Ihnen dieses Werk gelungen ist. Ich weiß, dass Sie auch nicht stehen bleiben können, weil die Aufgaben, die Sie gesetzt haben, noch nicht erfüllt sein können. Ich weiß, dass die ersten, die einen solchen Auftrag übernehmen – einen Auftrag, den sie von sich selbst empfangen, von ihrem Gewissen –, in den unbestreitbaren und notwendigen Widerstand ihrer Umgebung kommen müssen. Ich bin sehr froh darüber, dass Sie auch in dieser Situation die Beharrlichkeit Ihres Mutes und Ihrer Überzeugungstreue nicht verloren haben. Sie sind nicht in dem Alter, in dem der Staat ein Lebenswerk würdigt. Sie bekommen die Auszeichnung mitten im Kampf. Ich möchte sie Ihnen geben, wie man einem Soldaten eine Auszeichnung in einer großen Abwehrschlacht übergibt, die Sie schlagen für Kinder, für das Kostbarste, das wir haben, das so umstritten ist, und denen Sie ein Heim gegeben haben, nicht nur eine äußere Ordnung, sondern jene Wärme, in der sie heranreifen können zu der Entfaltung ihres Lebens, so wie wir es uns vorstellen. Ich wünsche Ihnen für Ihre weitere Arbeit viel Erfolg!«

Standing Ovations und zustimmender Beifall im Audienzsaal. Ein sichtlich gerührter und stolzer Hermann Gmeiner, der seine Dankesworte für die funkelnde Staatsmedaille still und verhalten, wie schon so oft, in eine kleine, aber alles sagende Geschichte aus dem Kinderdorf-Alltag verpackte:

»Da hat eines Tages einer unserer Buben, er heißt Gustl, der lange Zeit in einer Anstalt für schwer erziehbare Kinder war, seinem Freund Klaus, der sich noch in der Anstalt befand, einen

Brief geschrieben. Es war ein Sonntagnachmittag. Die Sonne schien. Ein freundlicher, blauer, wolkenloser Himmel hing über dem SOS-Kinderdorf. Bevor Gustl sein Schreiben beendet hatte, riefen die Nachbarskinder zum Fenster herein. Gustl, der ohnehin kein großer Künstler im Briefeschreiben war, konnte der Verlockung nicht widerstehen und lief hinaus, um mit den anderen zu spielen. So konnte es geschehen, dass Gustls Kinderdorf-Mutter ein wenig später einen flüchtigen Blick auf die holprigen Zeilen warf und las: ›Lieber Klaus! Es geht mir gut. Hier leben wir wie normale Leute.‹ An diese kleine Begebenheit denke ich oft. Immer wieder werde ich gefragt: Sagen Sie uns doch, Herr Gmeiner, was sind eigentlich die Besonderheiten der SOS-Kinderdorf-Erziehung? Ich glaube, dass Gustls wenige Worte die einfachste und beste Antwort auf diese Frage sind. Unsere Kinder dürfen wieder wie ›normale Leute‹ leben!

Die SOS-Kinderdorf-Erziehung verdankt ihre Erfolge keiner besonderen Erziehungsmethode. Unsere Kinder leben genau wie die Kinder jeder anderen guten Familie. Der einzige Unterschied besteht darin, dass sie eine gütige Frau, die sich ihrer angenommen hat und mit ihnen eine Kinderdorf-Familie gegründet hat, Mutter nennen und wie eine Mutter lieben, obwohl sie in Wirklichkeit nicht die leibliche Mutter ist. Wir müssen uns endgültig von der Vorstellung loslösen, dass ein Kind, das seine Eltern verloren hat, eine Sonderbehandlung braucht. Das Gegenteil ist der Fall. Die elternlosen, von ihren Eltern verstoßenen oder im Stich gelassenen Kinder wünschen sich nichts so von Herzen wie das Geborgensein in einer Familie, das man dem ›normalen‹ Kind als selbstverständliches Recht zuerkennt. Die SOS-Kinderdorf-Idee hat dem heimatlosen, einsamen Kind zu dieser Gleichberechtigung verholfen. Man kann nicht leugnen, dass elternlose Kinder häufig recht schwierige Kinder sind. Jedoch die Schwierigkeiten, die sie ihren Erziehern bereiten, sind zum Großteil darauf zurückzuführen, dass diese Kinder durch den Tod oder das Versagen der

Eltern aus der natürlichen Ordnung herausgerissen und ganz aus dem seelischen Gleichgewicht gebracht worden sind. ›Wie normale Leute leben!‹ heißt für das Kind, in der Familie zu leben. Es gibt keine andere Atmosphäre, in der es gedeihen und zu einem braven, gesunden Menschen heranwachsen kann. Das haben wir beinahe an jedem einzelnen Kind, das im SOS-Kinderdorf Aufnahme fand, erfahren. So habe ich nichts anderes getan, als unseren Kindern diese normale Welt zu bereiten. Meine Freunde haben mir dabei geholfen. Daher nehme ich diese Auszeichnung auch namens aller meiner Mitarbeiter entgegen und danke aufrichtig für diese Ehrung. Sie wird uns ein Ansporn für die Zukunft sein!«

GRENZENLOS GUTES TUN – EINE IDEE EROBERT EUROPA

Die Zukunft begann sich in den nächsten Jahren beinahe selbst zu überholen. In Egerdach bei Innsbruck entstand ein Lehrlings- und Studentenheim für die Imster Dorfkinder, die der Grundschule bereits entwachsen waren. Im italienischen Caldonazzo wurde nach dem ersten Versuchsjahr ein permanentes Ferienlager errichtet, in dem die Kinderdorf-Kinder den Sommer verbringen konnten und Gmeiner selbst Aus- und Weiterbildungskurse für die Dorfleiter veranstaltete. Bis heute dient dieses SOS-Feriencamp alljährlich als Plattform für die internationale Verständigung von Kinderdorf-Kindern aus aller Welt. In Imst stehen zu diesem Zeitpunkt bereits 20 Häuser, in Altmünster elf, in Lienz sind drei Häuser bezogen und in Hinterbrühl feiern 10 000 Menschen aus dem Raum Wien die Einweihung des 30. Hauses. Die Konten des SOS-Kinderdorf-Werkes weisen bei der Bilanzierung zum Jahresende 1955 bereits Millionenbeträge an Spenden von Gönnern und Vereinsmitgliedern aus.

Nun sollte der nächste Schritt in Angriff genommen werden. Ein für Gmeiner logischer und naheliegender Schritt: der Weg über die Grenzen Österreichs hinaus.

SOS-Deutschland – der Beginn einer Erfolgsstory

Erste, groß angelegte Werbeaktionen starteten im Nachbarland Deutschland. Auch hier lag das Sozial- und Fürsorgesystem nach dem Krieg immer noch im Argen. Gmeiner wusste, dass er gerade beim großen Nachbarn im Norden keine leichte Aufgabe in Angriff nahm, aber »was ein Vorarlberger in ganz Österreich durchsetzen kann, das sollte doch auch in Deutschland funktionieren«.

Als ersten Mitstreiter und Verbündeten konnte Gmeiner seinen einstigen Kriegskameraden Wilfried Peters gewinnen. Ein wahrer Freund, mit dem er über all die Jahre immer in Kontakt geblieben war und der ihm immer zumindest brieflich mit Rat und Tat seine Verbundenheit beteuerte. Er sollte nun die PR-Maschinerie in Deutschland kräftig in Gang setzen.

Und genau da führte der Zufall wieder glücklich Regie: Peters kontaktierte einen Freund in Hamburg, Jürgen Froelich, der mit ihm einige Zeit in einem österreichischen Lazarett verbracht hatte und ebenfalls ein begeisterter Anhänger der gmeinerschen Idee war. Nach einem Besuch im Dorf in Imst und dem Anblick der glücklichen und zufriedenen Waisenkinder bat Froelich schließlich um einen Termin mit Hermann Gmeiner, um zu untermauern, dass er sich in Deutschland genau dieser faszinierenden Sache annehmen wolle. Gmeiner beauftragte ihn sogleich mit den Vorbereitungsarbeiten zur Gründung eines deutschen SOS-Vereins. Innerhalb weniger Wochen waren über 1 000 Mitglieder gewonnen und Gmeiner schaffte es außerdem, wichtige Persönlichkeiten und Medienvertreter aus Bayern zu einem Besuch ins Kinderdorf Imst zu bewegen. Die Begeisterung war groß, der Weg war geebnet. Am 8. Februar 1955 konnte in München die Gründungsversammlung des deutschen SOS-Kinderdorf-Vereins gefeiert werden, der bis heute der wichtigste Finanzfaktor der Organisation bleiben sollte.

»In typischer Manier brachte Gmeiner Peters, Froelich und den bayerischen Landrat Dr. Peter Hecker zusammen und konnte sie natürlich von der Notwendigkeit der SOS-Kinderdörfer in Deutschland überzeugen. Landrat Hecker erklärte sich umgehend bereit, den Vorsitz des Vereins zu übernehmen und in der Landesregierung um Unterstützung zu kämpfen. Kein leichtes Ansinnen, denn in Deutschland sind die Uhren damals noch etwas anders gelaufen und Gmeiner kannte man in der Öffentlichkeit nicht einmal vom Hörensagen. Er baute wieder einmal auf die Treue und

Ergebenheit eines engen Freundeskreises«, weiß Dr. Reinprecht. Bezeichnend hierfür auch die damalige Aussage von Landrat Hecker: »Mit dieser österreichischen Masche vom goldenen Herzen werden wir nicht viel aufstecken hier in unserem Land. Ich bin zwar von der Idee überzeugt, aber habe meine Bedenken und muss meiner Skepsis sehr wohl Ausdruck verleihen.« Gmeiners Antwort war ebenso gelassen wie typisch: »Lieber Landrat Hecker, ich glaube genau das Gegenteil. Wir werden auch in Deutschland gute Menschen finden. Niemand kann sich der Liebe zu einem ärmsten Kind entziehen. Nirgendwo auf der Welt. Auch hier nicht!«

Trotz des überwältigenden Erfolgs, den SOS-Kinderdorf in der Bundesrepublik später feiern sollte, war der Anfang alles andere als einfach. Froelich zog von Hamburg nach München und begann in einer kleinen Untermietwohnung als SOS-Hauptquartier unter Einsatz seiner gesamten Ersparnisse den sozialen Markt in Bayern zu erkunden. Die ersten Werbeaktionen wurden noch in der Zentrale in Innsbruck gesteuert und auch die ersten Plakate und Flugblätter fanden ihren Weg über Tirol nach Bayern. Aber sowohl in der deutschen Öffentlichkeit wie auch bei den Politikern fand der ambitionierte SOS-Pionier zunächst kein offenes Ohr für die Anliegen verwaister, elternloser Kinder. Das deutsche Wirtschaftswunder begann sich erst allmählich zu entwickeln. Noch galt das Hauptinteresse dem Wiederaufbau, der eigenen Existenz und nicht einer schönen, aber in Zeiten wie diesen völlig fantastischen Idee aus dem kleinen Nachbarland. »Vielleicht hat man die deutsche Mentalität falsch eingeschätzt und ist zu offensiv mit einer zu direkten Propaganda an die Sache herangegangen«, meint Reinprecht. Denn gerade diese offensiven Werbekampagnen von SOS lösten im veralteten Fürsorgesystem offenen Widerstand gegen diese Innovation aus Österreich aus. Zwei Jahre nach der Gründung des Vereins schafften konkurrierende Organisationen schließlich ein kurzfristiges Aus für SOS-Deutschland.

Das Konto von SOS-Kinderdorf e.V. wurde gesperrt, die Mitarbeiter waren verzweifelt. Gmeiner dachte jedoch nicht an Resignation. Zu oft hatte er zuvor schon verschlossene Türen geöffnet – und so sollte es auch diesmal wieder sein, denn ohne großes Zutun des maroden SOS-Vereins kam die Wende in Deutschland, wie sich Reinprecht in einem damaligen Bericht erinnert: »Der Zufall oder die Fügung wollte es, dass sich in Oberbayern in Utting am Ammersee in einem alten Bauernhof ein kleines Kinderheim befand. Dieses von katholischen Ordensschwestern nach klassischen Grundsätzen geführte Heim sollte nun erweitert werden. Landrat Dr. Otto Gerbl war als Beauftragter des Landkreises nun damit beschäftigt, nach den neuesten Methoden und Einrichtungen im Bereich der Erziehung und Betreuung von Waisen und Sozialwaisen zu suchen. So kam er durch Empfehlung eines Freundes mit einer Delegation zu Besuch nach Imst. Ihre Begeisterung nach der Besichtigung des Dorfes schien beinahe grenzenlos. Genau so ein Dorf wollten sie auch in ihrem Landkreis errichtet wissen.«

Zwar wollten einige Politiker nicht einsehen, warum sich nicht Ordensschwestern ebenso gut als Dorfmütter eignen würden, doch dieser Widerstand war schnell gebrochen, und es wurden Gespräche mit dem deutschen SOS-Verein zum Um- und Ausbau eines Kinderheims exakt auf der Basis des Imster Modells aufgenommen. Max Weiher, Bürgermeister der Gemeinde Dießen am Ammersee, 40 Kilometer südwestlich von München, legte mit seinem äußerst günstigen Grundstücksangebot somit den Grundstein für das erste Kinderdorf in Deutschland.

Gefestigt wurde die Organisation nicht nur durch neu überarbeitete Statuten, sondern vor allem durch die großzügige Spende einer von der SOS-Begeisterung ebenso angesteckten Landrats-Witwe aus Freiburg im Breisgau. Jene Wanda von Gerdes ließ im Sommer 1956 dem SOS-Verein die enorme Summe von 300 000 D-Mark zukommen. Allerdings unter einer Bedingung: Die Gönnerin bestand darauf, dass die Hälfte der Summe, also 150 000

D-Mark, für den Bau eines zweiten Kinderdorfes in ihrer Heimat, dem Schwarzwald, verwendet werden müssten. Unter der Leitung von Pfarrer Erwin Hegel aus Badenweiler konnte man ein Grundstück in Sulzburg finden und umgehend mit dem Bau beginnen.

Am 15. Dezember 1956 konnten so die ersten Häuser am Ammersee eingeweiht werden und nur zwei Jahre später stand das neue Dorf in Sulzburg bei Badenweiler. Der Durchbruch in der Bundesrepublik war endgültig geschafft. Mehr noch: Durch die mediale Berichterstattung über die Innovation in der sozialen Fürsorge kamen Anfragen für neue Standpunkte aus Rheinland-Pfalz, dem Saarland und aus dem ganzen Bundesgebiet. Die Mitgliederzahl der Förderer und SOS-Mitglieder wuchs von Tag zu Tag.

Jubiläum in Imst – Gmeiners Vision feiert 10. Geburtstag

Aus den Visionen eines Idealisten, der sich im Frühjahr 1949 mit einer Handvoll Gleichgesinnter auf einen steinigen Weg gemacht hatte, war mittlerweile ein kleines Imperium des Guten geworden. Zehn Jahre SOS-Kinderdorf sollten gebührend gefeiert werden. Noch dazu hatte Gmeiner in diesem Jahr 1959 selbst einen runden Geburtstag zu begehen, seinen 40. Nichts naheliegender für den genialen PR-Strategen, als diese beiden Ereignisse für eine groß angelegte Werbeaktion für sein Kinderdorf zu nutzen. Die Weihnachtszeit schien Gmeiner als geeigneter Auftakt, um das Jubiläumsjahr 1959 einzuläuten. Die Herzen und Geldbörsen der Menschen waren offener als zu Jahresbeginn. Im Dezember 1958 eröffnete Gmeiner in Innsbruck die erste große Ausstellung über sein bislang geschaffenes Werk »Zehn Jahre SOS-Kinderdorf 1949–1959«. In deren Rahmen wurde neben Fotoausstellungen und genauen Informationen über bereits bestehende und im Bau befindliche Kinderdörfer auch der Film »Der Weg ins

Licht« präsentiert, der das trostlose Leben eines kleinen, verwaisten Jungen bis hin zu seiner Aufnahme im Kinderdorf zum Inhalt hatte. Diese SOS-Retrospektive nahm gleichzeitig ihren Weg nach Wien und in die österreichischen Bundesländer und löste durch werbewirksame Vermarktung durch die Medien einen wahren Besucheransturm aus. Über 100 000 Menschen besuchten bis Sommer 1959 die Jubiläums-Leistungsschau; viele neue Mitglieder und Förderer konnten gewonnen werden. Ähnlichen Erfolg hatte der zu diesem Zeitpunkt in den österreichischen Kinos gezeigte Film »Treffpunkt Sorgenkind«, der Einblick in die SOS-Kinderdörfer, deren Problematik und Lösungen aufzeigte.

Den allergrößten SOS-Freundeskreis vermochte Gmeiner allerdings damals mit dem *Kinderdorfboten* zu erreichen. Das bunte und informative in Innsbruck erscheinende Kinderdorf-Magazin erreichte zu diesem Zeitpunkt bereits über eine Million wohlwollende Leser. In der Jubiläumsausgabe im Frühjahr 1959 richtete Gmeiner folgende Dankesworte an die Gönnerschaft: »Meinen ältesten Freunden, den vielen Tausenden guten Menschen, die den SOS-Kinderdörfern nun schon das zehnte Jahr unverbrüchliche Treue halten, darf ich heute besonders herzliche Grüße senden. Ihnen gebührt mein innigster Dank, weil sie in der schweren Zeit des Anfangs mein einziger Rückhalt waren. Damals wollten die Skeptiker und Zweifler aber auch gar kein Fünkchen Hoffnung lassen. Der SOS-Kinderdorf-Idee wurde ein rascher Misserfolg vorausgesagt. Mein Vertrauen zu den Menschen, mein Glaube an ihre Güte und Hilfsbereitschaft, hörte ich oft, seien die denkbar unverlässlichste Grundlage für die Idee und das Werk. Heute weiß ich, dass die SOS-Kinderdorf-Arbeit auf keinem besseren Fundament ruhen und nirgends sicherer verankert sein kann als in den Herzen der Millionen Menschen, die sich zur SOS-Kinderdorf-Idee bekennen. Sie haben aus den SOS-Kinderdörfern das gemacht, was sie heute sind: eines der größten Sozialwerke der

Nachkriegszeit. Liebe Freunde, Sie haben der Welt gezeigt, dass die Kraft der guten Herzen und der guten Taten stärker als alle zerstörerischen Mächte sind. Bitte helfen Sie auch weiterhin mit, den lebenden und künftigen Generationen den guten Weg zu einer glücklichen Zukunft zu bereiten!«

Den dankenden Worten war als Ansporn für die künftigen Aufgaben die Bitte um eine sogenannte Jubiläumsspende beigefügt. Jedes Mitglied sollte nach dem Eingang einer Spende über 100 Schilling eine »kleine SOS-Urkunde« zugesandt bekommen; wer über diese Summe hinaus spendete, sollte gar eine »große SOS-Urkunde« bekommen. Reinprecht erinnert sich an diese geniale Aktion: »Der Zustrom war über alle Erwartungen groß und wir konnten allein mit den Einnahmen dieser Urkundenaktion drei neue Kinderdorf-Häuser bauen.«

Der eigentliche und offizielle Festakt fand dann am 10. Juni 1959 im Kinderdorf Imst statt. Dort, wo es ein Jahrzehnt zuvor weder Straße noch Strom gegeben hatte. Dort, wo lediglich eine Handvoll begeisterter Idealisten und Bürgermeister Koch erhofft hatten, was nun zum Alltag der Tiroler Kleinstadt gehörte. Hatten sich damals zur Grundsteinlegung nur ein paar öffentliche Honoratioren eingefunden, so pilgerten nun Tausende ins Dorf oberhalb von Imst, um dieses Jubiläum zu feiern. Unter dem Eh renschutz des österreichischen Bundeskanzlers las Bischof Dr. Paul Rusch die Festmesse und übermittelte in seiner Ansprache die besten Glückwünsche der Kirche für Hermann Gmeiners segensreiches Werk. Wie hatten sich die Zeiten doch verändert!

Im Namen der Wissenschaft würdigte Professor Richard Meister von der Universität Wien und als Präsident der Österreichischen Akademie der Wissenschaften Gmeiners Verdienst um die richtige Einschätzung der Familienerziehung mit den Worten: »Ich spreche Ihnen den Dank, die Anerkennung und – ich scheue diese Worte nicht – die Huldigung der Wissenschaft aus.« Und Gmeiner betonte am festlich geschmückten Rednerpult nun vor allen Würdenträgern und unzähligen Medienvertretern aus dem In- und Ausland jene Dankesworte, die er schon zuvor im *Kinderdorfboten* seinen Freunden übermittelt hatte. Eine beeindruckende Rede, die nicht nur in die Geschichte der SOS-Annalen eingehen sollte:

»Vor zehn Jahren war die Gründung unseres ersten SOS-Kinderdorfes bei Imst in Tirol eigentlich ein gewagtes, sehr unzeitgemäßes Unterfangen. Man muss sich vergegenwärtigen, was es damals bedeutete, elternlosen, heimatlosen Kindern ein Dorf bauen zu wollen. Ein solches Dorf, mochte es noch so klein sein, brauchte zu seiner Errichtung und Erhaltung die Hilfe vieler opferwilliger Freunde. Wir aber befanden uns noch in der dem Krieg folgenden Notzeit, die voll Armut und Sorge und voll rücksichtsloser Eigensucht und schrecklicher Grausamkeit war. Wer von den Menschen in Stadt und Land, an die ich meine Aufrufe richtete, hätte zu den für den Bau des ersten SOS-Kinderdorfes notwendigen Mitteln seinen Teil beisteuern wollen?

In diesen Tagen bewahrheitet sich wieder einmal das alte Wort, dass das Gute nicht stirbt und dass es auch in der größten Not etwas gibt, das man mit jemandem, der noch größere Not leidet, teilen kann. Die Zahl der SOS-Kinderdorf-Freunde wuchs von Tag zu Tag. Auch unser Dörfchen bei Imst konnte wachsen. Und unsere Kinder gedeihen unter dem Schutz der Tausenden und Zehntausenden, die ihre Ernährer und geistigen Eltern geworden sind. Jetzt sollen die jüngeren Generationen wissen und nie vergessen, dass die ersten dem SOS-Kinderdorf gegebenen Spenden und Beiträge buchstäblich vom Munde abgesparte Opfer gewesen sind. Dies erscheint mir wichtig genug, um unseren Nachfahren überliefert zu werden. Auch heute, wo es den meisten von uns wieder recht gut geht, gehören zu den treuesten SOS-Kinderdorf-Freunden Männer und Frauen, denen die monatlichen Rappen-, Pfennig- und Schillingbeträge wirkliche Opfer sind. Viele Pensionisten, Invaliden und Rentner verzichten dem SOS-Kinderdorf zuliebe auf so manches Nützliche oder Angenehme. Gerade für diese Opfer kann ich nicht genug danken. Ich glaube, dass zwischen dem Guten und Großen in unserer Welt und den echten Opfern tiefe Zusammenhänge bestehen. Alles, was uns innerlich reich und fröhlich macht, scheint Opfern zu entspringen, die wir für die Verwirklichung oder den Fortbestand von etwas Gutem bringen. Vielleicht kann auch das, was uns und unsere Zeit und die Menschheit bedroht, abgewendet werden, wenn wir uns mitten im Trubel der Sensationen und Zerstreuungen des Guten besinnen und dafür opfern, dass es wird oder dass es uns erhalten bleibt. Wirkliche Opfer haben auch die kleinen Flammen der Liebe zum einsamen, verlassenen Kind, die wir einmal entzündeten, nicht ersticken, sondern groß werden lassen. Ihr weiterhin leuchtendes Licht ist heute das Fanal unserer Revolution der guten Tat.

Weil ich an den tiefen Sinn des Opfers glaube, kann ich Ihnen, liebe SOS-Kinderdorf-Freunde, in diesem zehnten Jahr des Bestehens der SOS-Kinderdörfer nicht nur von ganzem Herzen für Ihre bisherige Hilfe danken. Denn so innig, wie ich Ihnen danke, möchte ich Sie bitten, treu zu unserem begonnenen, noch lange nicht vollendeten Werk zu stehen. In den vergangenen Jahren habe ich erlebt, dass mir die Inhaber oder Direktoren großer Unternehmungen Stiftungen zu ganzen Häusern überreichten. Aber auch manches alte Mütterchen brachte mir eine letzte im Sparstrumpf vorhandene Goldmünze. Und ein Hilfsarbeiter übergab mir neulich seinen ganzen Wochenlohn als Jubiläumsspende und sagte: ›Ich glaub halt, dass die Welt dadurch um ein bisserl besser wird. Wir müssen einfach was tun!‹ Lasst uns, liebe Freunde, in diesem Vertrauen auf eine bessere und schönere Welt, die aus den guten Gedanken und aus den guten Taten gebaut wird, ein neues Jahrzehnt der SOS-Kinderdorf-Arbeit beginnen.«

SOS-Briefmarken, SOS-Urkunden – weitere geniale PR-Ideen bewirken Spendenflut

Zunächst sollte aber durch weitere Aktionen die Spendenbereitschaft im Jubiläumsjahr geweckt werden. Der Fantasie und dem Ideenreichtum Gmeiners und seines Teams schienen kaum noch Grenzen gesetzt. Der »Sonderurkunden«-Aktion folgte jene der »Wertlosen Briefmarken«. Im ganzen Land wurden Privatpersonen und Betriebe aufgefordert, einzelne Briefmarken oder ganze Markensammlungen an die Briefmarkenabteilung der SOS-Kinderdörfer in Graz zu schicken. In diese Sammlung wurde auch gleich die österreichische Postverwaltung mit einbezogen. Nach persönlicher Vorsprache konnte Gmeiner anlässlich des 75-jährigen Bestehens des Sonnblick-Observatoriums und einer damit erscheinenden neuen Sondermarkenedition die Installation eines Postamts auf dem 3 100 Meter hohen Sonnblick erwirken. Die dort mit einem Sonderstempel versehenen Briefmarken wurden zum Renner unter Philatelisten – und die Einnahmen bescherten SOS ein weiteres Haus. Ein Jahr später ließ Gmeiner diese Idee wiederholen, allerdings mit dem tiefsten Postamt Europas im Wodsicky-Schacht in 1 135 Meter unter der Erdoberfläche. Anlass war der Internationale Bergmannstag in einem Bergwerk in Fohnsdorf in der Steiermark. Später sollte der Sonderstempel zur Eröffnung der Europabrücke auf der Brennerautobahn folgen.

Gmeiner brauchte Geld, die Organisation war enorm gewachsen. Am Ende des Jubiläumsjahrs 1959 konnte der *Kinderdorfbote* eine stolze vorläufige Erfolgsbilanz vermelden: »10 Dörfer in Europa besiedelt, und zwar: Imst, Altmünster, Hinterbrühl, Lienz, Moosburg, Dießen, Sulzburg, Busigny, Cornelles, Brixen. Es existieren 100 Häuser für 100 neu gegründete SOS-Kinderdorf-Familien, in denen 1 000 Kinder, gerettet aus Verlassenheit und Elend, in die Geborgenheit von Heim und Herd gekommen sind, und 1 Million Mitglieder des SOS-Kinderdorf-Vereins, die mit ihrem dauernden kleinen Opfer ihr Leben, Wachstum und Gedeihen sichern.«

Gmeiner blickte nach zehn harten und entbehrungsreichen Aufbaujahren mit Stolz auf sein Werk und meinte damals bei einem seiner zahlreichen Vorträge: »Die Welt, in der wir leben, gleicht einem Garten. Sie wird uns, wenn wir sie vernachlässigen, keine Freude machen. Wir müssen uns um ihr Gedeihen bemühen, wenn sie freundlich, schön und gut sein soll. Einen bescheidenen Beitrag zur Pflege des uns anvertrauten Gartens, das ist eine Aufgabe, die jeder Mensch, die ein jeder von uns zu erfüllen hat. Das Leben des Menschen, der diese Aufgabe nicht erfüllt, hat eigentlich keinen Sinn. Man hört manchmal sagen, dass sich jeder selbst der Nächste sei. Das ist nicht wahr. Wer nur Genießer und Nutznießer des Vorhandenen sein will, versäumt es, sich als Mensch zu bewähren. Denn das Menschsein ist letzten Endes eine Verpflichtung zum Gutsein. Und Gutsein heißt, von unserem Leben mit Vernunft Gebrauch zu machen. Gutsein heißt, füreinander da zu sein. Gutsein heißt, junges Leben, das in Gefahr ist, zu beschützen. Gutsein heißt aber auch, der Verwirrung, der die Gesellschaft unseres Wohlstandszeitalters anheimzufallen droht, mit Mut und Entschlossenheit entgegenzuwirken. Dazu ist niemand zu schwach, niemand zu klein. Das Gute ist eine geistige Kraft, die ein jeder von uns besitzt. Es bedarf keiner besonderen Anstrengungen, die Kraft frei zu machen und sich ihrer zu bedienen. Ein kleines Beispiel genügt, um vor allem unseren Kindern vorzuleben und zu beweisen, dass von allen Kräften, die in der Welt am Werke sind, das Gute die stärkste und verlässlichste ist. Es gibt keine bessere Versicherung für die Zukunft als die, guten Willen in die Welt von heute zu investieren.«

Um diesen guten Willen auf ganz Europa geordnet verteilen zu können, bedurfte es einer eigenen übergreifenden SOS-Organisation. Im Juni 1960 gründete Gmeiner in Straßburg hierfür den »Europäischen Verband der SOS-Kinderdörfer«, jenen Dachverband, dem alle Länderorganisationen als autarke Rechts- und Wirtschaftskörper von nun an angehörten. Und er erfand zur notwendigen Geldbeschaffung für die europaweite Expansion abermals eine neue Aktion: die SOS-Patenschaft. Das Prinzip: Ganze Patenschaften für ein SOS-Kinderdorf können von Kinderdorf-Freunden, Vereinen, Betrieben oder der Industrie übernommen werden. Der Beitrag für ein Patenkind betrug damals monatlich 200 österreichische Schilling, 35 Schweizer Franken oder 35 D-Mark. Ein volles Jahr wurde dieses neue Patensystem auf der Schlussseite des *Kinderdorfboten* beworben mit dem Hinweis: »Richten Sie Ihre Anfragen bitte an: Hermann Gmeiner, Wien 1, Tuchlauben 7, Tel. 63 83 61«. Das Interesse war enorm und so musste Gmeiner bald via Inserat in Tageszeitungen in ganz Europa um neue Mütter werben: »SOS-Kinderdorf-Mutter, ein idealer Frauenberuf! Keine Vorbildung erforderlich. Soziale Sicherstellung, besondere Altersversorgung für Mütter und Tanten im SOS-Kinderdorf!«

Fachliche Kritik – pädagogischer Dilettantismus

Zwar brachten SOS-Inserate wie diese einen Zustrom an neuen Müttern mit sich, aber auch jede Menge harsche Kritik von ausgebildeten Pädagogen. Besonders in Deutschland war der Widerstand gegen Gmeiners einfaches Prinzip der Akuthilfe bei eingefleischten Sozialorganisationen wie Caritas oder der katholischen und evangelischen Kirche sehr ausgeprägt. Beim allgemeinen Fürsorgeerziehungstag in Hamburg wurde sogar die pädagogische Arbeit in den neuen SOS-Kinderdörfern als Tagesdiskussionspunkt konkret hinterfragt: »Zwei Gruppen von Menschen zusammenzubringen: Kinder, die keine Eltern haben, und Frauen, die keine Kinder haben. Ob das reicht? Familien müssen ohne Väter auskommen. Frauen, die keine Kinder und keine pädagogische Ausbildung hatten, dienen als Mütter. Kann das gut gehen?«

Einer der schärfsten Kritiker, der Vorsitzende des allgemeinen Fürsorge-Erziehungstages, Pastor Wolff, hielt sich damals auch in vielen Fernseh- und Radiointerviews nicht mit seiner gespaltenen Meinung über Gmeiner und SOS-Kinderdorf zurück: »Herr Dr. Gmeiner und sein Werk haben mich, seit ich davon hörte, immer sehr interessiert. Ich hatte den Eindruck, dass er ein Mann ist, der seine ganze Kraft in das Sendungsbewusstsein seiner Idee investierte. Solche Menschen muss man achten. Aber ich hatte sehr bald auch den Eindruck, dass er sich durch dieses Sendungsbewusstsein dazu verführen ließ, völlig zu ignorieren, dass es auch schon lange vor ihm und neben ihm noch andere Menschen gab, die sich schon lange um verlassene Kinder bemüht hatten. Zum Beispiel Hinrich Wichern, der sich in Hamburg in einem Kinderheim um vagabundierende Jugendliche kümmerte, oder andere Beispiele in der Schweiz. Es war also keine völlig neue Idee, die Herr Gmeiner aufgebracht hatte.« Mit dieser Aussage konfrontiert, konnte Gmeiner nur in die Offensive gehen und konterte: »Die Idee der SOS-Kinderdörfer mit ihren vier Grundsätzen ist neu. Weil diese vier Grundsätze an ein und demselben Ort nie so verwirklicht worden sind wie bei uns.«

Ein weiterer Dorn im Auge des christlichen Pädagogen Wolff war die offensive Marketingstrategie, die SOS für seine Begriffe mit zu großer Ausschließlichkeit und zu penetranter Präsenz betrieben hatte: »Die Propaganda, der sich SOS bedient hat, war nicht immer angenehm zu beobachten. Abgesehen davon, dass Herr Gmeiner frühere Versuche und Bestrebungen auf diesem Gebiet immer sehr abwertend beurteilt hat, habe ich den Eindruck, dass diese marktschreierische Propaganda unendlich viel Geld kostet. Der Aufwand steht in keinem Verhältnis zu dem, was dabei herauskommt.« Gmeiner, stolz auf die unkonventionellen SOS-Werbeideen, meinte nur kurz: »Der Aufwand ist nicht zu groß. Wir müssen dahinter die gesamte Kinderdorf-Idee sehen. Es ging uns von vornherein darum, dass wir mit den SOS-Kinderdörfern Millionen Menschen aufrufen und dazu erziehen wollten, dass sie erkennen, wenn ein Kind aus der Familie herausbricht, seine Eltern verliert, dass dieses Kind unser Kind werden muss. Dass wir diesem Kind helfen müssen. Dass Millionen Menschen auf der Welt bereit sind, dieses eine Kind stellvertretend für die SOS-Kinderdörfer zu unterstützen.«

Immer wieder hob Gmeiner die Basis seiner Arbeit als den einzig gangbaren Weg hervor und zementierte somit das Grundgerüst der vier unverschiebbaren Kinderdorf-Prinzipien: »Es ist so einfach, es ist unendlich einfach. Ein Kind braucht nur eine Mutter, Geschwister und ein Haus. Es gibt so viele gute Wege, den Kindern zu helfen. Wir haben einen Weg, und wir gehen unseren Weg.« Fundiert in Gmeiners Glauben, orientiert an den pädagogischen Erfolgen Pestalozzis und umgesetzt durch die Allmacht der Liebe seiner Kinderdorf-Mütter. Sowohl die Mütter wie auch Helfer und Mitarbeiter der SOS-Idee würdigte Pastor Wolff als »absolute Dilettanten« herab und bezweifelte weiter öffentlich:

»Pädagogisch habe ich zwei Bedenken verpflichtend zu vermerken: Erstens: Gmeiner hält die naive, unausgebildete Frau mittleren Alters für die beste Erzieherin, die es geben kann. Wenn man sich klarmacht, mit welchen Jugendlichen wir es heute zu tun haben auf dem Gebiet der Jugendhilfe – es sind besonders viele sozialgeschädigte Kinder darunter –, dann kann man den Ideen Gmeiners nur widersprechen. Es bedarf einer äußerst sorgfältigen Vorbildung und pädagogischen Ausbildung für all jene, die sich solcher Kinder annehmen wollen. Und es reicht auch nicht aus, wenn Herr Dr. Gmeiner inzwischen wenigstens informatorisch seine Ausbildungskräfte und Helfer in seinen Kinderdörfern belehrt. Das sehe ich sehr problematisch. Ein weiteres Bedenken sehe ich darin, dass Gmeiner von Anfang an programmatisch erklärt hat, er wolle den Zusammenhang der Kinder mit ihrer Herkunftsfamilie nicht pflegen. Das geht allein nach deutschem Recht nicht an, den Eltern oder Vormündern eine schriftliche Erklärung abzunötigen, dass sie sich ferner nicht mehr um ihre Kinder kümmern wollen. Wir stehen auf dem Standpunkt, dass die Beziehung der Kinder zur eigenen Familie gepflegt werden muss, damit die Kinder später eben keine Schwierigkeiten haben.«

Egal aus welchem Lager die Kritik auch kam, Gmeiner hielt in der gewohnten Manier eines Vorarlberger Bergbauern immer stur und fest an seiner ersten Theorie, die mittlerweile praxiserprobt war, fest. Auch Professor Reinprecht wundert sich heute noch manchmal über diesen unkonventionellen Weg, der letztendlich aber doch zum Ziel geführt hat: »Natürlich ist er damit in den ersten Jahren bei Pädagogen immer wieder angeeckt, denn die meinten, dass es sich ausschließlich um eine Laienarbeit handle. Es stimmt schon, das Ganze war wissenschaftlich in keinster Weise aufbereitet. Professor Neubauer war der Einzige, der uns als ausgebildeter Pädagoge und Psychologe, sozusagen als Aushängeschild, beraten hat. Damals hatten wir eben nichts anderes. Später kam dann auch noch seine Frau, ebenfalls Psychologin, dazu. Heute wimmelt es geradezu so von Pädagogen. Vielleicht sogar zu viele.«

Trotz oder gerade wegen des großen Erfolgs der Kinderdorf-Idee gelten die vier Gmeinerschen Prinzipen als organisatorischer Rahmen der Pädagogik bis heute weltweit in jedem Kinderdorf und sind als Präambel den nationalen Vereinsstatuten vorgestellt. Otmar Czihak, erster pädagogischer und wirtschaftlicher Leiter des sogenannten Bienenhauses, einem Therapiezentrum für Kinder mit Entwicklungsrückständen im Kinderdorf Hinterbrühl, kommentiert die pädagogischen Anfänge wie folgt: »Eine pädagogische Ausbildung, wie wir sie heute im klassischen Sinne verstehen, hat es damals ja nicht gegeben. Ausbildungsinstitutionen sind erst schrittweise nach dem Krieg entstanden. Gmeiner hat die Leute einzig durch elendslange Gespräche und sein Bauchgefühl ausgewählt. Bis vor 20 Jahren wurde nicht nach einer speziellen Ausbildung bei der Anstellung gefragt. Die Leute mussten allerdings im Rahmen der SOS-Akademie pädagogische Fortbildungskurse belegen, die natürlich von geschultem Fachpersonal geleitet wurden.« Den Vorwurf des gefährlichen Dilettantismus lässt auch Czihak nicht gelten, denn: »Zur Situation der damaligen Fürsorgeheime sollte man allgemein erklärend anmerken, dass nach dem Krieg nur das obere Management ausgetauscht wurde. Die Basisarbeiter sind geblieben und so hat sich die pädagogisch-politische Ideologie der NS-Zeit in öffentlichen Heimen sehr lange noch bei der Erziehung bemerkbar gemacht. Da konnte SOS trotz des anfänglichen, vermeintlichen Dilettantismus sehr viel gegensteuern und unternehmen.«

Gmeiner war klar, dass mit seinem Kinderdorf-Modell der familiennahen und familiengerechten Erziehung letztlich auch nur ein künstliches Gebilde geschaffen werden konnte. Allerdings war dieses Konstrukt dem veralteten System der damaligen Pflegeplätze und Heime weit überlegen. Dass sein Frauen- und Familienbild noch sehr vom Zeitgeist der 40er- und 50er-Jahre geprägt war, ist offensichtlich und wird von Professor Neubauer so beschrieben: »Mit der Gestalt der treu besorgten Mutter und der Familienerziehung hat Gmeiner das Idealbild der bäuerlichen oder bürgerlichen Familie der vorindustriellen Ära in seine Kinderdörfer bewusst eingebaut. Er hat die Erziehungsgrundsätze einer autoritär geprägten Familie mit Absicht eingebaut und so in die Moderne übertragen.«

Gegen Kritik war Gmeiner zwar nicht völlig resistent, aber er betrachtete diese stets als konstruktiv und meinte selbstbewusst: »Ich werde manchmal schon etwas verletzt durch diese Kritiken. Es tut manchmal weh, aber ich werde doch nur deshalb kritisiert, weil ich messbare und sichtbare Erfolge vorzuweisen habe.« Zwei deutschen, äußerst kritischen Psychologen machte er bei einem Besuch in Hinterbrühl gar einmal das Angebot: » Ich gebe euch zwei Millionen Mark. Baut ein Kinderdorf nach euren Grundsätzen auf und seid erfolgreich damit. Ihr redet alle immer nur darüber. Ich habe es getan, und das ziemlich erfolgreich.«

Berechtigte Erfolge, die nun europaweit und bald schon weltweit zur Kenntnis genommen werden mussten. Gmeiner damals bei einem Vortrag ebenfalls kritisch in die Richtung der skeptischen Fachleute: »Viele Pädagogen und Psychologen reden ständig über das Kind, aber kaum noch mit dem Kind. Das kommt mir vor wie bei manchen Theologen, die ständig über Gott, aber wohl kaum mehr mit Gott reden.« Doch auch im hohen Norden Deutschlands begann man in Fachkreisen mehr und mehr einzulenken. Der vormals überkritische Pastor Wolff meinte am Katholikentag 1965 gar etwas bekehrt: »Gmeiner ist offenbar die Seele des Ganzen und die anderen, die ihm helfen, folgen ihm zwar immer bedingungs- und kritiklos, aber immerhin in den Kinderdörfern, die er geschaffen hat, wird eine zunehmend gute pädagogische Leistung vollbracht.«

SOS erhält den päpstlichen Segen

Die vier SOS-Prinzipien konnten ihren Siegeszug nun auch über die Grenzen des europäischen Kontinents hinaus unaufhaltsam antreten. Mitte der 1960er-Jahre konnte SOS auf insgesamt 20 Kinderdörfer in Europa verweisen und beinahe im Monatsrhythmus wurden es mehr. Wie bei der Gründung des ersten Dorfes in Imst waren es wieder Idealisten, die sich europaweit auf den mühsamen Weg für die »Revolution des Guten« begaben. In Frankreich war es der Volksschullehrer Gilbert Cotteau, der nach einem Besuch des Imster Dorfes die gmeinersche Idee aufgriff. »Eine herrliche Idee, verlassenen Kindern zu helfen. Ich werde dasselbe in Frankreich versuchen«, lautete sein Eintrag ins Gästebuch im Jahr 1956. Nach für Gmeiner und die Seinen wohlbekannten Anfangsschwierigkeiten konnte Cotteau 1960 im kleinen Städtchen

Busigny in Frankreichs Norden Hermann Gmeiner zur Eröffnung des ersten französischen Kinderdorfes einladen. Das »Haus Südtirol« in Imst war viele Jahre schon bezogen, als nun vom südlichen Nachbarn der Ruf nach einem eigenen SOS-Kinderdorf immer lauter wurde. Trient wurde die Zentrale des SOS-Vereins in Italien. Ein Kinderdorf wurde errichtet und bald folgten weitere nahe Brindisi, Vicenca und in der Hauptstadt Rom.

Die Nachricht von Gmeiners persönlichem Einsatz in Italien machte auch vor den Toren des Vatikans nicht halt. Schon Papst Pius XII. ließ bei der Einweihung von neuen Häusern in Imst durch den päpstlichen Nuntius in Wien mitteilen: »Seine Heiligkeit segne das löbliche Unternehmen zur Rettung unschuldiger Kinder vor Elend und Verderbnis von Herzen und überweise zum Zeichen seines lebhaften Wohlwollens eine Gabe von 5 000 Schilling für das Kinderdorf Imst.« Zwar keine große Summe, aber zumindest ein Zeichen der Anerkennung direkt vom Heiligen Stuhl, welches 1966 von Papst Paul VI. durch die Verleihung des Komturkreuzes des päpstlichen Ordens des heiligen Gregor an Gmeiner und durch eine Privataudienz, bei der der Kirchenvater allen SOS-Mitarbeitern, Müttern und Kindern den Segen erteilte, bekräftigt wurde. Gmeiner in seinen Aufzeichnungen über die Audienz bei Papst Paul VI: »Ich erzählte dem Heiligen Vater, dass ich Kindern aller Welt begegnet sei und dass ich erkannt habe, dass die Kinder unter sich keinen Unterschied machen, welcher Rasse und Farbe sie auch angehören. Wenn in einer weißen Kinderdorf-Familie auch ein oder zwei Negerkinder sind, sie leben ganz natürlich miteinander auf. Erst später dann im Leben reden es die Erwachsenen den jungen Menschen ein, dass der andere anders sei. Von den Erwachsenen her wird der Hass in die Seele des jungen Menschen eingeimpft. Die Erwachsenen tragen erst das Böse hinein in die Herzen der jungen Menschen. Der Heilige Vater sagt, dass es auch so sein müsse, sagt, dass es auch wirklich so sei, denn wir alle haben doch einen gemeinsamen Vater, Gott Vater. Papst Paul sagt:

›Wir müssen einer Zeit der Fraternität – der Verbrüderung – entgegengehen. Das nur ist wirkliches Christentum. Das ist das, was Christus uns beim Abendmahl noch gesagt hat: Die Fraternität siegt über die Paternität.‹«

In einem weiteren Absatz erinnert sich der Geehrte an eine äußerst komische Begebenheit im Zusammenhang mit seiner Ordensverleihung: »Noch vor meiner Audienz beim Heiligen Vater in Rom wurde mir bei einem kleinen Empfang in der Nuntiatur in Wien, bei dem auch unser Kardinal Dr. König anwesend war, die päpstliche Auszeichnung, das Ritterkreuz des heiligen Gregor, übergeben. Längst war mir der Orden schon umgehängt, die Reden waren abgeschlossen und die Gesellschaft war bei einem Glas Wein. Plötzlich stellt irgendein Journalist aufgrund der Urkunde, die auf dem Tisch lag, fest, dass ich ja einen ganz falschen Orden umgehängt bekommen habe. Es war eine recht lustige Begebenheit. Schnell, schnell schickte der Nuntius einen Diener in ein Spezialgeschäft für Orden, um mir den richtigen Orden einzukaufen.« Eine Anekdote, mit der Gmeiner immer wieder für Unterhaltung sorgen konnte.

Auch in Skandinavien Begeisterung für die Kinderdorf-Idee

Kinderfreundliches Echo kam auch aus dem hohen Norden. Gmeiner wurde zu einer Vortragsreise nach Skandinavien gebeten. Ein triumphaler Erfolg im für pädagogische Neuentwicklungen sehr aufgeschlossenen Norden Europas. Ein Erfolg, der wenig später das dänische Königspaar bei einem offiziellen Staatsbesuch in Österreich auch zum Besuch des Kinderdorfs Hinterbrühl veranlasste. Königin Ingrid betonte in ihrer Festrede gar: »Bei SOS-Kinderdorf handelt es sich um ein Märchen, das Wirklichkeit geworden ist.« Gmeiner wurde für seine Verdienste mit dem »Ridder af Danneborg«, dem höchsten dänischen Orden, ausgezeichnet. Gmeiner über die Begegnung mit König Frederik von Dänemark und seine wohlwollenden Worte im Kinderdorf Hinterbrühl: »Nach der Besichtigung des Dorfes meinte der König zu mir: ›Wenn man dieses Dorf der Kinder hier erlebt, ist man wieder ganz überzeugt, dass unsere Zeit des Umbruchs und aller Evolutionen ganz und gar nicht einen neuen Massenmenschen herbringen wird. Vielleicht angesichts der Atombombe beginnt sich das Individuum neu zu gestalten und sich wieder in einer besonderen Weise auf das Ich zu beziehen. Die Sehnsucht nach Heimat und Geborgenheit fängt im Menschen wieder an zu wachsen. Die Sehnsucht nach der Urbeziehung beginnt neue Gestalt anzunehmen. Die Intimsphäre einer persönlichen Welt wird immer mehr zur Sehnsucht. Und so ist es bestimmt nicht von ungefähr, dass gerade in unseren Tagen mit den SOS-Kinderdörfern ein Durchbruch zu einer neuen Hilfe in der Welt für alle elternlosen und verlassenen Kindern sich vollzieht.‹« Bekundungen, die in den folgenden Jahren von vielen Würdenträgern aus Staat, Kultur und Gesellschaft wieder und wieder gemacht werden sollten. Worte, die Gmeiner noch mehr für das Werk, »Gutes zu tun«, begeistern sollten.

Ebenfalls aus dem Norden kommend, bemühte sich ein finnisches Ehepaar um Gmeiners Mithilfe beim Bau eines Dorfes in dessen Heimat. Professor Reinprecht erinnert sich an das Vorsprechen des schmächtigen und unscheinbaren Albin Gebhardt bei SOS in Innsbruck: »Gmeiner war sehr skeptisch und meinte nur: ›Ich weiß nicht, ob da etwas rausschaut. Was will denn dieses kleine Männlein mit der zaghaften Stimme und dem schüchternen Auftreten. Auch wenn er von großer Bereitschaft und eisernem Willen erzählt, bezweifle ich sehr, dass Herr Gebhardt das schafft!‹ Da sollte sich Hermann, der sonst so ein guter Menschenkenner war, gehörig täuschen.« Der unauffällige Finne mobilisierte innerhalb kürzester Zeit wohlhabende Freunde, startete landesweite

Aktionen und konnte – ganz nach österreichischem Vorbild – bald darauf das erste Dorf in der Gartenstadt Tapiola nahe Helsinki gründen. Gmeiner soll bei der Einweihung entschuldigend, stolz und freudig angemerkt haben: »Ich habe nicht recht daran glauben wollen, aber es ist wieder einmal ein SOS-Kinderdorf-Wunder geschehen.«

Noch zurückhaltender war Gmeiner, als sich eine Juristin aus Portugal für die Sache begeistern konnte. Dr. Maria do Céu Mendes Correia hörte erstmals im Rahmen einer UNICEF-Tagung in Lissabon von Gmeiner und seiner Idee und war sofort infiziert vom SOS-Virus. Nach einem Besuch des Imster Dorfes war es für die ambitionierte Portugiesin klar, dass auch Portugal von dieser Idee profitieren sollte. Gemeinsam mit einer Freundin, die im Wirtschaftsministerium beschäftigt war, begann sie die Idee in die Realität umzusetzen. Gmeiner skeptisch: »Was sollen zwei so hilflose Frauen schon auf die Beine stellen? Wie sollen die das machen, wenn kein Geld, keine Verbindungen und am allerwenigsten Erfahrungen vorhanden sind? All das im äußersten Süden Europas. Das sind für mich doch leere Fantastereien!« Ausgerechnet zwei »hilflose« Frauen konnten Gmeiner nur ein Jahr später eines Besseren belehren. Bei der Einweihung eines der schönsten Kinderdörfer nahe Estoril dachte selbst er nicht mehr an weibliche »Fantastereien« und setzte mit SOS-Portugal einen wichtigen Meilenstein für die moderne Kinderfürsorge des Landes.

Der Patriarch Gmeiner musste allmählich einsehen, dass Frauen nicht nur als Mutter einer der wichtigen Grundpfeiler seiner Idee waren, sondern auch als Initiatorinnen zur Realisierung der Kinderdörfer. So war es in Spanien Frau Montserrat de Juliá, die das erste Dorf in San Feliú de Codines errichtete. Frau Claudia Catzaras gründete im Alleingang und gegen alle Widerstände in Vari nahe Athen die erste SOS-Einrichtung für sozialwaise Kinder in Griechenland. Und auch in Belgien stand an der Spitze der Kinderdorf-Pionierarbeit mit Barbara de Launoit eine Frau. Eine gebürtige

Wienerin, die einen wohlhabenden belgischen Grafen geheiratet hatte. Wunderbares Kuriosum an dieser Geschichte: Die junge Gräfin wünschte sich von ihrem schwerreichen Schwiegervater zur Hochzeit nicht etwa Schmuck oder eine Villa am Meer, sondern überraschte ihn mit der Rechnung eines Wiener Baumeisters. Die Bewunderin von Gmeiner hatte im Kinderdorf Hinterbrühl ein neues Haus errichten lassen. Noch heute trägt dieses Haus in Erinnerung an das selbstlose Hochzeitsgeschenk den Namen »Haus Barbara«. In der Folge gründete die gönnerhafte Gräfin den SOS-Verein Belgien.

Gmeiner hatte seine Mutter von frühester Kindheit an verehrt, ja verherrlicht. Sie war eine der Initialzündungen für seine Vision. Sein Mütterbild war ein heiliges, und nun waren es wieder die Frauen, die zur Realisierung seiner Idee in ganz Europa mit überzeugendem Einsatz beisteuerten. »Ich habe eine große Hochachtung vor Frauen. Sie sind es, die mein Werk als Kinderdorf-Mütter tragen, und sie sind es, die mir das meiste Geld in die Hände legen und die für meine Idee kämpfen.« Dass aber ausgerechnet in der Gründerzeit von SOS und auch später kaum Frauen im Vorstand der Organisation tätig waren, erklärte Gmeiner immer wieder mit der doch sehr harten SOS-Alltagsarbeit: »Unser Geschäft ist kein Honiglecken. Die Leute glauben doch, soziale Arbeit sei gar nicht richtig ernst zu nehmen. Ich bin für sie der große Bettler, der das Geld aufbringt. Alles andere, meinen sie, laufe sowieso von alleine. Dabei ist es der härteste Job, den man sich in der heutigen Welt vorstellen kann. Denn unsere Welt ist ein einziges Jammertal geworden. Wer da im Einsatz steht und durchhält, wer bereit ist, ganz für diese Ärmsten um uns da zu sein, braucht nicht nur ein großes Herz, sondern auch viel eisernen Willen, gute Nerven und Durchhaltevermögen. Mitleid allein ist zu wenig. Wir müssen kräftig zupacken!« Trotz aller Bewunderung und Ehrfurcht vor Frauen hielt Gmeiner sie für zu fragil für diese Aufgabe und wollte sie diesbezüglich schonen.

Hermann Gmeiner im Land der unbegrenzten Möglichkeiten

»Man spricht doch immer vom Land der unbegrenzten Möglichkeiten, wenn es um Amerika geht. Warum sollte die Revolution des Guten nicht auch dort drüben auf fruchtbaren Boden fallen?«, dachte sich Gmeiner im Jahr 1961 und nahm die Einladung zu einer SOS-Werbetour in die USA an. In einem halbstündigen TV-Interview erläuterte er Millionen von Amerikanern zur besten Sendezeit die Aufgaben, Grundsätze und Ziele der Kinderdorf-Arbeit. Auch jenseits des Atlantiks konnte Gmeiner trotz fehlender Englischkenntnisse, aber mit seinem Charme und seiner Überzeugungskraft das Gros der Medien sofort für sich gewinnen. Professor Reinprecht erinnert sich: »Anfangs stand man diesem urigen Mann aus dem fernen Österreich noch etwas skeptisch, ja geradezu hilflos gegenüber, aber sobald Gmeiner loslegte, sein Charisma sprühen ließ, waren auch die Herzen der kritischsten Medienvertreter erobert.« Zum Abschluss seiner Informationsreise konnte Gmeiner im 62. Stock des Empire State Buildings in New York seine Unterschrift unter die Urkunde zur Gründung des Vereins »Friends of SOS Childrens Villages INC.« setzen.

Der erste Schritt in den Vereinigten Staaten war getan. Bald schon begannen Gelder von Freunden und Förderern aus den USA zu fließen, mit denen vor allem der Auf- und Ausbau von Dörfern in der Dritten Welt finanziert wurde. Bis zur Gründung und zum Bau des ersten Kinderdorfes in Florida sollten noch 25 Jahre vergehen, denn nicht nur die US-Sozialstruktur unterschied sich ganz und gar von der in europäischen Ländern. Auch die zwiespältige amerikanische Scheinmoral und Selbsteinschätzung trug dazu bei, indem sie die sozialen Probleme und Missstände im eigenen Land bis heute lieber negiert als löst. Trotzdem: 2004 wurde das dritte und erste urbane Kinderdorf in Chicago eröffnet.

Im *Kinderdorfboten* feierte man damals dennoch in einem Leitartikel mit der Überschrift »Eine Idee erobert die Welt« die neuesten Erfolge und resümierte zum Jahreswechsel zufrieden: »Eine Revolution für das Gute, die der SOS-Kinderdorf-Gedanke Hermann Gmeiners ausgelöst hat, erntet heute ihre Erfolge. Das Beispiel der in Österreich, Deutschland und Frankreich entstandenen Dörfer wirbt der SOS-Kinderdorf-Idee täglich neue Freunde. Nachrichten aus aller Welt zeugen davon, dass die SOS-Kinderdorf-Idee immer weiter um sich greift und die Herzen der Menschen aller Kontinente erobert. Millionen Menschen sind am Werk, um elternlosen Kindern eine bleibende Heimat bei einer guten Mutter zu schenken.«

Expansion in den sozialistischen und kommunistischen Osten

Die Expansion ging mittlerweile in Richtung Osten weiter. Auch in Jugoslawien und anderen sozialistischen Staaten hatte man von der SOS-Idee Notiz genommen und erkannt, dass die Eingliederung der Kinder und Jugendlichen in den Familienverband zur Lösung familiärer Probleme beitragen konnte. Während sich in Jugoslawien Marschall Tito als oberster Machthaber persönlich in die Errichtung von SOS-Einrichtungen einbrachte, musste Gmeiner in Polen zunächst gegen den Widerstand des Staates ankämpfen. »Ich versteh ja, dass alles besser ist als ein großes Internat, aber mir fehlt bei diesem System der Vater. Eine Mutter alleine ist zu wenig. Das können wir in Polen nicht durchbringen. Ich wäre bereit, grünes Licht zu geben, wenn ihr Elternpaare statt Mütter nehmt«, verteidigte der polnische Erziehungsminister die Einstellung der Regierung bei einem Besuch des Kinderdorfs Hinterbrühl. Gmeiner lehnte ab und blieb hart. Jahre später, erst 1978, konnte er bei einem Besuch in Warschau eben diesen Erziehungsminister von der akuten Notwendigkeit von Kinderdörfern in Polen überzeugen und den erlösenden Vertrag zu seinen Bedingungen unterzeichnen. In Rumänien und Ungarn entstanden ebenfalls die ersten Dörfer.

Delegationen aus China und Russland kamen nach Hinterbrühl und Imst, um erste Informationen über die Organisation einzuholen. Immer wieder erwähnte Gmeiner in Gesprächen damals seine im Krieg gewachsene Nähe zu Russland und zum russischen Volk: »Ich schätze die russischen Menschen. Ich weiß, dass dort unsere Idee auf fruchtbaren Boden fallen würde. Und ich weiß, dass eines Tages die Zeit auch dort reif sein wird, um den verlassenen, elternlosen Kindern eine bessere Chance für ihr Leben zu geben.« Gmeiner sollte die nach langen Verhandlungen späte Gründung und Besiedlung des ersten russischen Kinderdorfes in Tomilino, einem Moskauer Vorort, im Mai 1996 selbst nicht mehr erleben dürfen.

SOS IN ASIEN

Eine Österreicherin in Korea

Glückliche Zufälle säumten immer wieder den Weg der Kinderdorf-Entwicklung. So auch bei der Globalisierung der Idee zu einem Zeitpunkt, da dieser Begriff noch eine völlig andere Bedeutung hatte und nicht wie heute in aller Munde war. Speziell beim Sprung nach Asien führte ganz besonders der Zufall Regie.

Im Frühjahr 1962 war Maria Heissenberger, eine österreichische Entwicklungshelferin der katholischen Frauenschaft, die sich seit Jahren in Korea um obdachlose Kinder und Jungendliche kümmerte, auf Kurzurlaub in ihrer Heimat. Sie wusste lange schon von der Kinderdorf-Idee und hatte sich in den Kopf gesetzt, in ihrer Wahlheimat Korea ein SOS-Kinderdorf zu etablieren. Bei einem Besuch in Innsbruck wollte sie nun Gmeiner von ihren Plänen überzeugen und um finanzielle Hilfe bitten. Professor Reinprecht erinnert sich an das Gespräch mit Gmeiner: »Gmeiner kam zu mir ins Büro und sagte: ›Du, komm doch kurz zu mir rüber. Da ist so ein kleines Frauerl bei mir, die sagt, sie kommt aus Korea und will dort ein Kinderdorf bauen. Ich weiß nicht, wie ich der helfen kann.« Heissenberger unterrichtete Gmeiner über die unmenschlichen Verhältnisse, die bittere Not und die tausenden Flüchtlingskinder, die seit dem Ende des schrecklichen Koreakriegs aus Nordkorea herangeströmt waren. Seit der Teilung des Landes in den reichen, mit Industrie und Bergwerken gesegneten Norden, der nun kommunistisch war, und den armen Reisbauern im Süden wusste niemand, wie es weitergehen sollte. Cholera, Lepra und TBC wüteten in der Region um Taegu, der damals drittgrößten südkoreanischen Stadt, in der Heissenberger ein baufälliges Haus gekauft hatte und dort die verlassenen Jugendlichen beherbergte. Als »Schuhputzer-Buben« hatte sie ihre Schützlinge bezeichnet. Jugendliche, die tagsüber ihr Geld auf den Straßen beim Schuhputzen verdienten und abends das Wenige bei Heissenberger ablieferten, um Reis für alle zu kaufen. Die Sozialarbeiterin hatte für die Jugendlichen auch einen Lehrer angestellt, der die jungen Koreaner unterrichtete und ihnen Lesen und Schreiben beibrachte. Bald war die Zufluchtsstätte bekannt im ganzen Umkreis und mehr und mehr Jugendliche kamen. Heissenberger konnte kaum noch für das tägliche Essen, die tägliche Schale Reis aufkommen.

Nun saß die Wohltätige Gmeiner gegenüber und bat ihn mit aller Überzeugungskraft um seine Hilfe: »Bitte, helfen Sie mir und bauen Sie für meine ärmsten Kinder in Taegu ein SOS-Kinderdorf. Alle diese Kinder sind unterernährt und krank. Sie haben kaum etwas anzuziehen, wenn sie zu uns kommen. Die Gebäude, in denen sie hausen, sind am Zusammenfallen, die körperliche und seelische Not lässt sich kaum beschreiben. Bitte, helfen Sie mir!« Gmeiner, so berichtet Reinprecht, hat erst einmal sein Gesicht verzogen und etwas hilflos erwidert: »Ein Kinderdorf in Korea, wie soll denn das gehen? Wie sollen wir dort ein Dorf bauen und mit welchem Geld? Jeder in Österreich gespendete Schilling ist ausschließlich für die österreichischen Dörfer bestimmt.« Beim kurz zuvor gegründeten »Hermann-Gmeiner-Fonds« in Deutschland, der genau für solche internationale Projekte vorgesehen war, waren die Kassen ebenfalls noch leer. Gmeiner war ratlos und betrübt.

»Das sind doch Menschen wie Sie und ich. Dort werden wir kaum Mühen haben, gute Kinderdorf-Mütter zu finden. Die Koreaner werden Ihre Ideen gerne aufnehmen. Familie steht dort an erster Stelle. Daher hat es bis jetzt noch nicht einmal Waisenhäuser gegeben. Jedes Kind war in seiner Sippe geborgen. Und wenn die Mutter starb, war die Tante da oder die Großmutter oder sonst eine Verwandte, die das Kind selbstverständlich zu sich nahm.

Der Krieg hat alles durcheinandergebracht. Tausende Sippen sind zerschlagen. Tausende Kinder irren elternlos umher. Für sie ist nichts da. Erst jetzt beginnt man Massenlager einzurichten. Schlimmer als übelste Waisenhäuser. Wir müssen etwas tun für diese Kinder, Herr Gmeiner!« Ein Hilferuf, der Gmeiner im Tiefsten seiner Seele in arge Bedrängnis brachte. Ein Schrei, der vorerst nicht erhört werden konnte. Heissenberger musste unverrichteter Dinge und etwas traurig und enttäuscht wieder nach Korea zurückreisen. Doch Gmeiner begann sich mit der Problematik, die genau seinen empfindlichen Nerv getroffen hatte, mehr und mehr intensiv auseinanderzusetzen.

Professor Reinprecht erinnert sich an eine Situation nur zwei Tage nach der Abreise der Sozialarbeiterin: »Gmeiner hatte das Gespräch so beeindruckt und er kam zu mir mit den Worten: ›Sag, hast du einen Atlas? Wir sollten uns einmal ansehen, wo dieses Korea eigentlich liegt. Mein Gott, das liegt doch da ganz hinten bei Sibirien.‹« Tief bedrückt über die Kindernot im Fernen Osten und die gebundenen Hände legte Gmeiner das Thema Korea wieder ad acta. Einige Wochen später erhielt er jedoch wieder einen Brief von Frau Heissenberger aus Korea mit der dringlichen Frage, ob er sich denn ihr Anliegen schon durch den Kopf habe gehen lassen, und mit der noch dringlicheren Bitte: »Lassen Sie mich doch, bitte, nicht im Stich! Ich bräuchte ganz dringend Ihre Hilfe!«

Nur zwei Tage nach Eingang des schriftlichen Hilferufs war das Schicksal, der Zufall oder die Bestimmung wieder einmal gnädig zu Gemeiner und den Seinen. Professor Reinprecht erinnert sich gerne an jene Situation, spätnachts, als Gmeiner an seine Zimmertür klopfte und freudestrahlend und aufgeregt meinte: »Du, stell dir vor, wir beide fahren nach Korea. Ich habe den Generaldirektor der Ersten Österreichischen Sparkasse auf einen Kaffee getroffen und ihm vom Besuch der Frau Heissenberger und ihren Sorgen erzählt. Jetzt zahlt er uns beiden eine Reise nach

Korea. Wir sollen uns das vor Ort ansehen.« Hintergrund der wunderbaren Fügung war, dass besagte Bank nicht nur ein großer Gönner von SOS war, sondern dass auch die Tochter des Bankdirektors einige Jahre in Korea als Sozialarbeiterin verbracht und sich so eine enge Bindung zum fernöstlichen Land entwickelt hatte. »Ich kenne Land und Leute sehr gut. Das sind die Österreicher des Fernen Ostens. Das Volk der Harfenspieler und Sänger. Schauen Sie sich das einmal an. Machen Sie mir eine Feldstudie und wir werden weitersehen, Herr Gmeiner«, bot der Banker mit Funkeln in den Augen an. Reinprecht organisierte die Reise mit verschiedensten Zwischenstopps in Asien, kontaktierte die Botschaften und arbeitete an PR-Vorträgen, die Gmeiners Idee ab sofort auch in Asien bekannt machen sollte. Eine fast vierwöchige Erkundungs- und Akquisitionsreise auf dem asiatischen Kontinent sollte beginnen.

Ein Reiskorn für Korea

Für damalige Verhältnisse etwas Ungewöhnliches und nichts Alltägliches, wie Professor Reinprecht über den Abreisetag im Januar 1963 berichtet: »Das ganze Kinderdorf Hinterbrühl mit damals 280 Kindern hat sich zur Verabschiedung auf dem Dorfplatz versammelt. Sie hatten ihre Sparbüchsen geleert für die armen Kinder in Korea. Viele Mütter haben geweint. Der Pfarrer hat uns den Reisesegen gegeben. Es war, als ob wir auf einen anderen Stern fliegen würden. Man wusste ja nicht sehr viel über Korea, diese für uns völlig fremde Welt.«

Fremd war sie, die Welt bei der Ankunft in Taegu, doch eine überglückliche Maria Heissenberger empfing die Zwei-Mann-SOS-Delegation am Flughafen: »Ich habe gewusst, dass Sie uns nicht im Stich lassen, Herr Gmeiner!« Land und Leute wurden erkundet, doch was sich Gmeiner und Reinprecht in den nächsten Tagen abseits der wunderbaren Landschaft und Hochkultur des einst stolzen Volkes bot, war ein Anblick der Trostlosigkeit und des Grauens. Unmenschliche Verhältnisse, Hunger, unbeschreibliches Elend auf den Straßen und vor allem in den völlig verrotteten Elendsbaracken, die als Waisenhäuser bezeichnet wurden, wo Resignation und Apathie unter den Kindern und Jugendlichen herrschte. »Wir waren wirklich verzweifelt und schockiert, weil wir nicht mit solch furchtbaren Verhältnissen gerechnet haben. Gmeiner spürte und betonte immer wieder: Diesem Volke muss geholfen werden.« Nur wie? Zwar hatte Maria Heissenberger in bester Absicht und weiser Voraussicht den Wohltätern aus Österreich jede Menge Grundstücke, Frauen, die als Mütter geeignet wären, und bereits fertige Pläne für ein Kinderdorf präsentiert, doch woher sollte Gmeiner das Geld nehmen? Zwar hatte er noch vor seiner Abreise im SOS-Vorstand in Innsbruck seine Absicht bekundet, erstmals auch in Entwicklungsländern im asiatischen Raum, konkret in Südkorea, helfen zu wollen, doch allein das Dorf in Taegu würde Millionen verschlingen, die noch fehlten.

»Da passierte etwas, das wie ein kitschiges Märchen anmutete, das von der Realität diktiert wurde. Wieder so ein kleines Wunder, eine Eingebung von oben. Eigentlich das Schlüsselerlebnis für den weltweiten Erfolg von SOS-Kinderdorf«, erzählt Reinprecht, der damals schon mit einer Filmkamera ausgestattet war, um die Reise zu dokumentieren. Dieses Gerät und auch der fremde, weiße Mann mit der langen Nase erweckten das Interesse eines kleinen koreanischen Jungen in den Straßen von Taegu. Gmeiner begann in üblicher Manier auf das Lächeln des verwahrlosten Neunjährigen zu reagieren und zu gestikulieren. Kim Chung Suk wich den ganzen Tag nicht mehr von der Seite Gmeiners und griff am Abend in seine Hosentasche und reichte den beiden Europäern ein paar Reiskörner. Gmeiner, verwundert über diese Geste, fand Aufklärung bei Frau Heissenberger: »Reis ist in Korea ein Glückssymbol. Es bedeutet Gesundheit, Friede, langes Leben und Glück. Das alles wollte Ihnen Kim wünschen. Es war sein Dank dafür, dass Sie ihn beachtet haben.« In Gmeiners Kopf begann noch in derselben Nacht eine grandiose Idee zu keimen. »Er meinte: Wir wäre es, wenn wir dieses Glückssymbol einzeln in Europa und überall um einen Dollar verkaufen und damit ein Kinderdorf finanzieren? Ich werde jedes Reiskorn vergolden und damit den elternlosen Kindern hier eine neue Zukunft schaffen«, erinnert sich Professor Reinprecht, der am nächsten Tag mit der Hilfe von Frau Heissenbegrer Kim aufforderte, noch mehr Reiskörner zu bringen. Unzählige Freunde wurden mobilisiert, die Gmeiner je eine Handvoll Reis brachten. So landete Gmeiner im März 1963 mit einem vollen Sack Reis am Flughafen Wien und die wohl spektakulärste Spendenaktion begann Gestalt anzunehmen.

»Im Kinderdorf Hinterbrühl hat man dann in jedem Haus sofort damit begonnen, auf jede Karte mit Uhu-Kleber ein in Cellophan gepacktes Reiskorn zu kleben. Alles, jedes Haus war voll mit Reis«, so Reinprecht. Die Postkarten mit dem Motiv eines koreanischen Bettelknaben vor einer großen, gelben Sonne, in der Hand eine Blume und eben das legendäre verschweißte Reiskorn wurden mit der Botschaft »Reis bedeutet: Leben – Glück – Gesundheit – Friede – Wohlstand« – und dem Titel »Ein Reiskorn für Korea« an tausende SOS-Freunde weltweit verschickt. In Gmeiners Begleitbrief stand zu lesen: »Durch ein zusätzliches Opfer und durch Ihre Teilnahme an der Aktion ›Ein Reiskorn für Korea‹ ermöglichen Sie die Errichtung des ersten SOS-Kinderdorfes im Fernen Osten.«

Die Strapazen der wochenlangen Reise sollten bald goldene Früchte tragen. Gmeiner merkte einmal in einem Interview über seine globale Reisetätigkeit an, die ihn mehr als 200 Tage im Jahr beanspruchte: »Wenn ich reise, so reise ich nie als Tourist. Ich mache kein Sightseeing. Man zeigt mir in fremden Ländern auch gar nicht erst die Errungenschaften und Schönheiten, sondern konfrontiert mich mit dem Leid und mit der Not und mit der Armut, denn man weiß, dass ich unterwegs bin, um Not zu lindern und Ärmsten zu helfen. Das ist oft sehr schwer für mich, denn ich bin auch nur ein schwacher Mensch und oft kaum mehr in der Lage, all das Schreckliche zu verkraften, was sich mir da in Elendsgebieten der Dritten Welt offenbart. Ich komme dabei nur über die Runden, weil ich viel bete. Ich fühle mich dabei zugehörig zum ›Bodenpersonal‹ Gottes hier auf Erden. Ich habe den Ruf des Schicksals verstanden. Und ich helfe, so weit meine Kräfte dafür reichen. Immer mehr Menschen unterstützen mich dabei. Das gibt mir stets neue Zuversicht. Und so glaube ich auch an den Tag, wo die Liebe größer sein wird als der Hass, wo der Friede näher sein wird als der Krieg, wo das Gute das Böse besiegt haben wird.«

Ein Reiskorn beginnt Früchte zu tragen

Gmeiners erste Reise ins unbekannte, ferne Korea hatte sich jedenfalls gelohnt. Jedes einzelne Reiskorn begann zu sprießen. Diese völlig neuartige Spenden-Mailing-Aktion in der Geschichte der Nichtregierungsorganisationen sprach die Spender im Innersten an: »Wir hatten eine unheimlich kreative Zusammenarbeit, das war vom ersten Moment der Begegnung so, und wir hatten in dieser langen Nacht im Schuhputzerheim in Korea wieder einmal den richtigen Riecher, wie man mit Spenden innovativ und unaufdringlich Gewinn erzielen kann und die Menschen dennoch mitten ins Herz trifft«, beschreibt der einstige Journalist Reinprecht den kreativen Flow zwischen ihm und Gmeiner. Als einer der wichtigsten Berater Gmeiners trat damals auch wieder Dr. Albert Köller auf den Plan, ein Philosoph, Literat und Freund des Vaters der SOS-Idee, der Gmeiner und Reinprecht beim Verfassen von Reden und neuen PR-Ideen mit Rat und Tat zur Seite stand. Eine Promotion-Weltreise mit Vorträgen über das Reiskorn-Projekt durch die USA, durch Japan, Hongkong, die Philippinen und Indien machte den Erfolg der Aktion perfekt. Reinprecht: »Wir hatten nicht mit diesem Erfolg gerechnet. Wir hatten durch die Weltreise so viele neue Freunde gewonnen und das Korn weltweit verschickt. Diese Aktion hat uns Millionen gebracht und wir konnten innerhalb kürzester Zeit das erste Kinderdorf in Korea errichten. Das restliche Geld wurde in neue SOS-Projekte in Asien gesteckt. Heute ist der koreanische Kinderdorf-Verein eine Institution, die selbst sehr viel Geld für weltweite Dörfer aufbringt. Damals mussten wir noch alles bezahlen, weil das Land und die Leute so furchtbar arm waren.«

Auf 24 000 Quadratmeter errichtete ein koreanischer Architekt bis zur Jahreswende 1963/64 zwölf Häuser. Maria Heissenberger wurde mit der Auswahl und Schulung von zwölf koreanischen Kinderdorf-Müttern beauftragt und mit der Aufgabe der ersten Dorfleiterin betraut. Gmeiner bedankte sich damals im *Kinderdorfboten*: »Liebe Freunde! Von ganzem Herzen danke ich allen, die unsere große internationale Hilfsaktion ›Ein Reiskorn für Korea‹ so tatkräftig unterstützt haben. 450 000 SOS-Kinderdorf-Freunde aus Österreich, Deutschland, der Schweiz und den skandinavischen Ländern haben bis heute den SOS-Ruf, den ich im Namen verlassener Kinder aus Südkorea an sie gerichtet habe, beantwortet. Vielen von ihnen ist es schwergefallen, ein zusätzliches Opfer für unser Werk der Nächstenliebe zu erübrigen. Umso inniger danke ich dafür, dass der Erfolg meines Aufrufes alle Erwartungen übertroffen hat. Das SOS-Kinderdorf Südkorea kann gebaut werden! Darüber hinaus können auch etlichen anderen, in verschiedenen Entwicklungsländern geplanten SOS-Kinderdörfern bescheidene Starthilfen zur Verfügung gestellt werden. Im übertragenen Sinn hat ›Ein Reiskorn für Korea‹ uns allen wirklich Glück gebracht, jenes tiefe Glück, das von allen

Taten ausgeht, die das Licht der Liebe in unsere Welt bringen und den Weg zu einem neuen, weltumspannenden Solidaritätsgefühl aller guten Menschen weisen. Bitte helfen Sie mir auch weiterhin, unsere Revolution für das Gute, für Frieden und Menschlichkeit weiterzuführen! In treuer Verbundenheit grüßt Sie Hermann Gmeiner.«

In der Dritten Welt Fuß zu fassen – ein lang ersehnter, geheimer Wunsch war in Erfüllung gegangen, denn Gmeiner wollte in den 1960er- und 1970er-Jahren neue Perspektiven in die Entwicklungshilfe bringen, wie er der *Kleinen Zeitung* damals mitteilte: »Entwicklungshilfe ist doch heute zu einem schönen Teil nichts anderes als eine neue Form von Neokolonialismus. Wieder demütigt man die Leute, macht sie wieder abhängig.« Seine kritischen Worte lösten damals harte Gegenkritik von noch in den Kinderschuhen steckenden Hilfsprojekten aus. Und die nicht vorhersehbare rasche Ausbreitung der Kinderdorf-Idee in der Dritten Welt konfrontierte den Verein ebenfalls mit völlig unerwarteten entwicklungspolitischen Problemen, auf die man mangels empirischer Werte in Europa nicht immer optimal vorbereitet war.

Dr. Wilfried Vyslozil, Geschäftsführer des »Hermann-Gmeiner-Fonds«, schreibt in seiner Analyse »Die Dynamik der frühen Jahre«: »Bereits 1984 befand sich ca. die Hälfte der SOS-Einrichtungen in den Entwicklungsländern, in denen vor allem das koloniale bzw. imperialistische Erbe, die Auswirkungen des Ost-West-Konfliktes und die westliche Interessenpolitik in Einklang mit den korrupten Eliten dieser Staaten eine unglaubliche Verelendung weiter Teile der Bevölkerung unter Zerstörung traditioneller Lebenswelten und Familienstrukturen heraufbeschworen hatte. Mit ihrem großen Engagement leisteten die SOS-Kinderdörfer einen beachtlichen Anteil an der privaten Entwicklungshilfe. Dabei kam nicht nur den betreuten Kindern das Engagement von SOS-Kinderdorf zugute, vor allem die Kinderdorf-Mütter in diesen Ländern erzielten eine deutliche Verbesserung ihrer Lebenssituation. Verbesserungen für Frauen und Unterprivilegierte, eine Entdiskriminierung verschiedener Volks- oder Gesellschaftsgruppen, die später nicht nur in Asien, sondern vor allem auch in Afrika und Latein- und Südamerika völlig neue, allgemeingültige, gesellschaftspolitische Perspektiven eröffnete.«

Gmeiner sah, trotz aller Bedenken, sehr wohl die Wichtigkeit und Notwendigkeit der richtig angewandten Entwicklungshilfe, wie er in einem Vortrag unterstrich: »Die Lebenssituation der Menschen in den Entwicklungsländern berührt uns alle. Eine erfolgreiche Entwicklungshilfe ist aber nicht nur eine Frage des Überlebens dieser Menschen, sondern des Überlebens der ganzen Menschheit. Elend und Armut in einzelnen Teilen der Welt führen – wie wir anschaulich in Asien, Afrika und Lateinamerika erleben – zu sozialen Spannungen und zu Konflikten. Die Welt ist klein geworden. Konflikte können daher auch auf unsere Industrieländer übergreifen – und das schneller, als wir denken. Die Menschheit ist in Gefahr. Wir alle sind aufgerufen, unseren Beitrag für den sozialen Frieden in der Welt zu leisten.«

Nicht zuletzt wegen des überwältigenden Erfolgs der Reiskorn-Aktion, die sich noch Jahre später als Benefiz-Selbstläufer herauskristallisierte, sollte Korea zeitlebens Gmeiners Lieblingsland in Asien bleiben. Keine Asienreise ohne einen ausgedehnten Besuch in Südkorea. Noch zwei Jahre vor seinem Tod hatte der Kinderdorf-Vater ein besonders schönes und einschneidendes Erlebnis, das Professor Reinprecht mitverfolgen durfte: »Gmeiner wollte gerade den Flughafen von Taegu verlassen, als ihm ein junger Mann lautstark nachrief: ›Vater, Vater!‹ Dann warf sich der 30-Jährige, so wie es in Korea Sitte war, als Ehrerbietung von einem Sohn dem leiblichen Vater gegenüber auf den Boden und begann Gmeiners Hände zu küssen. Der Hintergrund war, dass es sich um ein ehemaliges Kinderdorf-Kind handelte. Mittlerweile war der Mann ein hoher Beamter im staatlichen Dienst, aber das SOS-Kinderdorf war immer sein Daheim geblieben und somit Hermann Gmeiner sein Vater.«

Angesprochen auf seine Liebe zu Korea antwortete Gmeiner einmal in einer seiner zahlreichen Reisenotizen mit einer authentischen Geschichte, die er oft als Erklärung für den Erfolg der SOS-Kinderdörfer in Südkorea und in ganz Asien als Gleichnis erzählte: »In Korea, am Stadtrand von Taegu, lebt in einer sehr bescheidenen Hütte Hwang Kang-Chang. Er ist Straßenhändler und einer von Hunderttausenden Koreanern, die jahraus, jahrein ein karges Dasein fristen. Tagtäglich schiebt er sein Fahrrad mit Anhänger durch die Gassen, mühselig, aber stets vergnügt, von Haus zu Haus, von Platz zu Platz. Er verkauft Brote, die aus Reis und Fischmehl zubereitet werden, einem unserem europäischen Gaumen seltsam anmutende und unserem Magen nicht recht bekömmliche Speise. Hwang Kang-Changs selbst gebackene Brote sind in Taegu sehr beliebt. Er hat zahlreiche Kunden. Er ist fleißig. Trotzdem verdient er nicht viel mehr, als er braucht, um nicht hungern und frieren zu müssen. ›Kennen Sie Hwang Kang-Chang?‹, fragte Jakob Lee, einer der Schuhputzerbuben, die vor zehn Jahren ins SOS-Kinderdorf Taegu aufgenommen wurden. Jakob Lee ist heute gelernter Automechaniker und im SOS-Kinderdorf als Fahrer und Einkäufer beschäftigt. Ich erblickte eine magere, in einen schäbigen Mantel gehüllte Gestalt. ›Hwang Kang-Chang hat seine Spende gebracht‹, sagte Jakob Lee. Meinte er das in ein braunes Papier gewickeltes Päckchen, das der Mann auf die Stufen vor dem Gemeindehaus legte? Von Jakob Lee erfuhr ich die Geschichte eines Mannes, der das Wenige, das er erübrigen kann, nicht behalten, sondern Kindern geben will, die ihre Eltern verloren haben.

Die Geschichte beginnt damit, dass Hwang Kang-Chang vor ein paar Jahren in der Zeitung vom SOS-Kinderdorf Taegu las. Ungläubig schüttelte er den Kopf. Da sollte eine Einrichtung entstanden sein, in der elternlose Kinder wie in normalen Familien betreut werden? Wie war das zu verstehen? Was steckt da dahinter? Er wusste, was es in Korea bedeutete, seine Familie zu verlieren, von aller Welt verlassen und zu lebenslänglicher Armut und Chancenlosigkeit verurteilt zu sein. Wer würde imstande sein, das Schicksal zu ändern? Eine Woche lang versuchte er, die Gedanken an das SOS-Kinderdorf aus seinem Kopf zu verdrängen. Das gelang ihm nicht. Und er beschloss, der Sache auf den Grund zu gehen. Weil er nicht als neugieriger Gaffer kommen wollte, schlug er seinen Verkaufsstand vor dem Eingang zum SOS-Kinderdorf auf, verkaufte ein paar Kindern, die herauskamen, seine Brote und erkundigte sich, ob es denn wahr wäre, dass sie ein Zuhause, eine Familie, eine Mutter gefunden hätten. Anschließend steckte er die wenigen Won (100 Won sind eine D-Mark) in eine Tüte. Zum ersten Mal betrat er das Dorf und legte die Tüte auf die Stufen vor dem Gemeindehaus. Von diesem Tag an kam er zwei- bis dreimal im Jahr. Immer brachte er ein paar Tausend Won mit. Man sprach ihn an. Er lachte freundlich, schaute den Kindern beim Spielen zu, wollte aber keinen Dank und wollte auch niemandem seinen Namen verraten. Der Zufall wollte es, dass Jakob Lee bei einer Fahrt in die Stadt herausfand, wo Hwang Kang-Chang wohnte. Er erkundigte sich über ihn in der Nachbarschaft, erfuhr seinen Namen und hörte, dass Hwang Kang-Chang von allen, die ihn kannten, als stiller, gütiger Mann hoch geschätzt wurde. Bald darauf wurde Hwang Kang-Chang zur Zehnjahresfeier des SOS-Kinderdorfes Taegu eingeladen. Er kam mit einem Fahrrad, brachte einen Anhänger voll Brote mit, die er an die Kinder verteilte. Und ich war der erste Europäer, dem er die Hand schüttelte. Seine Finger waren von harter Arbeit gezeichnet. Sein Gewand verriet, dass er in Armut lebte. Aber seine Augen strahlten. Es war so schwer, mit ihm ins Gespräch zu kommen. Jakob Lee übersetzte, so gut er konnte, Blicke und Gesten halfen über die ärgsten Schwierigkeiten hinweg. ›Hwang Kang-Chang meint‹, sagte Jakob Lee, ›diese Kinder werden im Herzen reich sein, weil die Güte, die sie hier empfangen, reich macht, reicher als Gut und Geld.‹ Und warum wollte Hwang Kang-Chang nicht einen Won mehr für sich behalten, als er unbedingt zum Leben brauchte? ›Er meint‹, sagte Jakob Lee, ›dass der Mann am glücklichsten ist, dem es gelingt, seine Chancen wahrzunehmen. In seinem Handel mit Broten nimmt er die Chance wahr, redlich zu sein. Hier findet er die Chance, gütig zu sein. Ich soll Ihnen sagen, dass Hwang Kang-Chang ein glücklicher Mann ist.‹«

Korea – der Startschuss für ganz Asien

Auf dem Rückweg von der ersten Koreareise unternahmen Gmeiner und Reinprecht Informationsaufenthalte in Tokio, Hongkong, Manila und Neu-Delhi. Der Zuspruch war allerorts groß, längst war man mit der Idee vertraut und von ihr begeistert. Selbst in der öffentlichen Meinung hatte die Initiative in Südkorea den Bekanntheitsgrad und die Akzeptanz des familiennahen Erziehungsprinzips für Waisenkinder in diesen Ländern enorm gesteigert. Die größte japanische Tageszeitung *Asahi Shimbun* warb ebenso erfolgreich für die Gründung eines eigenen Kinderdorf-Vereins, wie die Staatsführung der Philippinen den Bau von zwei Dörfern förderte. Später konnte ein weiterer SOS-Meilenstein mit dem Treffen von Gmeiner mit Indiens Staatspräsident Pandit Nehru und dessen Tochter, Ministerpräsidentin Indira Gandhi, gelegt werden. Die Reise in den Fernen Osten ließ aber auch das Interesse des Nahen Ostens wachsen. Libanon und Iran meldeten als Erste ihre Absichten für das neue Sozialwerk an. Bereits 1966 wurde nahe der libanesischen Hauptstadt Beirut mit dem Bau von sechs Kinderdorf-Häusern begonnen, in Jordanien entstanden zwei komplette Dörfer, Ägypten und der afrikanische Kontinent suchten erste Kontakte zu SOS.

Thailand sollte die nächste SOS-Außenstelle werden. Eine Episode, welche Professor Reinprecht heute noch amüsiert, spielte sich beim offiziellen Staatsbesuch des thailändischen Königspaares in Wien ab. Eine wahre Anekdote, die Hermann Gmeiner von seiner charismatisch-menschlichen Seite zeigt. Königin Sirikit besuchte damals mit ihrem Gefolge und in Begleitung von Landeshauptmann Figl das Kinderdorf Hinterbrühl. »Diese bildhübsche Königin saß dann mit ihrer Hofdame, Gmeiner und mir auf einen Kaffee im Kinderdorf-Büro. Plötzlich sagt der Gmeiner zur Königin auf Deutsch: ›Majestät, Sie haben doch auch Kinder. Haben Sie keine Bilder von ihnen dabei?‹ Also eine Frage, die ihr bei einem Staatsbesuch sicherlich noch nie gestellt wurde. Die Hofdame war schockiert und die Königin hat gelächelt. Sirikit hat die Handtasche geöffnet und ein paar Fotos ihrer Kinder herausgeholt. Von diesem Augenblick an war der Gmeiner für sie ein Heiliger. Sie hat ihn so geliebt, dass die Gespräche über das erste Kinderdorf in Thailand sofort aufgenommen wurden.«

Ein Scheck über 50 000 Schilling wurde übergeben, ein Jahr später wurde das erste Kinderdorf in der Nähe von Bangkok eröffnet. Die thailändische Hauptstadt ist heute noch die SOS-Zentrale für Asien und Sirikit immer noch die Ehrenpräsidentin des SOS-Vereins. Gmeiner hatte wieder einmal mit seiner naiven menschlichen Art das Optimum für die gute Sache herausholen können.

Der indische Subkontinent sendet SOS

Der indische Subkontinent hatte Gmeiner bei seinem Zwischenstopp während der ausgedehnten Asienreise sehr beeindruckt. Der Wunsch nach einer eigenen Landesorganisation wurde mehrmals von offiziellen Stellen an ihn herangetragen, doch Gmeiner äußerte lange Zeit seine Bedenken: »Was wollen wir in Indien? Hier ist kein Boden für uns. Dieses Volk ist zu apathisch.

Das Verhungern scheint hier einfach dazuzugehören. Wer wehrt sich schon dagegen? Es ist alles so unwahrscheinlich trostlos und entmutigend. Ein SOS-Kinderdorf scheint mir hier undenkbar. Könnt ihr euch eine Hindu-Frau als Mutter vorstellen? Das alles würde man nicht verstehen. Indien ist nicht reif für diese Idee. Indien hat andere Sorgen.« Doch die enormen Einnahmen der Reiskorn-Aktion ließen Gmeiners Bedenken schon bald schwinden. Zumal der österreichische Botschafter in Neu-Delhi eine SOS-Ausstellung organisierte, die hochoffiziell von Indira Gandhi eröffnet wurde. Am Schluss ihrer Eröffnungsrede schickte sie zielstrebig eine klare Botschaft an Gmeiner: »Das ist genau das, was wir in Indien brauchen.« Gmeiner zögerte immer noch, bis es zu einer Einladung zur persönlichen Audienz bei ihrem Vater und damaligen Ministerpräsidenten Pandit Nehru kam. Der Schüler und Zögling des großen Mahatma Gandhi konnte ihn mit folgenden Worten nicht nur beeindrucken, sondern auch überzeugen:

»Wir werden den Aufbau Indiens nur bewältigen, wenn wir geistig einen Durchbruch erzielen. Dazu bedarf es vieler Impulse. Ihr SOS-Kinderdorf scheint mir ein solcher zu sein. Wissen Sie, wenn hier bei uns in Indien ein Kind auf der Straße liegt und am Verhungern ist, wird sich niemand darum kümmern. Die Menschen werden vorbeieilen. Wenn aber ein Europäer vorbeikommt, wird er stehen bleiben und versuchen, diesem Kind Hilfe zu leisten. Das ist Nächstenliebe. Wir brauchen sie und wir müssen sie unserem Volk näherbringen. Sonst sind alle unsere politischen und wirtschaftlichen Bemühungen vergeblich. Das SOS-Kinderdorf kann daher in Indien ein Mosaiksteinchen der Nächstenliebe sein. Ich lade Sie ein, auch uns ein solches SOS-Kinderdorf als Modell zu bauen.«

Gmeiner war von der Notwendigkeit überzeugt und begann das Modell Indien auf einem geeigneten Grundstück nahe Neu-Delhi zu formen. Die finanziellen Mittel stammten abermals aus der Reiskorn-Aktion. Allein die Spendeneinnahmen aus Dänemark und Schweden ermöglichten den Bau eines Familienhauses, ein weiteres stiftete der Hermann-Gmeiner-Fonds Deutschland. 17 weitere sollten in kürzester Zeit entstehen. Und wieder wusste Gmeiner geschickt die Synergien zwischen SOS und einflussreichen staatlichen indischen Einrichtungen zu nutzen. Einen wichtigen Anteil am Aufbau der indischen Kinderdörfer hatte der stellvertretende Direktor des »Council of Social Welfare«, Jogin Nath Kaul, der als Sozialexperte in Hinterbrühl an pädagogischen Tagungen teilgenommen hatte, um die Kinderdorf-Arbeit in der Praxis zu studieren. Er wurde kurz nach seiner Rückkehr nach Indien zum Geschäftsführer von SOS-India bestellt. Ihm zur Seite entsandte Gmeiner einige von der österreichischen Regierung bestellte Entwicklungshelferinnen.

SOS-Kinderdorf konnte so mit der privaten Entwicklungshilfe bis heute an der sozialen Struktur Indiens mitarbeiten. Dabei sollte das Engagement nicht nur den betreuten Kindern zugutekommen, sondern vor allem auch die Kinderdorf-Mütter erzielten eine deutliche Verbesserung ihrer Lebenssituation und sozialen Stellung. Niemand, weder in Europa und schon gar nicht in Indien, hatte zuvor an dieses Wunder geglaubt. Niemand konnte sich vorstellen, dass eine Hindu-Mutter sich je auch um andere, um kastenlose, unberührbare Kinder kümmern würde. Doch plötzlich war durch die Idee eines Vorarlberger Bauernsohnes alles anders. In den indischen Kinderdörfern kam es zwischen den Frauen und Kindern zu einer Vermischung der hohen und niedrigen Kasten und damit zu einem sozialen Aufstieg von Unterprivilegierten. Sozial diskriminierte Frauen wie Witwen, Geschiedene oder Kinderlose hatten durch ihr Engagement im Kinderdorf einen bis dato undenkbaren gesellschaftlichen Aufstieg und gesellschaftspolitische Anerkennung erfahren. Pandit Nehrus Wunsch war in Erfüllung gegangen.

Nach Nehrus Tod und dem Aufstieg seiner Tochter ins Amt der Ministerpräsidentin dankte Indira Gandhi Hermann Gmeiner bei einer SOS-Kinderdorf-Tagung in Neu-Delhi mit einer beeindruckenden Rede:

»Unendliche Möglichkeiten liegen in einem neugeborenen Kind verborgen. Seine Entfaltung hängt von der Familie, den Schulen und der Gesellschaft ab. Das Kind lebt in zwei Welten, in seiner eigenen und in der der Erwachsenen seiner Umgebung. Die Welt des Kindes besteht nicht – wie wir Erwachsenen gerne annehmen – aus lauter Unschuld und sorgenfreien Spielen. Auf ihre Weise ist auch die Welt des Kindes voller Unsicherheit und Furcht, Rivalität und Neid. Das Kind muss sich mit der Größe der Dinge, die es umgeben, auseinandersetzen. Vieles geht über seine Aufnahmefähigkeit und seine geistigen und körperlichen Kräfte. Dazu kommt der Einfluss der Erwachsenen. Hoffnung und Angst, Liebe und Hass, Großzügigkeit und Voreingenommenheit, alle Wünsche und Hemmungen, die ein Kind hat, entstehen aus der Wechselwirkung zwischen der Umwelt und der Welt seiner Vorstellungen. Kinder sind der Spiegel der Welt. Wenn unsere Welt geändert werden soll, müssen wir mit der Gesinnung des Kindes den Anfang machen. Wir reden von Gesundheit und Reinlichkeit, doch unsere industrialisierte Zivilisation verseucht die Luft, die wir atmen. Wir reden von Demokratie und Gleichheit, doch wir sehen um uns lauter Beweise von sozialer und wirtschaftlicher Ungleichheit. Wir setzen bestimmte Lehren als Grundsätze unserer Religion, aber in unserem eigenen Leben ignorieren wir sie. Wir stellen Heilige auf ein Podest, aber wir belächeln alles Heilige spöttisch. Wir reden von Frieden, doch wir sind nicht in der Lage, den Krieg zu verhindern. Wir benützen unsere großen technischen Fortschritte für nebensächliche Zwecke, nicht für grundlegende Änderungen, die möglich und notwendig wären, um unsere Welt besser zu machen. Ist es da ein Wunder, dass der Geist der Jugend rastlos und ungeduldig wird? Wir sollten das Kind nicht als eine eigene Klasse Mensch oder gar als eigene Gruppe betrachten. Jedes Kind ist ein Individuum und es ist auch ein Teil aller Probleme, mit denen wir konfrontiert werden.

Indien ist ein Entwicklungsland. Aber wir können nicht die Verbesserung des allgemeinen Lebensstandards abwarten, um unseren Kindern das Recht auf Ernährung und Bildung zu sichern. Eigene Programme für Kinderwohlfahrt sind unerlässlich geworden. Wir haben bereits Programme für die Betreuung von Kindern, die aus den ärmsten Teilen unseres Landes kommen, entwickelt. Aber wir wissen nur zu genau, dass diese Hilfe letztlich nur den Rand der Probleme berührt. Ein großer Teil der Kinder, besonders jene aus den Elendsvierteln, jene von Arbeitern ohne eigenes Land, und Kinder, die in den Wäldern und Bergen zu Hause sind, müssen ihr Leben ohne ausreichende Mittel für Ernährung und Erziehung fristen. Dazu kommen noch die Kinder, die wegen körperlicher oder geistiger Invalidität unter noch größeren Erschwernissen leiden. Sogar in den sogenannten Wohlstandsländern existieren noch Armutsviertel, wo Kinder Entbehrungen aller Art auf sich nehmen müssen. Die grundsätzlichen materiellen Erfordernisse müssen für alle Kinder erfüllt werden. Die Erfüllung dieser Bedürfnisse stellt jedoch nur einen Teil der Voraussetzungen dar, die ein Kind zur vollen und ausgeglichenen Entwicklung braucht. Das Kind braucht Liebe, die konstant und verständnisvoll ist, die bereit ist, wenn nötig, zu beschützen, die aber auch so feinfühlig ist, dass sie die freie Entfaltung einer eigenen Persönlichkeit erlaubt. In diesem Sinne haben die SOS-Kinderdörfer Hermann Gmeiners in Indien eine wertvolle Pionierarbeit geleistet.«

Beinahe auf jeder Asienreise machte Gmeiner einen Zwischenstopp in Neu-Delhi und zwischen ihm und der Ministerpräsidentin entwickelte sich eine Freundschaft. In seinen Gedanken über das Zusammentreffen mit prominenten Persönlichkeiten notierte Gmeiner über Indira Gandhi:

»Im Jahr 1964 gründete die heutige Ministerpräsidentin von Indien, Indira Gandhi, den indischen nationalen Kinderdorf-Verein. Sie war dann auch Präsidentin des SOS-Kinderdorfes in Indien, bis sie die höchste Regierungsstelle übernommen hat. Im Februar 1973 kam ich zum vierten Mal mit Indira Gandhi zu Gesprächen zusammen. Indira Gandhi sagte Folgendes: ›Wir haben in unserem Land rund zweieinhalb Millionen elternlose und verlassene Kinder. Es ist mehr als die Einwohnerzahl der Stadt Wien. So groß unser Land ist, so groß und unübersehbar sind auch die Probleme, die wir haben. Früher habe ich noch geglaubt, dass man alles ändern muss, dass alles neu werden muss. Jetzt weiß ich, dass man die guten alten Lehren, die Traditionen der Vergangenheit übernehmen muss in die neue Zeit und sie verbinden soll mit den Gedanken unseres Jahrhunderts. Ich weiß heute, es kann und darf keine Revolution geben, sondern es kann nur über eine Evolution in eine bessere Zukunft gehen. Auch in Indien ist in den letzten Jahrzehnten vieles erreicht worden. Besonders auf dem Gebiet des Kindes sind absolute Verbesserungen eingetreten. Wir leben auch in unserem Staat heute in einer Zeit großer Auseinandersetzungen, großer Erneuerungen. Auf dem Gebiet des Kindes haben die SOS-Kinderdörfer auch in unserem Land einen neuen Weg gewiesen, haben beigetragen zu einer Auseinandersetzung bezüglich der Hilfe für Kinder auf höchster Regierungsebene.‹

Ich sagte, dass vor allem nirgends mehr in der Welt das elternlose, verlassene Kind programmiert werden dürfte, um nur den Mächtigen dieser Welt zu folgen oder von den Mächtigen dieser Welt ein Leben lang ausgenützt zu werden. Unser erstes SOS-Kinderdorf in Indien ist ein erstes Erziehungsmodell in diesem Staat geworden, in dem es zum Beispiel kein Kasten-Unwesen mehr gibt. Alle Kinder in unseren Kinderdorf-Familien sind gleichberechtigt geworden. Vom Kind, das von einem Brahmanen abstammt, bis zum Kind eines Unberührbaren. Indira Gandhi ist sehr erfreut darüber, dass es heute in Indien bereits zwölf Kinderdörfer gibt, die als Modelle einer neuen Erziehung wirken. Indira Gandhi sagte zu mir: ›In den SOS-Kinderdörfern müssen wir bewusst Menschen für Indien erziehen, Menschen, die die Sitten und Gebräuche des Landes lernen, Menschen, die in der Religion ihrer Väter erzogen werden, aber die modern anfangen zu denken. Aus den SOS-Kinderdörfern sollen moderne, gut geschulte und gut gebildete Inder hervorgehen. Menschen, die eines Tages unserem eigenen Land zu Hilfe kommen, weil sie toleranter geworden sind, weil sie moderne Hindi geworden sind.‹«

Nachdem Gmeiner vom tödlichen Attentat auf die Ministerpräsidentin am 31. Oktober 1984 erfahren hatte, reagierte er mit tiefem Schmerz und Unverständnis über ihren gewaltsamen Tod: »Die Welt hat einen großen Menschen verloren und wir im SOS-Kinderdorf-Werk eine edle, gute Freundin!« Heute existieren allein in Indien 36 SOS-Kinderdörfer und eine Unzahl von SOS-Sozialeinrichtungen.

DIE WELT IN BEWEGUNG – EINE SOZIALE BEWEGUNG FÜR DIE WELT

Der SOS-Einsatz in der Dritten Welt

»Unsere Welt ist in Bewegung geraten. Nun gilt es festzustellen, welche Richtung diese Bewegung nimmt. Sie soll sich zu einer Welt des Friedens und der Gerechtigkeit entwickeln; zu einer Welt des Guten. Dafür müssen wir in der geistigen Auseinandersetzung, die da im Gange ist, unbeirrt kämpfen. Es genügt nicht, die warnende Stimme zu erheben. Es genügt nicht, die neuen Gedanken und Parolen anzuprangern, von denen sich vor allem die junge Generation so leicht verwirren und verführen lässt. Unser Kampf muss sich in guten Taten kundtun. Wir müssen an praktischen Beispielen zeigen, dass es sinnvoller und zukunftsträchtiger ist, für das Gute einzutreten, für Partnerschaft, Hilfsbereitschaft und Nächstenliebe, anstatt dem schnöden Mammon nachzulaufen, der uns zuletzt ins Verderben führt. Wir dürfen uns von der Wohlstandswelle nicht überspülen lassen, sodass wir nicht untergehen und die Orientierung verlieren. Und wir dürfen uns von Rückschlägen nicht entmutigen lassen. Die Welt ist geistig in Bewegung geraten. Wir dürfen die Chance nicht verschlafen.«

Gmeiner wusste nicht zuletzt durch den Erfolg der Reiskorn-Aktion und die positive Entwicklung des Hermann-Gmeiner-Fonds in Deutschland, dass die Spendenbereitschaft der Menschen in Europa groß und so der Zeitpunkt einer weltweiten Expansion günstig war. Basierend auf dem deutschen Modell wurden ähnliche Fonds in der Schweiz, den USA, in Holland, Dänemark und Norwegen gegründet. Als übergeordnete, koordinierende Dachorganisation wurde »SOS-Kinderdorf International« mit Sitz in Wien eingerichtet mit Gmeiners Weggefährten Professor Hansheinz Reinprecht als ersten Generalsekretär. Der internationale Verband sollte von nun an die Aufgabe als Kontrollorgan über alle Ländervereine haben, insbesondere über jene der Dritte-Welt-Länder, Neugründungen koordinieren, die Finanzen übergeordnet verwalten und mit Rat und Tat zur Seite stehen.

Mit der Expansion in die Entwicklungsländer hatte nun ein neuer Abschnitt in der Kinderdorf-Arbeit begonnen. Gmeiner war zunächst sehr überrascht über das enorme Interesse, mit dem seine Idee in diesen Ländern aufgenommen wurde. Unterstützung auf dem medialen Bereich hatte er damals unter anderem auch von der renommierten *Frankfurter Allgemeinen Zeitung* erfahren, die in einem Kommentar über den geplanten SOS-Einsatz in der Dritten Welt meinte: »Für die Pflege und Erziehung verlassener Kinder gibt es bisher kein Modell, das so überzeugend und zugleich international praktikabel wäre wie das SOS-Kinderdorf, das Hermann Gmeiner entwickelte.« Nicht der Kampf gegen Hunger und Elend in total verarmten, vom Krieg heimgesuchten Ländern sollte in erster Linie aufgenommen werden, sondern das Hauptaugenmerk galt den Integrationsprinzipien der SOS-Kinderdorf-Erziehung. Dazu Professor Reinprecht: »Die Vertreter der Entwicklungsländer hatten das auch nicht vor und nicht erwartet. Sie sahen in unserer Idee einen neuen Weg zur Lösung eigener Fürsorge- und Erziehungsprobleme.« Der Bau von Kinderdörfern in den Entwicklungsländern sollte somit keine Reaktion des Mitleids auf die dort herrschende Not sein.

Gmeiner stellte von Anbeginn seiner internationalen Arbeit klar: »Unser Einsatz geht auf die Initiative in den betreffenden Ländern zurück und stellt nicht die Verpflanzung einer fremden Idee in ein fremdes Land dar. Man weiß seit Langem, dass in der Entwicklungshilfe reines Mitleid mit den Not leidenden Völkern nicht genügt. Man kann den Hunger, der viele Leben bedroht, eine Zeit lang lindern und Leben erhalten. Doch Hunger und Leid werden dadurch nicht aus der Welt geschafft, manchmal sogar erst recht vermehrt. Unsere Hilfe muss Hilfe zur Selbsthilfe, Erziehung und Selbsterziehung, muss ein Teil des Prozesses eines sozialen Umdenkens sein, der sich in Entwicklungsländern vollziehen muss und sich auch schon vollzieht. SOS-Kinderdörfer dürfen keine Angelegenheiten der Ausländer, keine Fremdkörper in anderen Kulturräumen und Glaubensgemeinschaften sein. Das kann nicht Sinn und Zweck unseres Vorhabens und unserer großen Aufgabe werden.«

Auch den Vorwurf des »gmeinerschen Bauchgefühls« wollte sich der SOS-Gründer von Kritikern in dieser entscheidenden Phase nicht mehr machen lassen. In einer von ihm in Auftrag gegebenen wissenschaftlichen Expertise hebt der Sozialpädagoge Otto Winkler folgende fünf Grundgedanken für die Realisierung von SOS-Kinderdörfern in Entwicklungsländern als solide Voraussetzung hervor:

1. Das SOS-Kinderdorf soll ein offenes Musterbeispiel für die umliegenden Siedlungen sein.
2. Das SOS-Kinderdorf soll möglichst viele Sozialbeziehungen zu den normalen Familien seiner Umgebung aufnehmen und pflegen.
3. Das SOS-Kinderdorf soll eine offene Schule für die Familienmütter innerhalb seines Ausstrahlungsbezirks sein.
4. Im SOS-Kinderdorf errichtete Schulen und Ausbildungsstätten sollen auch von anderen Kindern besucht werden können.
5. In den SOS-Kinderdörfern in den Entwicklungsländern wird eine gewisse »Rosinentechnik« unvermeidbar sein. Eine rein karitative Auslese wäre nur ein Tropfen auf den heißen Stein. Wir dienen den Völkern besser, wenn wir hohe Anforderungen an die für die Kinderdörfer ausgewählten Kinder stellen.

Unverändert würden auch in den neuen Entwicklungsmärkten die vier SOS-Grundprinzipien angewendet werden und alle Kinder sollten in ihrer Religion und in ihrer Eigenart, jedoch auch im Geiste der Toleranz erzogen werden, einer Haltung, die den Glauben und die Eigenart des anderen achtet.

Gmeiner in einem Vortrag: »Gerade in Entwicklungsländern ist es wichtiger denn je, jene Schranken des Hasses, welche die Menschen voneinander trennen, zu überwinden und Wege zu gegenseitigem Vertrauen zu suchen und finden zu lernen. Unsere Kinder sollen vor allem aber lernen, wie man dank eigener Anstrengungen das Elend im eigenen Lande für sich selbst und andere überwindet. Und sie sollen das Gelernte weitergeben.«

SOS-Kinderdorf bei der Weltausstellung in New York

Beflügelt durch das Funktionieren seiner Idee in Indien wagte SOS den weiteren Vorstoß in die Dritte Welt. Damit dieses große internationale Ziel auch publik und finanzierbar würde, begab sich Gmeiner wieder auf eine ausgedehnte Promotion-Weltreise, die ihn erneut nach Japan, auf die Philippinen und nach Indien führte.

Zunächst aus einem ganz bestimmten Grund jedoch in die USA: Ein kleiner persönlicher Triumph konnte gefeiert werden, denn Gmeiner hatte mit der Beharrlichkeit seiner Methode recht behalten und wurde so von der Fordham University in New York für seine Verdienste um die Erziehungswissenschaft und die innovative Umsetzung in die Praxis mit der Ehrendoktorwürde ausgezeichnet. Ein Jahr später wurde für Gmeiners Idee bei der Weltausstellung ebenfalls in New York ein geräumiger und würdiger Platz im Österreich-Pavillon zur Verfügung gestellt. Das Motto der Weltausstellung: »Peace through Understanding«, die Aufschrift des SOS-Standes: »Sie tragen wahrlich bei zum Frieden durch Verständigung – nicht durch Worte, sondern durch Taten«. Das große Besucher- und Medieninteresse bewirkte kurzfristig sogar noch einen eigenen SOS-Kinderdorf-Tag im Rahmen der Weltausstellung. Und wieder wusste Gmeiner die Spendenbereitschaft vor Ort genial zu nutzen, wie sich Professor Reinprecht erinnert: »Da unsere Postkarten und Sonderbriefstempelaktionen immer ein großer Erfolg waren, haben wir zum Jubiläum ›15 Jahre SOS-Kinderdorf‹ eine neue Europamarke freigemacht, mit einem amtlichen Kinderdorf-Stempel und einem Ersttags-Stempel versehen und als Luftpost zur Weltausstellung nach New York geschickt. Dort wurden sie vom Sonderpostamt der New York World's Fair gestempelt. Diese begehrten Sammelprunkstücke haben wir dann zu einem Preis von 15 Schilling im *Kinderdorfboten* zum Verkauf angeboten. Es war ein riesiger Erfolg.«

Ein Erfolg, der 1965 mit einer weiteren Sonderpostkarte ausgedehnt werden sollte, dem »Donaupostbrief«. Gmeiner veranlasste bei der österreichischen Post, dass auf dem Passagierdampfer »Schönbrunn« der Donau-Dampfschifffahrtsgesellschaft auf der historischen Nibelungenstrecke Linz–Wien kurzerhand ein Sonderpostamt installiert wurde. Den Brief mit einer Waldmüller-Sondermarke, Ersttags-Stempel und Bordstempel der »Schönbrunn« konnte man wieder über die in internationalen Philatelistenkreisen bereits geschätzte SOS-Briefmarkenabteilung zum Preis von 15 Schilling erwerben. Der Andrang war enorm. Wieder konnte ein Haus in einem Kinderdorf finanziert und gebaut werden.

Spendenappell an alle guten Menschen

Trotz der regelmäßigen und hohen Spendeneinnahmen denkt Gmeiner, der »Manager der Menschlichkeit«, nicht an das Hier und Jetzt, sondern weitblickend vor allem an die Zukunft seiner sozialen Institution. Im *Kinderdorfboten* 1/1966 richtet er abermals einen ebenso gezielten wie raffinierten Spendenappell an die wachsende österreichische SOS-Gemeinde: »Liebe Freunde der SOS-Kinderdörfer! Ein Schilling hat Geschichte gemacht – die Geschichte unserer SOS-Kinderdörfer. Mithilfe vieler Schillinge sind in Österreich neun Kinderdörfer entstanden. Hunderttausende gute Menschen haben armen, elternlosen Kindern ein neues Zuhause bei einer guten Mutter geschenkt. Sie, liebe Freunde, wissen, dass ich von ganzem Herzen dankbar für das kleinste Opfer bin, das einsamen Kindern Rettung aus unverschuldeter Not bringt. Umso schwerer fällt es mir, Sie mit einem Problem vertraut zu machen, das mir große Sorge bereitet. Der Beitrag der SOS-Kinderdorf-Freunde ist seit 1949 unverändert geblieben. Aber der Schilling ist kleiner und die Aufgaben der SOS-Kinderdörfer sind größer geworden. Was soll ich tun? Kann den SOS-Kinderdorf-Freunden in Österreich eine Erhöhung des Beitrages zugemutet werden? Wie denken Sie darüber, lieber Freund? Sind Sie in der Lage, auf 10 Groschen täglich zu verzichten? 10 Groschen täglich – 3 Schilling monatlich – 9 Schilling vierteljährlich. Die SOS-Kinderdörfer könnten noch mehr Gutes tun, wenn viele ihrer Freunde in der Lage wären, mit 9 Schilling vierteljährlich zu helfen. Lassen Sie mich wissen, ob Sie mit diesem Vorschlag einverstanden sind. Mit der innigen Bitte um Verständnis für mein Anliegen. Ihr dankbarer Hermann Gmeiner.«

Jeder heutige Marketingmanager wäre stolz auf diesen strategisch wichtigen und psychologisch geschickten Aufruf an die Menschlichkeit der Spender. Der Erfolg für SOS-Kinderdorf konnte bereits unmittelbar nach dem Appell in Zahlen gemessen werden: 78 Prozent der unterstützenden Mitglieder reagierten positiv auf Gmeiners Bitte. Sechs Prozent verdoppelten immerhin ihren Spendenbetrag und nur 16 Prozent erklärten, nicht die Mittel für eine Erhöhung erübrigen zu können. Gmeiner reagierte gleich im zweiten *Kinderdorfboten* des Jahres mit großer Dankbarkeit: »Zehn Groschen täglich sollen nur eine Richtlinie sein. Selbstverständlich, dass nicht jeder SOS-Kinderdorf-Freund ein so großes Opfer bringen kann. Der monatliche 1-Schilling-Betrag der vielen Rentner und Pensionisten hat für mich seit eh und je doppeltes und dreifaches Gewicht gehabt.«

Hermann Gmeiner und die hohe Aristokratie

Gmeiner wusste zu dieser Zeit und bis zu seinem Tod aber nicht nur mit den kleinen Spendern liebe- und verständnisvoll umzugehen, sondern auch die Großen und Mächtigen – und da vor allem wieder die gekrönten Häupter – für seine Sache zu gewinnen. Er nutzte jeden hohen Besuch in den Vorzeigekinderdörfern Hinterbrühl und Imst, um neue Projekte anzuregen. So empfing er im Oktober 1965 in Hinterbrühl Fürst Rainier und Fürstin Gracia von Monaco. »Er erkundigte sich immer vorab über Gebräuche und Sitten im jeweiligen Herkunftsland und inszenierte immer den passenden Empfang. Im Falle des Fürstenpaares von Monaco reichte Gmeiner nach altem Brauch Brot, Salz und Wein, während im Hintergrund ein Kinderchor ein monegassisches Volkslied intonierte«, erinnert sich Professor Reinprecht an den Besuch. Sichtlich gerührt und interessiert meinte Fürstin Gracia damals: »Herr Gmeiner passt so gar nicht in unsere Welt und er hat sie doch schon etwas verändert!« Als Dankeschön und Anerkennung wies Gracia spontan zu seiner Unterstützung die Postverwaltung des Fürstentums an, von jeder Neuausgabe der begehrten monegassischen Briefmarken 30 Serien der SOS-Briefmarkenabteilung in Graz zu übersenden.

Von besonderer Bedeutung sollte der Besuch der Gattin des persischen Schahs, Farah Diba, im Jahr 1964 sein. Im Rahmen eines Skiurlaubs am Arlberg und des offiziellen Besuchs der Winterolympiade in Innsbruck war die Kaiserin mehrere Stunden Gast im Kinderdorf in Imst. Nach der Dorfführung durch Hermann Gmeiner verriet sie in einem Interview: »Österreich ist ein wunderbares Land. Die Menschen, die Landschaft, die Geschichte und Kultur. Aber was mich auf all meinen Besuchen hier bislang am meisten beeindruckt hat, ist Herr Gmeiner und seine Idee der Kinderdörfer. Eine Idee, die auch in meiner Heimalt verwirklicht werden soll und muss.«

Nur zwei Jahre später sollte das erste SOS-Kinderdorf in der Nähe von Teheran mit insgesamt zwanzig Häusern fertiggestellt sein. Und wieder hatte eine Sondermarke zum weiteren Ausbau des Dorfes beigetragen, wie man im *Kinderdorfboten* nachlesen kann: »Die Kaiserin veranlasste die Ausgabe einer SOS-Kinderdorf-Sondermarke der iranischen Post, die im September dieses Jahres erscheinen wird. Sie wird auf einem Sonderbrief mit dem Porträt der Kaiserin angebracht sein. Der Brief wird eine zweisprachige, persönliche Widmung der Kaiserin Farah an alle SOS-Kinderdorf-Freunde tragen. Die Grußbotschaft wird mit einer Sonderflugpostbeförderung von Teheran nach Wien gebracht; der Grußpostbrief wird 25 Schilling oder 4 DM kosten.« Der Ansturm auf diese Rarität war – wie gewohnt – enorm. Noch im gleichen Jahr löste Gmeiner auf einer ausgedehnten Asienreise sein Versprechen ein und besuchte die kaiserliche Familie in Teheran. In seinem Reisetagebuch vermerkte er nicht nur Impressionen der beeindruckenden Begegnung, sondern auch die folgende Anekdote:

»Als der Schah von Persien und Farah Diba am Arlberg auf Skiurlaub waren, besuchten sie das Kinderdorf in Imst. Farah Diba hat mich damals eingeladen, zu Gesprächen nach Teheran zu kommen, um zu überlegen, wie auch in ihrem Land ein SOS-Kinderdorf gebaut werden kann. Viele Monate sind vorbeigegangen, bis ich mir die Zeit nehmen konnte, nach Teheran zu reisen. Als ich eines schönen Tages in Teheran ankam und mich beim österreichischen Botschafter meldete und bat, mich bei der Königin anzumelden, sagte mir der Botschafter: ›Um Gottes willen, das hätten Sie sich anders überlegen müssen. Farah Diba bekommt in den nächsten Wochen ein Kind und empfängt schon seit vielen Monaten keinen Menschen mehr. Ausgerechnet Sie kommen jetzt und wollen zur Königin.‹ Ich beharrte doch darauf, dass ich angemeldet werde. Nach langem Hin und Her hat sich dann unser Botschafter doch einreden lassen, dem Hofmarschall von meinem Aufenthalt in Teheran Mitteilung zu machen. Am nächsten Tag war ich im königlichen Schloss, privat im Kreise der Familie von Farah Diba, zusammen mit ihr, ihrem Mann und den Kindern beim Mittagessen. Es war so natürlich und so selbstverständlich wie in jeder anderen Familie. Die Kaiserin will ein Land zum Bau eines SOS-Kinderdorfes zur Verfügung stellen und bat mich um Beratung und Hilfe. Im Besonderen ging es um die Kinderdorf-Mutter. Die Kaiserin hat erkannt, dass im SOS-Kinderdorf die Mütterlichkeit auf eine außerfamiliäre Ebene übertragen wurde, auf die soziale Ebene. Die Kaiserin hat erkannt, dass dies nicht nur eine sozialpädagogische und eine sozialpsychologische Maßnahme ist, sondern dass dies für die verlassenen Kinder unserer Welt viel mehr bedeutet. Mit diesen Gedanken sei ein tiefes Geheimnis geschehen: die soziale Mutterschaft, ein neues Mutter-Kind-Verhältnis, das nicht von der Natur ist, sondern von der Liebe abgeleitet werden müsse.«

Heute gibt es im Iran keine Kinderdörfer mehr. Nach dem Ab danken des Schahs mussten die Einrichtungen in diesem Land leider geschlossen werden.

Vietnam – die schwerste Prüfung in der SOS-Geschichte

»Auch wenn es Gefahr bedeutet, wir haben auf unserer Fahne das Zeichen SOS – und wenn wir nicht gerade hier in Einsatz gingen, wäre etwas an uns unwahr. Entweder wir helfen oder wir versagen als internationales Sozialwerk.« Harte, klare Worte, die Hermann

Gmeiner im Dezember 1966 in der Runde der engsten Mitarbeiter sprach. Der Grund: die verheerende Situation und die unüberhörbaren Hilferufe aus dem Kriegsgebiet in Vietnam. Gmeiner hatte mit einer Aufmerksamkeit wie nie zuvor die schreckliche Entwicklung des Vietnamkriegs in den Medien verfolgt und den eisernen Willen entwickelt, auch in dieser von Gott und den Menschen verlassenen Gegend Gutes zu tun und zu handeln. Um sich ein konkretes Bild von der Situation im Kriegsgebiet machen zu können, reiste Gmeiner am 9. Dezember 1966 gemeinsam mit Mulock Houwer, dem Generalsekretär der internationalen Vereinigung der Jugendhilfe, der auch »SOS-Kinderdorf International« damals schon angehörte, nach Saigon. In seinen Reisenotizen kann man die beeindruckenden und anschaulichen ersten Eindrücke Gmeiners bei der Ankunft in Saigon nachlesen:

»Wir überfliegen Südvietnam bei strahlendem Himmel; ehemals ein herrliches, reiches Land. Hunderte und Aberhunderte von Wasseradern, Flüssen und Bächen durchziehen das Land, dazwischen Reisfelder und Urwald. Unter uns liegt Saigon. Wir landen! Der Flugplatz ist umgeben von Mauern aus Sandsäcken, und eine Unmenge von Militärflugzeugen umgibt den ganzen Flugplatz. Im Flughafen erleben wir ein einziges Wirrwarr an Menschen: Militär, Zivilisten, Amerikaner, Vietnamesen, Europäer, Koreaner und Japaner, eine Menge Flüchtlinge mit ihren jämmerlichen Habseligkeiten, in Säcken verpackt, stehen herum – ein riesiges Durcheinander. Draußen auf der Straße herrscht gewaltiger Autoverkehr; amerikanische Militärwagen, mit vietnamesischen Soldaten voll gepfropfte Autos und Hunderte von unmöglich alten Taxi-Vehikeln. Rechts und links der Straße Kasernen, Militärlager, alle schwer bewacht, vielfach von Soldaten mit Maschinengewehren in Handanschlag.«

Insgesamt acht Tage bleibt Gmeiner bei seinem ersten Aufenthalt in Vietnam. Genauestens lässt er sich von Einheimischen und landeskundigen Ausländern über Lage und Möglichkeiten informieren. Besucht Waisenhäuser, deren Zustand selbst bei ihm das bloße Schaudern hervorruft. Tausende Kinder liegen auf den schlammigen Lehmböden herum. Krank, sterbend, hoffnungslos. Kaum jemand kümmert sich um das dahinsiechende Elend. In den Städten wirkt die Situation nach außen hin freundlicher. Fröhliche Gesichter lachen Gmeiner entgegen und es herrscht ein reges Treiben. Den Menschen geht es offensichtlich besser, denn der Krieg belebt hier die Wirtschaft. Man verdient an den Amerikanern, den Ausländern – der Schwarzhandel floriert, ein lukratives Geschäft mit Drogen beginnt Formen anzunehmen. Auf den überfüllten Straßen weiß man nicht, wer von den Menschen dem Vietcong angehört, wer Freund und wer Feind ist. Eines hatte sich jedoch gleich in den ersten 24 Stunden herumgesprochen: Wer Hermann Gmeiner war und warum er nach Saigon gekommen war.

»In Vietnam ist Krieg, das spürt man sofort. Saigon und seine Umgebung sind ein schwer befestigter Brückenkopf. Sandsäcke, Stacheldraht, schussbereite Soldaten. Ich sah daneben das verwirrend bunte Treiben einer exotischen Großstadt. In Saigon leben zwei Millionen Menschen, freundliche Menschen, die Tag für Tag emsig ihrer Arbeit nachgehen. Ich sah Barrikaden vor dem Hotel, in dem ich wohnte, Barrikaden vor den Banken, Barrikaden vor den Ämtern, vor den Lokalen und vor zahlreichen Privathäusern. Die Schaufenster sind voll von Waren aus aller Herren Länder. In den Geschäften kann man kaufen, was das Herz begehrt. Die Preise scheinen mir nicht einmal unerschwinglich. Der Verkehr in den Straßen gleicht dem Straßenverkehr in Paris. Er ist geradezu schwindelerregend. Aber rings um die Stadt gibt es Straßen, die man bei Tag nur mit bewaffnetem Geleitschutz und nachts überhaupt nicht befahren kann.

In Vietnam ist Krieg, ein gespenstischer, grausamer Krieg. In diesem Krieg werden selten große Schlachten geschlagen. Es ist ein Krieg der Hinterhalte, Racheaktionen und abscheulichen Quälereien. Am Rande dieses Krieges, durch ihn verursacht, herrscht unbeschreibliche Not, die uns alle angeht, und sie wird von Tag zu Tag noch größer. Es gibt in Vietnam ganze Heere kleiner, unschuldiger, elternloser Kinder. Ich habe in Saigon mit eigenen Augen ein Kinderelend gesehen, das wahrscheinlich größer ist als irgendwo in der Welt, ein Elend, das ich mir jedenfalls nicht schrecklicher und bedrückender vorstellen kann. In Südvietnam sollen nach Angaben zuständiger Stellen mindestens eine Million Flüchtlinge leben, darunter 300 000 Kinder, denen wir helfen müssen, weil ihnen sonst niemand hilft. Die Zelle der soziologischen Struktur in Vietnam ist, wie in vielen Ländern Asiens, die Sippe, die Großfamilie. Überall dort, wo der Krieg das soziale Gefüge zerstört hat, sind unzählige, im Stich gelassene Kinder zurückgeblieben, die niemandem gehören, denen sich niemand verpflichtet fühlt, um die sich niemand kümmert. Es gibt in Saigon 70 Waisenhäuser, zwei davon hat die Regierung errichtet. Die übrigen verdanken ihre Existenz karitativen Institutionen aus aller Welt. 25 Waisenhäuser habe ich gesehen. Die meisten sind riesige Auffanglager. Sie bestehen aus elenden Hütten oder überhaupt nur aus ein paar Flugdächern. In diesen Lagern sind Tausende Kinder zusammengepfercht, bekleidet nur mit einem Hemdchen. Sie essen und schlafen auf dem nackten Lehmboden.

Es gibt stille Helden in Vietnam, Männer und Frauen, die den Kampf gegen die Not aufgenommen haben. Es sind zu wenige. Auf etwa 100 Kinder kommen, wenn es gut geht, zwei Erwachsene, die für alles, Nahrung, Pflege, Beschäftigung der Kinder sorgen sollen. Ich wurde von den Vertretern der Behörden freundlich aufgenommen. Man hat mir alles gezeigt, was ich sehen wollte. Mir wurde buchstäblich schwarz vor Augen vor all dem Kinderleid. Man ist in Vietnam jedem von Herzen dankbar, der ehrlich bereit ist zu helfen. Man ist bestrebt, die Helfer aus den täglichen Auseinandersetzungen herauszuhalten. Man sagte mir, dass derjenige, der ehrlich hilft, von keiner der Krieg führenden Parteien etwas zu befürchten hätte. Und ich habe Vietnam das Versprechen gegeben, alles mir nur irgendwie Mögliche zu tun, um am Kampf gegen die Not der Kinder aktiv teilzunehmen.«

Ein Versprechen, das Gmeiner schon vor Ort zu realisieren anfängt. Nach Abschätzung der Situation beginnt er die Verhandlungen mit den Behörden. Erstmals macht er die Erfahrung, Gespräche mit Gleichaltrigen zu führen, denn die Entscheidungsträger in Vietnam sind sehr jung. Junge Soldaten. Allein der Sozialminister ist erst 28 Jahre alt. Am 14. Dezember 1966 vermerkt Gmeiner in seinem Notizbuch: »Nach mehreren Grundstücken, die mir die Regierung gezeigt hat, besichtigten wir heute ein 11 000 Quadratmeter großes Grundstück in Go Vap. Hier werden wir das Kinderdorf bauen. Unter starkem Militärschutz, auf einem Jeep mit sechs schwer bewaffneten Vietnamesen, fahren wir weiter hinaus aufs Land. Es war zum Teil ein recht ungutes Gefühl. Ein Großteil der Flüchtlingskinder sind katholische Kinder, da vornehmlich Katholiken aus dem Norden geflohen sind. Die religiöse Führung des Kinderdorfes in Saigon wird so auf keine religiösen Widerstände stoßen. Wieder erleben wir Tausende Kinder in entsetzlicher Armut! Untergebracht in Hütten und Baracken, fast unbekleidet liegen sie am Boden. Hier geht tatsächlich ein Riesenschiff mit Kindern auf hoher See unter. Es funkt SOS – Rettet unser Leben! Rettet unsere Seelen! Wer hört diesen Notruf? Unsere westliche Welt? Was sagt der Westen dazu? Bleiben wir gleichgültig?«

Fragen quälen Gmeiner. Fragen, auf die er noch keine Antworten weiß. Bewusst war ihm, dass das Kinderdorf in Go Vap, 20 Kilometer nordwestlich von Saigon am Rande eines Dschungelgebiets gelegen, ein großes, ja sehr großes Dorf werden müsste. Mindestens 40 Häuser, eine eigene Schule und eine Krankenstation waren für so viel Elend unbedingte Notwendigkeit. Eine zweite von der Regierung gebotene Möglichkeit, nahe der Stadt Bien Hoa mit 70 000 Einwohnern mitten im tropischen Urwald ein Dorf zu errichten, lehnte Gmeiner vorausahnend ab. Zu gefährlich wären die Aufbauarbeiten für die einheimischen Helfer und die SOS-Mitarbeiter in dieser völlig isolierten und vom Krieg zu stark beeinträchtigten Region: »Unsere Leute brauchen Kontakt mit den Behörden und mit den in großer Zahl in Saigon lebenden westlichen Menschen. Unsere Entwicklungshelfer, aber auch dieses, unser erstes Dorf dort, braucht einfach Rückhalt. Ebenso müssen sie in halbwegs europäischen Verhältnissen leben und essen können, bis das Dorf errichtet ist. In dieser Zeit müssen sie in guten Hotels in Saigon untergebracht werden. Eine tragbare Möglichkeit der Unterbringung unserer Leute außerhalb von Saigon gibt es nicht. Saigon bietet auch den größtmöglichen Schutz; dort wird für unsere Mitarbeiter kaum Gefahr sein.«

Umsicht und Weitblick hatte Gmeiner in diesen schrecklichen Tagen seines ersten Vietnambesuchs aber nicht nur für seine künftigen Mitarbeiter, sondern auch der Gedanke an neue Einnahmequellen, an die Möglichkeiten der reibungslosen Finanzierung dieser seiner Meinung nach »größten und wichtigsten, aber auch gefährlichsten Herausforderung« seit Bestehen von SOS-Kinderdorf quälte ihn in den langen, dunklen, nur von Schüssen erhellten Nächten im Hotel in Saigon. Professor Reinprecht erinnert sich noch sehr gut an jenen Brief, den Gmeiner damals diktierte und den er in der Heimat noch vor dessen Rückkehr als Zeugnis und Hilferuf aus einem verzweifelten, grauenhaften Krieg und als Weihnachtsbotschaft für seine Mitarbeiter zu Hause veröffentlichen sollte. Reinprecht: »Es war ein sehr ehrlicher, emotionaler Brief, den ich von Gmeiner an seine Lieben hier in Österreich weitergeleitet habe. Ein beeindruckender Brief.« Erstmals sah es so aus, als könne der Herr Direktor seine obligaten Weihnachtsbesuche in den verschiedensten Kinderheimen nicht wahrnehmen. Keiner wusste, wann Gmeiner seine Mission in Vietnam beenden würde, wann er wieder nach Innsbruck heimkehren würde.

»Liebe Mütter! Liebe Freunde und Mitarbeiter! Diesen Weihnachtsbrief schreibe ich Euch aus Saigon, der Hauptstadt Südvietnams. Ich wusste vor einigen Tagen noch gar nicht, dass ich da sein werde. Man hat mich hierher gebeten, da die Not des Kindes hier größer ist als an jedem anderen Ort der Welt. Hier ist Krieg! Ein hässlicher, grausamer Krieg! Vor meinem Hotel in Saigon sind Barrikaden aufgestellt; über der Straße sind Militärposten hinter Mauern von Sandsäcken postiert. Die Soldaten stehen mit ihren Maschinengewehren Tag und Nacht in Schussbereitschaft. Nur wenige Kilometer entfernt ist die Front – aber es ist Bürgerkrieg und da ist an jedem Ort Krieg. Zuerst besuchte ich in Saigon ein paar Kinderheime. Es gibt in der Stadt unzählige Heime mit vielen, vielen Tausend Kindern, von denen die Eltern getötet oder verschwunden sind. Der Zustand in den Heimen der Auffanglager und das Leben der kleinen Kinder ist zum Teil unvorstellbar und unbeschreiblich. Einfach grauenhaft! Als ich dann gesehen hatte, wie die kleinen Kinder den Krieg der Erwachsenen am bittersten sühnen müssen, war ich sehr erschüttert. Ohne noch viel an Sicherheit zu denken, bin ich dann die folgenden Tage kreuz und quer durch die Stadt und auch in die Umgebung gefahren, um die Situation möglichst mit eigenen Augen kennenzulernen. Auch wenn es Gefahr bedeutet, wir haben auf unserer Fahne das Zeichen SOS – und wenn wir nicht gerade hier in Einsatz gingen, wäre etwas an uns unwahr. Hier feiert das Böse alle Triumphe und lässt hinter sich entsetzliche Not liegen. Diese Not ist im Besonderen Kinderelend. So aber müssen wir versuchen – wie seinerzeit in Korea –, auch hier den Kindern zu helfen und für sie ein Dorf zu bauen. Bitten wir gemeinsam Gott, dass wir es können! Es wird nicht leicht sein. Noch weiß ich nicht, wie – es fehlen mir noch Menschen, die hierhergehen, und auch das Geld. Ich sah Hunderte und Hunderte ganz kleine Kinder in Massenunterkünften, die nur dahinvegetieren. Fast keine Erwachsenen, die dabei sind und dieses Elend mit ansehen wollen. Es ist auch unvorstellbar schwer!

Liebe Mütter, liebe Freunde! Der Weg dieser kleinen Kinder ist eine Via Dolorosa im wahrsten Sinne: ein unendlicher Leidens-

weg Unschuldiger! Es wird bald Weihnachten. Weihnachten überall? Nein! Für diese Kinder hier gibt es keine Krippe und kein Weihnachten. Wer baut für sie einen Stall? Wer gibt ihnen Geborgenheit? Es ist zum Weinen! Sie sind ja auch Menschen. Und es wird bald Weihnachten. Und diese? Und wir? Und unsere Unzufriedenheit neben dieser Armut? Was wird aus uns noch werden? Verzeiht es mir, aber ich habe immer größere Angst vor dem Bösen, das als Egoismus auch unsere Herzen beschleicht. Ich sehe hier, wie sich die Erlösung im Leid der Unschuldigen immer weiter vollzieht – immer wieder von Bethlehem bis Golgota. Und unser Anteil an dieser Erlösung? Liebe Mütter und Mitarbeiter, wenn es jetzt zu Hause Weihnachten wird, bitte denken wir alle an das Leid dieser Welt; beten wir zum Christkind und erklären wir uns neuerdings bereit, Leid mitzutragen – auch hier in Vietnam. Danken wir doch Gott, dass wir es haben, wie wir es haben und sind wir wenigstens zufrieden in unserer Fülle. Wünschen wir nicht, unser Päckchen Leid, das auch zur Erlösung beiträgt, loszuwerden. Bejahen wir es. Und sind wir bereit, noch eines zu Weihnachten 1966 auf uns zu nehmen: ein Stück des Kreuzes, das die vietnamesischen Kinder für die Erlösung der Welt zu tragen haben. So bitte ich Euch noch, mich zu verstehen, dass ich auch hier bin – in Saigon und nicht zu Hause bei Euch. Euch allen – und im Besonderen noch den Kindern Eurer Familien – ein wenig Frieden und Liebe zum Heiligen Abend wünschend, verbleibe ich Euer Hermann Gmeiner.
Saigon, am 14.12.1966.
N.B.: Ich bitte Dr. Reinprecht in Wien, diesen Brief weiterzuleiten.«

Gmeiner wusste, die Zeit würde drängen, denn der Krieg in Vietnam nahm von Tag zu Tag furchtbarere Formen an. Die Not der Kinder wuchs ins Unermessliche. Er begann noch während seines Aufenthalts mit der Planung des neuen, riesigen Kinderdorfes in Go Vap. Es mussten Häuser sein, die sich den örtlichen

Gegebenheiten und den im Dschungel herrschenden Witterungsbedingungen ideal anpassen würden. Fertigteilhäuser, die in Europa gefertigt würden und beinahe bezugsfertig nach Vietnam transportiert werden sollten. Häuser auf Stelzen aus termiten- und tropenresistenten Materialien. Mit 41 Häusern und den nötigen Nebengebäuden würde man die schlimmste Not vorerst etwas eindämmen können. Noch aus Saigon erteilte Gmeiner den Planungs- und Bauauftrag. Bereits einige Tage später waren der befreundete Architekt Ramersdorfer und der ebenfalls aus Vorarlberg stammende Baumeister Dipl.-Ing. Bayer unterwegs nach Saigon. Nur zwei Wochen später lagen die fertigen Baupläne vor.

Abreise?

Gmeiner organisierte vor seiner Anreise aus Saigon noch Transportmittel, einen Kleinbus und einen LKW für sein Vietnam-Team, welches er bereits im Kopf zusammengestellt hatte und sofort nach seiner Rückkehr in die Heimat überreden und verpflichten wollte. Am 17. Dezember 1966 verließ er Saigon in Richtung Europa und notierte seine letzten Eindrücke: »Der Wirbel am Flugplatz ist wieder unheimlich; alles geht durcheinander. Jeder versucht in Eigeninitiative und mit Ellbogengewalt sein Ziel zu erreichen. Ich versuche einfach mit meinen beiden Koffern über die Gepäckrollbahn vor der Sperre des Ausganges zu meinem Flugzeug zu gelangen. Hätte ich diesen Weg nicht genommen, wäre ich kaum noch zurechtgekommen. Vor uns fliegt noch eine große Boeing 707 mit amerikanischen Weihnachtsurlaubern ab. Nach einigen Minuten war dann auch ich wieder im Flugzeug. Ein Aufatmen! Wieder heraus aus diesem Hexenkessel aus höllischer Hitze und Feuchtigkeit, mit Krieg und Korruption; wieder weg von all diesem Elend, der unvorstellbaren Armut und Verlassenheit des Kindes. Trotz alledem: Ich wäre fast lieber geblieben!«

Das Vietnam-Team unter der Leitung des Kinderdorf-Kindes Helmut Kutin

Zurück in Innsbruck stand für Gmeiner fest, dass man nun schnell, unkompliziert und sorgfältig handeln musste. Die Mittel für den Bau der 41 Häuser waren schnell zusammengetragen: Das Gros der Finanzen wurde dem deutschen Hermann-Gmeiner-Fonds entnommen, den fehlenden Rest konnte man mithilfe der deutschen Bundesregierung als Entwicklungshilfe-Zuschuss verbuchen. Auch eine kleine Fertigteilhaus-Firma aus Vorarlberg konnte gefunden werden, welche den Bau der Dorfhäuser zu äußerst günstigen Konditionen übernehmen würde. Doch am Wesentlichsten erschien Gmeiner nun die Frage des Teams, welches das Kinderdorf in Go Vap aufbauen und betreuen sollte. Ein schwieriges Vorhaben, das Kompetenz, äußersten Einsatz und Mut erforderte. Selbst in dieser Situation hatte Gmeiner und seinen SOS-Gedanken das Glück nicht verlassen: Eine Kindergärtnerin aus der Schweiz meldete sich ebenso freiwillig für den ungewöhnlichen und gefährlichen Einsatz wie eine Kinderärztin aus Belgien, eine vietnamesische Krankenschwester aus Paris und einige Mitarbeiter aus den eigenen Reihen in Innsbruck. »Gmeiner prüfte die Bewerber natürlich auf Herz und Nieren, bevor er sie ins Einsatzgebiet schickte«, erinnert sich Professor Reinprecht an das harte und unter Zeitdruck stattfindende Auswahlverfahren. Nur wer sollte der Kopf des Teams werden?

Es war wieder Gmeiner, der die zündende Idee hatte. In einem Gespräch mit einer Familienmutter in Imst war kürzlich der Name Helmut Kutin gefallen. Jener Südtiroler Kinderdorf-Junge, der Gmeiner durch seine vielen Talente über die Jahre aufgefallen war und der momentan neben dem Welthandelstudium in Innsbruck ein Reisebüro im Ötztal betrieb. »Es war im Frühjahr 1967, dass dieser ominöse und zukunftsweisende Anruf von Gmeiner kam. Er bat mich, nach Wien ins Kinderdorf Hinterbrühl zu kommen, was ich auch machte. Drei Tage haben wir uns weggeschlossen und mit intensivsten Gesprächen verbracht. Es gab keine Unterbrechung, weder durch Telefon noch durch Gäste«, erinnert sich Helmut Kutin an das wohl entscheidendste Gespräch seines Lebens. Gmeiner hatte von Anbeginn die Absicht, ihn zu überzeugen und hätte auch kein Nein zugelassen. Vom Welthandelstudium des Helmut Kutin hatte er ohnehin nichts gehalten, was er seinem Zögling auch ganz offen kundtat. »Für die Auslandsarbeit und den Aufbau hatte er ja bislang immer seine heiligen Frauen eingesetzt, aber diesmal wollte er Leute mit Kinderdorf-Erfahrung. Da war ich natürlich sehr geeignet. Gmeiner hat mir durch seine Schilderungen aus Vietnam die Sache so überzeugend nahegelegt, dass ich zugesagt habe. Mit keinem einzigen Wort hat er auch nur angedeutet, dass ich ihm oder SOS etwas schuldig wäre. Er konnte einfach überzeugen.«

Zunächst schickte SOS die vier neuen Mitarbeiter und Kutin zu einer mehrwöchigen Schulung nach Paris. Sprache, Land und Leute sollten genauestens studiert werden. Gmeiner kam einige Tage nach Paris, um bei der Kerngruppe den letzten Überzeugungsschliff für die »Aktion Vietnam« persönlich vorzunehmen. Finanzielle Anreize haben laut Kutin keine Rolle gespielt: »Damals war für mich beinahe jeder Betrag akzeptabel. Ich habe kurzfristig auch schon als Lehrer für 1 200 Schilling im Monat gearbeitet. Gmeiner hat zwar ein gutes Gehalt festgelegt, ob wir das auch bekommen haben, weiß ich nicht mehr. Für mich war es die Herausforderung Vietnam. Ich hatte ja Monate zuvor auch in Innsbruck bei den Straßendemonstrationen gegen den Vietnamkrieg teilgenommen und in Paris habe ich die nahenden 68er hautnah mitbekommen. Ich wollte in Vietnam Gutes tun, und das noch dazu mit diesem Mann, Hermann Gmeiner.«

Die Abreise nach Saigon verzögerte sich durch die überraschende Tet-Offensive des Vietcong. Die Offensive der Nordvietnamesen hatte am Vorabend des vietnamesischen Neujahrsfestes begonnen und sollte beinahe das ganze Jahr 1968 über Schrecken und Blutvergießen für das gequälte Land mit sich bringen. Eine direkte Reise nach Saigon war unmöglich. Gmeiner reiste gemeinsam mit Kutin daher zuerst nach Manila, Japan und schließlich nach Hongkong. Man musste einen günstigen Zeitpunkt abwarten. »Von Hongkong aus teilten sich unsere Wege und Gmeiner flog nach Delhi weiter. Es war eine sehr emotionale Situation, als er sich am Flughafen von mir verabschiedete und mich in das hart umkämpfte Saigon schickte. Wieder und wieder stellte er mir die Frage, ob ich denn wirklich mit einer der letzten Maschinen nach Vietnam einfliegen wolle. Ob ich nicht doch lieber mit ihm nach Indien mitkommen wolle. Ich hatte mich für Saigon entschieden«, erinnert sich Kutin. Gmeiner, der Kutin anfangs unbedingt an vorderster Front nach Vietnam begleiten wollte, wurde von der SOS-Zentrale in Wien gebeten, diese Gefahr nicht auf sich zu nehmen, weil »es sinnlos sei, alle Vorbereitungen getroffen seien und er sich nur gefährden würde«.

Von diesem Zeitpunkt an entwickelte sich zwischen Kutin und Gmeiner eine tiefe Freundschaft, die Kutin schließlich zum legitimen Nachfolger werden ließ. »Manchmal war es eine Vater-Sohn-Beziehung, aber meistens eine tiefe Freundschaft und gegenseitige Wertschätzung«, so Kutin über die entscheidenden Tage vor seinem Vietnam-Einsatz, den er nun wegen der eskalierenden Entwicklung im Kriegsgebiet vorerst allein beginnen sollte. »Wir waren der Meinung, dass es für die Frauen im Team zu gefährlich war, und so begann ich mit den Vorbereitungsarbeiten für den Dorfbau und der Planung mit dem in Saigon weilenden Architekten aus Vorarlberg.«

Das komplette Fertigteil-Dorf war zu diesem Zeitpunkt längst schon auf einer langen Odyssee in Richtung Vietnam unterwegs. Am 4. Dezember 1967, also ein Jahr nach Gmeiners erstem Vietnambesuch, war der erste Teil des Dorfes nach einer aufwendigen Bahnfahrt durch Österreich und Deutschland in Bremerhaven auf den dänischen Frachter »Passadena« verschifft worden. 21 Häuser setzten sich in Bewegung in Richtung Vietnam. »Dieser Tag wird für immer in die Geschichte von Bremerhaven eingehen, denn mit dieser heutigen Verschiffung wird ein wahrer Akt christlicher Seefahrt vollzogen«, betonte damals der Hafensenator bei einem kleinen Festakt unter Beisein von Gmeiner und seinen wichtigsten SOS-Mitarbeitern. Ein Chor des SOS-Kinderdorfes Worpswede bei Bremen stimmte »Muss i denn zum Städtele hinaus« an und sämtliche Sirenen des Hafens grüßten die »Fracht der Nächstenliebe«, wie sie von den zahlreichen anwesenden Medien bezeichnet wurde, ein letztes Mal. Auf Flugzetteln und Transparenten war das Motto der neuen SOS-Aktion allgegenwärtig: »Ein Schiff fährt nach Saigon und hat ein Dorf geladen.« Ein Motto, das wieder ähnlich konkret war wie seinerzeit die legendäre Reiskorn-Aktion für Korea. Ein Motto, das dem Spender genau sagte, wohin sein Geld fließen würde. Und die Millionen begannen zu fließen – das Dorf war bereits während der langen Überfahrt voll finanziert.

Doch die unerbittliche Tet-Offensive im Zielhafen machte auch die Anlieferung der 21 Häuser zu einer Odyssee. Der Hafen von Saigon wurde gesperrt. Die »Passadena« musste umkehren und Singapur anlaufen. »Wir konnten das hier in Innsbruck mit gehöriger zeitlicher Verzögerung nur zu gut miterleben. Das komplette Dorf wurde in Singapur entladen. Die Mission schien schon gescheitert«, beschreibt Professor Reinprecht die ungewissen Tage und Wochen in der SOS-Zentrale. Gmeiner ordnete aus Hongkong telefonisch Ruhe und Durchhaltevermögen an. Er hatte wieder den richtigen Riecher, denn im März beruhigte sich die Situation vorerst und das komplette Dorf konnte nach Saigon gebracht und entladen werden. Umgehend begann Helmut Kutin gemeinsam mit Hunderten von einheimischen Helfern und dem aus Vorarlberg angereisten Architekten mit dem Aufbau des Stelzendorfes in Go Vap. Mütter wurden ausgewählt und auch die ersten vom Krieg schwer gezeichneten Kinder kamen ins halb fertige Dorf. Kutin heute noch betroffen: »Ich hatte so etwas noch nicht erlebt. Viele Kinder waren von den grauenhaften Napalmbomben verbrannt. Sie schleppten sich ins Dorf. In den Nächten hörte man sie schreien. Es dauerte lange, bis die Dorfmütter dieses Elend nur halbwegs in den Griff bekamen.« Grund genug für Hermann Gmeiner, in diesen etwas ruhigeren Kriegstagen dem wachsenden Kinderdorf einen Besuch abzustatten. Es tobte aber natürlich immer noch Krieg in Vietnam, von daher ein gefährliches, ja lebensgefährliches Unterfangen, das Gmeiner im Mai 1968 mit folgendem Brief in die Heimat zu rechtfertigen versuchte:

»Liebe Mütter, liebe Mitarbeiter! Viele werden mich nicht verstehen, dass ich gerade jetzt in Vietnam bin. Man kann mir vorhalten, dass ich in Europa genug zu tun hätte, dass im eigenen Haus noch so vieles ungetan sei, ob es zu verantworten sei, dass ich mich selber in diese Gefahr begebe, oder gar, dass ich es tue aus einer gewissen Selbstgefälligkeit heraus. Man kann dies und noch vieles meinen. Aber, bitte, lassen Sie es auch von mir begründen, warum ich hierhergekommen bin. Als ich vor gut einem Jahr hier war, sah ich die unbeschreibliche Not, das unvorstellbare Elend der Kinder dieses leidgeprüften Landes. Ich hatte Mitleid – und wir hatten alle Mitleid, als ich dann nach Hause kam und berichtete. Von überall her kam Hilfe und wir wollten für die Kinder Vietnams ein großes Dorf bauen. Damals noch war die Kriegslage in und um Saigon lange nicht so gefährlich wie heute. Man begann zu planen und zu bauen, 41 Häuser wurden in Auftrag gegeben. In Go Vap/Saigon begann die Aufschließung des Grundstücks und die Fundamente wurden fertiggestellt. In Paris wurde für ein Vietnam-Aufbauteam eine Sprachschule eingerichtet, dem zum ersten Mal auch zwei erwachsene Kinderdorf-Kinder aus Imst angehörten. In Bremerhaven wurde dann das erste Schiff mit 21 Häusern verabschiedet. Alles ging gut und war bis ins Letzte vorbereitet, damit schnell geholfen werden konnte. Dann, als das Schiff in den Hafen von Saigon einlaufen wollte, konnte die Ladung nicht mehr gelöscht werden. Über Nacht war der Krieg in Saigon von Neuem entflammt. Auf dem Kinderdorf-Gelände fielen Bomben, Menschen sind getötet worden, und unser Lager mit den Möbeln für das Dorf brannte nieder. Nun kamen Schwierigkeiten über Schwierigkeiten. Die Arbeiten wurden eingestellt. Niemand wusste, wie alles nun weitergehen soll, und die Nachrichten von hier waren lange Zeit sehr spärlich. Aber es waren Entscheidungen dringend notwendig. Entweder musste das Projekt aufgegeben werden oder man musste trotz der neuen, sehr schwierigen Lage weitermachen. Diese Entscheidungen konnte man nicht allein von Europa aus treffen, ohne die Lage im Lande zu kennen. Es ging um Menschen und es ging um Millionenbeträge, die man uns anvertraut hatte. Die Entscheidung lag weitgehend jedoch bei mir. Ich konnte auch nicht andere hierherschicken und selber zu Hause bleiben. So ist mein Hiersein eine Gewissensangelegenheit geworden, einfach eine Aufgabe, die mir zufiel und nicht einem anderen. Und ich möchte diese Aufgabe keinem sehr wünschen. Ich bin also am Karfreitag mit dem Teamleiter und Kinderdorf-Sohn Helmut Kutin in Saigon eingeflogen.

Heute ist der 1. Mai. In der Stadt ist es ruhig, jedoch ist das Militär in ständiger und höchster Alarmbereitschaft. An allen Ecken und Enden sieht man sich Maschinengewehrläufen gegenüber. Es ist wirklich eine Stadt im Kriegszustand. Mit Einbruch der Dunkelheit ist die Stadt wie ausgestorben; eine beklemmende Ruhe und Stille. In der Ferne hört man die Bombeneinschläge und sieht rund um die Stadt den Feuerschein. Aber bei Tag lebt diese Zweieinhalbmillionenstadt im Schutze von Gewehren, Panzern, Stacheldraht, Sandsäcken und Soldaten ein pulsierendes, geschäftiges Leben wie keine Stadt Europas. Um die Gewehrstellungen der Soldaten herum spielen Kinder nichts ahnend, und die Erwachsenen leben ihr gewohntes Leben. Es dünkt einem oft, als ob diese Menschen den Krieg schon so gewöhnt sind, dass sie gar nicht mehr viel daran finden. Sie haben sich angepasst, 20 Jahre sind eine lange Angewöhnungszeit. Es wird auch gut so sein, sonst müssten sie ja alle verzweifeln. Ich werde Anfang Juni wieder nach Europa kommen. Helmut Kutin bleibt auf alle Fälle hier. Auch unser Architekt und zwei Bauleiter der Erzeugerfirma der Häuser sind da. Wann die übrigen Teamleute nachkommen können, weiß ich noch nicht.

Ich möchte nun noch alle herzlich grüßen, möchte Ihnen allen aufrichtig danken. Ich brauche Sie alle. Wir brauchen alle einander. Nochmals allen viele Grüße und Dank – und auf ein gesundes Wiedersehen in der Heimat.
Ihr H. Gmeiner.
Saigon, 1. Mai 1968.«

Den Ernst und die Gefahr dieser Wochen mitten im Epizentrum des Krieges hat auch Helmut Kutin heute noch vor Augen: »Gmeiner und ich saßen bei ein paar Drinks auf einer der Terrassen unserer neuen Stelzenhäuser, als plötzlich direkt über uns amerikanische B-52-Bomber hinwegflogen. Kurz darauf detonierten in unmittelbarer Nähe einige Bomben. Das Haus begann zu wanken und zu zittern, und wir hatten schon befürchtet, dass die Stelzen dem Druck nicht standhalten würden. Gmeiner schaute mich ganz ernst an und meinte: ›Weißt du, Helmut, ich mag diesen Krieg nicht. Ich hasse Krieg!‹ Was sollte ich darauf noch sagen. Kurz danach setzte er sich hin und begann den Brief an seine Mitarbeiter zu diktieren.« Eine Entschuldigung und Erklärung an die Heimat, die einen sehr emotionalen Hermann Gmeiner zeigte. Denn verhindern hätte seinen äußerst gefährlichen Aufenthalt mitten im Kriegsgebiet ohnehin niemand können. Kutin: »Ich habe mehrmals versucht, ihn aus Vietnam rauszubringen, aber er wollte nicht. Widerspruch in jeder Art war bei Gmeiner ohnehin nicht sinnvoll, das versuchte auch kaum jemand. Er konnte eben gut und wortgewaltig überzeugen und wir akzeptierten das. Wir bewunderten alle seine Erscheinung und seine Persönlichkeit und wir waren gefesselt. Außerdem wollte keiner von uns seine Bösartigkeit ertragen. Denn genau mit der gleichen Intensität seiner Gutartigkeit konnte er auch bösartig sein. Allerdings hatte er auch die Gabe sich zu entschuldigen. So war er.«

Das Wunder von Saigon – ein Kinderdorf mitten in der Kriegshölle

Trotz der Kriegswirren fügte sich ein sozialer Stein auf den anderen und das bis dato größte SOS-Kinderdorf nahm Form und Gestalt an. »Wieder hatte es Gmeiner geschafft in einer Region, in der eine Frau oder eine Witwe wenig galt, eine neue Herausforderung für diese Frauen zu schaffen. Die Mütter strömten in Scharen herbei und sie bekamen eine neue Lebensaufgabe«, merkt Kutin an. 41 Häuser, eine Schule und eine Krankenstation, so wie es von Gmeiner geplant war, bevölkert mit 500 Kindern, wurden bei der Eröffnungsfeier am 6. Februar 1969 in Go Vap feierlich übergeben. Journalisten aus ganz Asien, in erster Linie Kriegsberichterstatter, konnten zumindest einen Artikel mit positivem Inhalt in die Welt hinausschicken. »Ich habe das Wunder von Saigon miterlebt!« lautete eine der Schlagzeilen über das neue SOS-Kinderdorf mitten in der Kriegshölle. Hermann Gmeiner nutzte die viel beachtete Eröffnungsfeier und mediale Präsenz zu einem weiteren sozialen Schachzug, welcher ebenfalls auf großes Interesse stieß: der Veröffentlichung seiner »Proklamation für das Kind«:

»Mit wachsendem Unbehagen nimmt die Menschheit das Elend all jener Kinder in der Welt wahr, die infolge kriegerischer Auseinandersetzungen eltern- und heimatlos geworden sind oder die infolge wirtschaftlicher Unterentwicklung und sozialer Missstände in bittere Not geraten sind. Die Zukunft der Menschheit wird nicht allein vom technischen Fortschritt und von der politischen Machtentfaltung, sondern vor allem davon bestimmt werden, wie es uns überall in der Welt gelingt, die heranwachsende Generation zur Menschenwürde zu erziehen. Zu dieser Menschenwürde gehört in erster Linie, dass jedes Kind nicht nur das proklamierte Recht auf ein Daheim, sondern dieses Daheim wirklich hat; dass es nicht nur das proklamierte Recht auf das tägliche Brot, sondern dieses tägliche Brot auch wirklich hat; dass es nicht nur das proklamierte Recht auf Schulbildung, sondern diese Schulbildung auch wirklich hat.

Als Begründer der SOS-Kinderdörfer, die sich heute bereits in 29 Staaten der Welt in 70 SOS-Kinderdorf-Projekten manifestiert und Tausenden verlassenen Kindern wieder ein menschenwürdiges Daheim geschaffen haben, ergreife ich namens aller eltern- und heimatlos gewordener, aller Not leidender, hungernder und verlassener Kinder dieser Welt das Wort, um nicht nur an die Staatsmänner in Ost und West, sondern an die ganze Menschheit zu appellieren, all ihre Kräfte einzusetzen, um das bittere Leid dieser Kinder zu wenden und ihnen ein Dasein zu ermöglichen, wie es einem Kind in einer zivilisierten Welt zusteht. Ich appelliere namens dieser Kinder an alle Eltern, sich ihrer verantwortungsvollen elterlichen Erziehungsaufgabe mehr denn je bewusst zu werden; ich appelliere namens dieser Kinder an die Technik und Wissenschaft unserer Welt, bei ihren Forschungen das Wohl der Kinder nicht zu übersehen; ich appelliere namens dieser Kinder an alle humanen, sozialen und religiösen Institutionen der Menschheit, mehr denn je Mittel und Wege zu suchen, dem Kind zu helfen; ich appelliere namens dieser Kinder an alle Staatsmän-

oben: Hermann Gmeiner in Brasilien
unten: Im SOS-Kinderdorf Nairobi/Kenia (beide Anfang der 1980er-Jahre)

Hermann Gmeiner mit Fürstin Gracia Patricia von Monaco in Wien (oben),

mit dem ägyptischen Präsidenten Anwar as-Sadat anlässlich der Verleihung des »Ordens I. Klasse der Arabischen Republik Ägypten« (Mitte)

und mit der Präsidentengattin Jehan Sadat (unten) (alle Anfang der 1980er-Jahre)

Hermann Gmeiner mit Mutter Teresa (1978) und dem Dalai-Lama (1982)

Verleihung des »Humanitarian Award 1978« in New Orleans am 23. Mai 1979

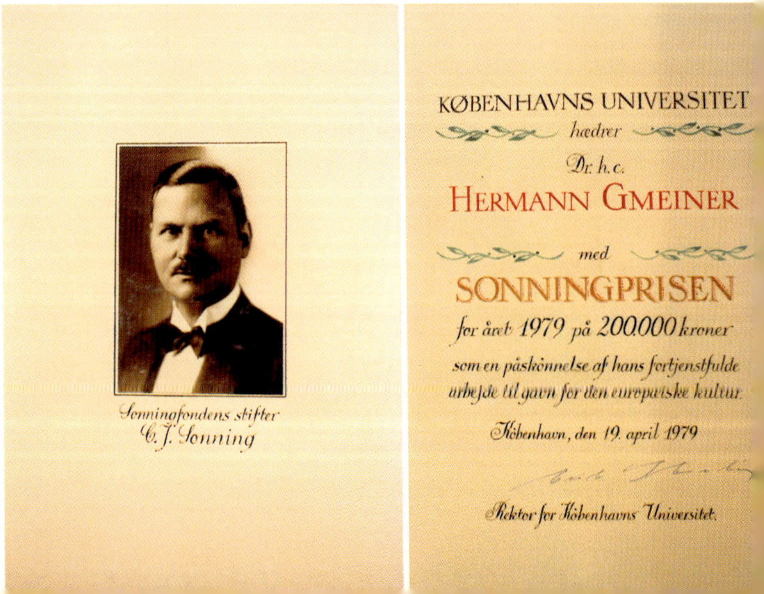

Sonningfondens stifter
C. J. Sonning

KØBENHAVNS UNIVERSITET
hædrer
Dr. h. c.
HERMANN GMEINER
med
SONNINGPRISEN
for året 1979 på 200.000 kroner
som en påskønnelse af hans fortjenstfulde
arbejde til gavn for den europæiske kultur.
København, den 19. april 1979

Rektor for Københavns Universitet.

Urkunde des Sonning-Preises der Universität Kopenhagen (verliehen am 19. April 1979)

Verleihung des »Rings des Landes Tirol« durch Landeshauptmann Eduard Wallnöfer am 18. März 1980

Hermann Gmeiner mit dem späteren deutschen Bundespräsidenten Dr. Richard von Weizsäcker (1983)

Hermann Gmeiner – gut behütet

Hermann Gmeiner in exotischer Landestracht und eingerahmt von den Kindern des SOS-Dorfs Barrett Town/ Jamaika (1983)

Hermann Gmeiner mit Luis Trenker (1981)
und dem ehemaligen SOS-Kinderdorf-Kind und Gmeiner-Nachfolger Helmut Kutin (1980er-Jahre)

ner und Politiker, bei ihren Entscheidungen auf das Schicksal der Kinder und Jugendlichen zu achten; ich appelliere namens dieser Kinder an alle Menschen in der Welt, die guten Willens sind, mildtätig und opferbereit zu sein, um das Kinderelend zu bannen. Wohin steuert die Menschheit, wenn sie nicht mehr des Kindes achtet? Was nützen uns politische Erfolge und technische Wunderleistungen, wenn wir nicht mehr in der Lage sind zu verhindern, dass Tag für Tag Tausende Kinder verhungern?

Ich erlasse die Proklamation als ein einfacher Mensch, als einer, der sich nur in den Dienst des verlassenen Kindes in der Welt gestellt hat. Und ich erlasse diese Proklamation anlässlich der Eröffnung des bisher größten SOS-Kinderdorfes der Welt, das wir für die ärmsten Opfer des Vietnamkrieges bei Saigon erbaut haben. Möge dieses Dorf, das fern jeder Politik und mit der Opferbereitschaft guter Menschen erbaut wurde, als ein Symbol einer besseren Zukunft für die junge Generation zugleich ein Anruf an die Menschheit sein, das Wohl unserer Jugend in den Mittelpunkt unseres Denkens und Handelns zu stellen.
Hermann Gmeiner am 6. Februar 1969.«

Langes Warten auf UNO-Generalsekretär Waldheim

Zu Jahresbeginn 1973 machte sich Gmeiner wieder auf eine vierwöchige Inspektionsreise durch Asien. Ein neues Kinderdorf in Dhaka, im von einer Hungerkatastrophe geplagten Bangladesch, wurde eröffnet. Einige Vorträge in Japan und Hongkong, ein Besuch seines Lieblingsdorfes im koreanischen Taegu, erneute Gespräche mit Indiens Indira Ghandi und ein zweites Treffen mit dem UNO-Generalsekretär Dr. Kurt Waldheim in Bangkok standen auf dem ausgefüllten Terminkalender. Kutin erinnert sich: »Wir haben einen ganzen Tag in der Hotellobby auf Waldheim gewartet, weil wir keinen Termin hatten. Gmeiner wollte, weil es ihm aus PR-Gründen gut in den Kram passte, dass der UNO-Generalsekretär persönlich in Bangkok unbedingt einen Grundstein legen sollte, obwohl der längst gelegt war. Gmeiner war dermaßen verbissen, dass er nicht aufgegeben hatte, und wir warteten eben, bis er seinen Willen durchsetzte.« In seinem Tagebuch schreibt Hermann Gmeiner über die Begegnung mit Kurt Waldheim in Thailand:

»In New York und nun einige Wochen später in Bangkok bespreche ich mit Waldheim die Situation des Kindes in unserer Welt und die Möglichkeiten der Hilfe. Übereinstimmend ist festgestellt worden, dass es den Erwachsenen aller Länder doch heute bedeutend besser geht als in früheren Zeiten. Erschreckend dabei aber ist, dass sich die Lebensqualität des Kindes nicht in gleichem Maße verbessert hat. Die Gründe dafür sind, dass die Erwachsenen mit der Verbesserung ihrer eigenen Lebenslage keine besseren Menschen geworden sind, sondern dass der Egoismus und der Materialismus im Menschen vergrößert wurde. Es ist festgestellt worden, dass vielen Millionen Kindern in den armen Ländern dieser Welt das Lebensnotwendigste fehlt. Es fehlt ihnen am Wissen, um am Leben erhalten zu bleiben. Es fehlen Schulen und Medikamente. Man sagt, wir leben im Zeitalter des Kindes, im Jahrhundert des Kindes. In Wirklichkeit aber leben wir im Jahrhundert des größten Kinderelends. In keiner Zeit noch sind so viele Kinder an Hunger gestorben wie in unserem Jahrhundert. In den reichen Industrieländern ist die Situation des Kindes wieder eine ganz andere. Hier vereinsamen die Kinder in den eigenen Familien. Hier lässt man die Kinder an Liebe verhungern. Die Eltern sind nicht mehr bereit, dem Kind die notwendige und gottgewollte Hinwendung zu geben. Das Kind ist sich selber weitgehend überlassen. Das Kind verkümmert seelisch und wächst nicht mehr seelisch als gesunder Mensch heran.«

Gehaltvolle Worte, dafür dass Waldheim den Grundstein für einen SOS-Kindergarten legen durfte. Gmeiner hatte seine Mission erfolgreich durchgebracht und Waldheim verabschiedete sich tief beeindruckt mit den Worten: »Gmeiner, Sie sind ein wahrer Friedensapostel!«

Das Ende des Vietnamkriegs bedeutet auch das vorläufige Aus für das Kinderdorf Go Vap

Es hätte eine Frohbotschaft sein können, die Hermann Gmeiner auf seiner vierwöchigen Asienreise zum Jahresbeginn 1973 erreicht hatte. »Der Krieg ist zu Ende!« Gemeint war der Vietnamkrieg, der nach 30 Jahren und drei Millionen Todesopfern am 27. Januar 1973 durch das Pariser Friedensabkommen beendet wurde. Voller Freude in Saigon am 13. Februar angelangt, kann man in Gmeiners Notizbuch lesen: »In meinem Inneren bewegt wie schon lange nicht mehr bin ich, als das Flugzeug in Saigon zur Landung ansetzt. War ich doch dabei, als vor vier Jahren während der Tet-Offensive mitten im Krieg, der die Menschen in diesem Land mit Angst und Verzweiflung erfüllte, ein Schiff im Hafen von Saigon anlegte, das ein ganzes, bestehendes SOS-Kinderdorf mitbrachte. Ich habe den Aufbau und die Besiedlung unseres SOS-Kinderdorfes in Go Vap miterlebt, die langen Nächte, in denen sich vor Einbruch der Dunkelheit niemand mehr vor die Tür wagte. Und nun soll der Krieg, der dieses schöne, fruchtbare Land, das ich so liebe, zerstört und verheert hat, zu Ende sein? Ich vermag es kaum zu fassen.«

Dass sich die Situation im Kriegsgebiet und so auch im Umkreis von Go Vap trotz des lang ersehnten Friedens nicht spür- und sichtbar geändert hatte, musste Gmeiner nur einige Tage später niederschreiben – trotz seiner anfänglichen Euphorie über die Friedensnachricht und den positiven Verhandlungsabschluss über ein zweites Kinderdorf in Da Lat: »Viele bedrückende Erlebnisse! Unvorstellbares Elend, das der Krieg hinterlassen hat. Überfüllte, mangelhaft versorgte Waisenhäuser. Eines darunter, das ich nie vergessen werde. Die Betreuer waren ausgegangen, um Nahrung für die Kinder zu besorgen. Damit den Kindern inzwischen nichts passierte, hatten sie sich eine wahrhaft einfache Lösung ausgedacht. Die 30 Kinder hockten zusammengepfercht auf ein paar Tischen und wurden von einem Hund in Schach gehalten. Entlang der Strecke zwischen Da Lat und Saigon liegen verbrannte Dörfer, zerstörte Brücken, triste Barackenlager. Aber auch herrlich grüne Hügel, die mit Bananen-, Tee- und Kaffeeplantagen übersät sind. In den geschützten Regionen sind zahllose Flüchtlinge in neuen Dörfern und Märkten angesiedelt worden. Man hat den Eindruck, dass in den vom Vietcong kontrollierten Gebieten nur noch wenige Menschen wohnen.«

Zwei Tage später, am 18. Februar 1973, trat Hermann Gmeiner die Heimreise mit einem kurzen Zwischenstopp in Indien an. Trotz der Versicherungen des deutschen Botschafters in Saigon, dass sich die Lage im Land bald bessern werde und die Vietcong nun keine Feinde mehr seien, hatte Gmeiner ein ungutes Gefühl in seinem Bauch mit nach Europa genommen. Trotz des beinahe übereilten Abzugs der Amerikaner, denen Gmeiner nie vertraut hatte und deren Hilfe er beim Bau des ersten Dorfes stets dankend ablehnte, konnte er nicht recht an die schnelle und reibungslose Befriedung des Landes glauben. »Wir haben in Vietnam immer auf die Hilfe der Amerikaner verzichtet, das wäre für uns alle lebensgefährlich gewesen. Ein kluger Entschluss«, erinnert sich Professor Reinprecht, dem gegenüber Gmeiner damals, kurz nach seiner Rückkehr in Innsbruck, äußerte: »Ich habe wirklich Angst um unsere Kinderdorf-Arbeit in Vietnam. Ich habe auf meiner Rückreise viel darüber nachgedacht. Und ich habe so manche Erlebnisse und Beobachtungen an mir vorbeiziehen lassen. Das wird nicht gut gehen, dort in Vietnam. Ich habe wirklich große Sorge!«

Eine Sorge, ein Gefühl, das nicht unberechtigt sein sollte. Die Übergriffe und der Druck auf die südvietnamesische Bevölkerung wurden immer extremer. Der Vietcong begann das Land und somit auch die Einrichtungen von SOS-Kinderdorf immer massiver zu kontrollieren und zu manipulieren. Helmut Kutin konnte sich nur noch zwei Jahre in Vietnam halten, dann musste er als einer der letzten Europäer das Land verlassen. Die Kinderdörfer fielen in die Hände der Eroberer und wurden zweckentfremdet. Kutin: »Die Vietcong schickten die größeren Kinder in Arbeitslager oder zum Militär. Die Kleineren wurden samt Kinderdorf-Müttern einfach auf die Straße gesetzt. Das Dorf wurde in ein Ausbildungscamp des Vietcong umfunktioniert. Es war schlimm, das alles mitzuerleben. Wir schienen erstmals in der Geschichte von SOS endgültig gescheitert zu sein.« Kutin bezog sein SOS-Quartier damals in Bangkok und beobachtete die Situation in Saigon mit Aufmerksamkeit weiter. Gmeiner war bestürzt über die Vorkommnisse in Vietnam und Kutin erinnert sich nur zu gut an seine schlechte psychische Verfassung: »In all diesen Jahren hatte ich Gmeiner kein einziges Mal in solch einer tiefen Depression und Verzweiflung erlebt. Immer konnte er helfen und nun waren ihm die Hände ausweglos gebunden.«

Man konnte über Mittelsleute zwar den Kontakt zu den zerstreuten Müttern und deren Kindern aufrechterhalten, schickte Geld und Verpflegung, aber erst 1983 konnte Kutin, getarnt als Tourist, wieder ins Land einreisen: »Es war gefährlich und ich habe mich mit den Müttern und auch einigen Kindern an entlegenen Plätzen, in Kirchen oder auf belebten Märkten getroffen, damit ja niemand zu Schaden kommt. Es spielten sich fürchterliche Szenen ab. Wir haben gemeinsam einige Kinder aus dem Land herausgeholt. Andere sind geflüchtet. Jedenfalls konnten wir viele der vietnamesischen Kinder damals in europäischen Kinderdörfern unterbringen.« Erst im Jahr 1988 schaffte es Helmut Kutin, dass nach langen Verhandlungen die vietnamesischen Kinderdörfer wieder in den Besitz von SOS-Kinderdorf übergingen und die neuen

Machthaber auf die weitere Nutzung verzichteten. Gmeiner sollte die ersehnte Wiederbesiedlung nicht mehr erleben.

Lebensfreundschaft mit einer Gottheit – Hermann Gmeiner und der Dalai-Lama

Ein weiteres Krisengebiet in Asien, das Gmeiner stets faszinierte und ganz besonders am Herzen lag, war zum Zeitpunkt der schwierigen Vietnam-Situation auch Tibet. Ein Brief des im indischen Dharamsala im Exil lebenden Dalai-Lama hatte Gmeiner veranlasst, mit seiner Gottheit in Kontakt zu treten. Es war ein Hilferuf aus einem der unwegsamsten Gegenden der Welt. Ein Hilferuf Tausender verlassener Kinder. Gmeiner zögerte keine Sekunde und nahm die beschwerliche Reise in die Ausläufer des Himalaja-Gebirges gerne in Kauf: »Die Fahrt nach Dharamsala war so ziemlich die schlimmste Reise, die ich je erlebt habe. Aber ich wurde dann reich entschädigt. Ich durfte nicht nur den tibetischen Kulturkreis kennenlernen, sondern vor allem ihn, den Dalai-Lama, eine der außergewöhnlichsten Erscheinungen auf dieser Welt«, beschreibt Gmeiner sein erstes Zusammentreffen mit dem Gott der Tibeter im Jahre 1972.

SOS-Kinderdorf agierte schnell und unkompliziert und es konnten innerhalb kürzester Zeit Kinderdörfer, Jugendhäuser, Kliniken und andere Einrichtungen für die Tibeter finanziert und gebaut werden. Gmeiner war immer sehr stolz auf den unbürokratischen SOS-Einsatz, der zwar in Europa auf große Gegenliebe stieß, aber selbstredend den Aufbau von Kinderdörfern in China verzögerte: »Keine andere internationale Hilfsorganisation hat für die Tibeter nur annähernd so viel Hilfe geleistet. Ich bin sehr froh darüber, denn wir helfen dort einem wunderbaren Volk und unterstützen es in der Bewahrung seiner alten Kultur.«

Auch Reisebegleiter Kutin erinnert sich noch sehr gut an die erste Begegnung, aus der eine lebenslange Freundschaft werden sollte. Eine kuriose, aber für Gmeiner so typische Situation spielte sich da in der schlichten Holzhütte in Dharamsala ab. Betreut wurde das Oberhaupt der Tibeter damals von gestrengen Schweizer Tibetern, die stets auf Korrektheit bedacht waren. »Wir traten also vor den Dalai-Lama und Gmeiner hatte die grandiose Idee, ich solle ihn doch fragen, ob er nicht einen Schluck von unserem mitgebrachten Whisky haben möchte. Ich habe das auch noch übersetzt ... Aber der Dalai-Lama lächelte und meinte nur: ›Zuerst trinken wir einen guten und gesunden tibetanischen Tee, dann können wir über den Whisky weiterreden!‹ Der Schweizer Adlatus wollte uns schon rauswerfen, aber zwischen Gmeiner und dem Dalai-Lama war das Eis gebrochen und es hat sich im Laufe der Jahre eine echte Freundschaft entwickelt.« Zur Verabschiedung folgte der legendäre Bruderkuss des Dalai-Lama auf die Stirn Gmeiners.

Bei einem seiner nächsten Begegnungen mit seinem Freund notierte Gmeiner in sein Tagebuch: »Es wird über den Sinn und Wert höherer Bildung gesprochen. Dalai-Lama ist der Meinung, dass höhere Bildung des Menschen nur so weit zu bejahen ist, als sie auch zum größeren Glück des Menschen beiträgt. Das höchste Bestreben des Menschen ist, glücklich zu werden. Wo aber die höhere Bildung des Menschen nur ein größeres materielles Streben und Unzufriedenheit zur Folge hat, ist höhere Bildung nicht erstrebenswert. Die Religionsphilosophie der alten Tibeter war in besonderer Weise eine Religion, die den Menschen zur Zufriedenheit und zum Glück geführt hat. Dalai-Lama möchte seinem Volk und den Kindern in unseren SOS-Kinderdörfern der Tibetanerkinder diese Philosophie und dieses glückliche Leben erhalten. Es wurde darüber gesprochen, dass mehr Bildung, höhere Schulen gerade im Westen statt glücklichere Menschen viel mehr unzufriedene, revolutionäre Geister geschaffen haben.«

Eine Freundschaft, die einst zwischen Gmeiner und dem Oberhaupt der Tibeter geschlossen wurde und die den Tod des SOS-

Gründervaters überlebt hat. Zuletzt besuchte der Dalai-Lama das SOS-Kinderdorf Hinterbrühl im September 2007.

Selbst diese innige Verbindung zum von den Chinesen vertriebenen Dalai-Lama konnte Gmeiner nicht davon abhalten, sich auch in der Volksrepublik China um die Zukunft der Not leidenden Kinder zu kümmern. Nach jahrelangen Anfangsschwierigkeiten konnte Gmeiner noch ein Jahr vor seinem Tod die Grundsteinlegung der ersten Dörfer in Yantai und Tianjin miterleben. Die Nachricht von der Realisierung zweier weiterer Dörfer erreichte Gmeiner, als er schon mit dem Tod rang.

Wie wichtig diese westliche soziale Institution für China werden sollte und wie beeindruckt man dort von der Person des Hermann Gmeiner war, sollte sich in einem Kondolenztelegramm der kommunistischen Führung aus Peking anlässlich des Ablebens von Gmeiner widerspiegeln: »Wir sind tief bestürzt über das Hinscheiden des SOS-Kinderdorf-Gründers Hermann Gmeiner. Sein Tod erfüllt uns alle mit tiefer Trauer. Hermann Gmeiner hat sein ganzes Leben für die Sache des SOS-Kinderdorfes eingesetzt und mit Leib und Seele dafür gearbeitet. Für uns war er eine ehrenwerte und liebenswürdige Größe, der von uns geliebte ›Vater der SOS-Kinderdörfer‹, und ein Sozialpädagoge von höchstem Rang. Wir waren sehr berührt, als wir erfuhren, dass er noch an seinem Totenbett an den Aufbau der beiden SOS-Kinderdörfer in Tianjin und Yantai gedacht hat. Der Tod Hermann Gmeiners, um den wir in China sehr trauern, ist ein großer Verlust für die ganze Welt.«

Zwei Größen der Menschlichkeit treffen aufeinander: Hermann Gmeiner und Mutter Teresa

Im Jahr der bitteren Vietnam-Enttäuschung unternahm Gmeiner eine weitere Reise nach Asien. Neben Thailand, Nepal, den Philippinen und Korea stand auch wieder ein Besuch der SOS-

Einrichtungen in Indien auf dem Reiseplan. Gmeiner merkte damals an: »Immer wieder hat man mir in allen Ländern der Welt erklärt: Das SOS-Kinderdorf ist ein großartiges Werk, aber bei uns, in unserem Lande, wird man keine Kinderdorf-Mütter finden! – Ich habe nun die Kinderdorf-Mütter gesehen und erlebt, auf den Philippinen, in Korea und in Indien, und ich weiß heute eines: dass wir in allen Ländern der Welt Frauen finden können und werden, die bereit sind, einer Stube voll verlassener Kinder Mutter zu sein. Die Motive, SOS-Kinderdorf-Mutter zu werden, sind da und dort vielleicht verschieden; die Schicksale sind verschieden. Aber eines ist und bleibt wahr: Überall in der Welt gibt es Frauen, die aus irgendeinem Schicksal heraus alleinstehend sind, für die dann das SOS-Kinderdorf Aufgabe und Auftrag ist. Und in Asien – insbesondere in Indien, wo es noch ein grauenhaftes Witwenschicksal gibt, wo Witwen aus der Gesellschaft und aus der Sippschaft ausgeschlossen werden – kann für viele Frauen der Beruf der SOS-Kinderdorf-Mutter die Erlösung aus einer noch unüberwundenen Gesellschaftsform sein.«

Gerade auf dem indischen Subkontinent, den Gmeiner anfangs als keinen guten Nährboden für seine Idee empfunden hatte, konnte er den sozialpolitischen Umdenkprozess wesentlich mitgestalten und beeinflussen. Auf seiner Indienvisite machte Gmeiner auch einen Stopp in der Millionenstadt Kalkutta: »Unser Ziel ist Kalkutta. Mir ist bang vor dem Wiedersehen mit der riesigen Stadt, mit ihrem Elend und den Heeren von Bettlern, Krüppeln und Sterbenden auf den Straßen. Jede Stunde ist hier lang wie die Ewigkeit. Ich kann vor Bedrückung nicht schlafen, bin ständig in Versuchung, mit Gott zu hadern, und zweifle an der Fähigkeit des Menschen, sein Dasein vernünftig zu gestalten. Ich möchte weinen. Die Menschen aus den Wohlstandsländern sollten diese Stadt sehen, um zu begreifen, welch ein Frevel ihre Unzufriedenheit mit dem Dasein ist.«

Gmeiner bezeichnete die Eröffnung des Kinderdorfs in Kalkutta mit seinen 20 Familienhäusern, einem Kindergarten und einer Krankenstation als »kleinen, vielleicht unbedeutenden, aber dennoch einen Sieg im Kampf gegen die Not«. Und er hatte den unbedingten Wunsch, eine Mitstreiterin in diesem Kampf gegen Elend und Not zu treffen, ja persönlich kennenzulernen: Mutter Teresa, die unweit vom neuen Kinderdorf in der Millionenstadt das Haupthaus ihres Ordens betrieb: »In Kalkutta befindet sich auch das Mutterhaus des 1950 gegründeten Ordens ›Sisters of Charity‹. Seine Gründerin und Oberin ist Mutter Teresa, eine wahre Heilige unserer Tage. Unter ihrer Obhut und Anleitung absolvieren derzeit 350 indische Mädchen ihr Noviziat, Töchter angesehener reicher Familien, aber auch Angehörige der niedrigsten Kasten, der Unberührbaren. In ihrer schlichten, weißen Schwesterntracht huschen sie abends durch die Straßen, um den ganz Armen, den Todkranken und Sterbenden beizustehen, in einer Stadt, in der eine Rupie einen Tag überleben bedeutet. Mutter Teresa glaubt nicht recht an den Erfolg der modernen Entwicklungshilfe und der Entwicklungshelfer, die mit ›guten Gehältern und wenig Verständnis‹ in die armen Länder der Dritten Welt kommen. Sie sagt: ›Nur Arme können den Armen helfen!‹ Und sie meint, dass man das Armsein am eigenen Leibe erfahren muss, um sich mit anderen Menschen zur Überwindung des Elends und der Not verbünden zu können. Den reichen Almosenspendern und ihrem Mitleid misstraut sie. Sie geben den Armen etwas von dem Überfluss, in dem sie leben, nicht jedoch ein Stück von sich selbst.« Ein Standpunkt, der die Heilige von Kalkutta für den Vorarlberger noch interessanter machte – Aussagen, die ihm kurz nach der feierlichen Eröffnung des SOS-Kinderdorfs in Kalkutta zu denken gaben:

»Auch im Fernen Osten ist es üblich, bei großen Festen große Essen zu veranstalten. Unsere SOS-Kinderdorf-Eröffnungen bilden keine Ausnahme. Als Mutter Teresa in Manila, der Hauptstadt der Philippinen, ein Haus ihres Ordens eröffnete, erhielten die zahlreichen prominenten Gäste nur ein Glas Wasser! ›Dürfen wir verschwenderische Feste feiern, solange die Armen hungern?‹, fragte Mutter Teresa. Ihre Bescheidenheit und ihre Bestimmtheit machten einen tiefen Eindruck auf mich. Ich versuchte sie mit dem heiligen Franziskus zu vergleichen, der unbeirrt Liebe predigte, als ein erbarmungsloses Ringen um die Macht im Vordergrund der Ereignisse seiner Welt stand. Ich fühlte mich durch sie beschämt und schließlich dazu ermahnt, die materielle Komponente unserer Arbeit nie zu überschätzen.«

Helmut Kutin erinnert sich noch sehr gut an das erste Zusammentreffen der beiden Wohltäter in Kalkutta, das erst beim zweiten Anlauf gelingen sollte. »Da sind zwei sehr große Persönlichkeiten aufeinandergeprallt. So kann man das fast sagen.« Denn beim ersten fixierten Termin war Mutter Teresa gar nicht erschienen. Ohne Angabe von besonderen Gründen. Für Gmeiner fast eine Abfuhr. Beim zweiten Versuch, nur wenige Tage später, hatte Gmeiner Erfolg. »Da sind dann zwei Titanen aufeinandergetroffen, denn auch die Mutter war eine sehr eigenwillige Persönlichkeit. Gmeiner hat ihr gleich zu Beginn des Treffens vorgeschlagen, ein gemeinsames Kinderdorf in Angriff zu nehmen. Die kurze, klare Antwort der Mutter lautete: ›Ich denke, es ist besser, Sie machen Ihres, Herr Gmeiner, und ich mache meine Sache!‹ Ich habe mir damals schon gedacht, dass man die beiden nicht so leicht zusammenspannen kann.« Einen direkten Vergleich der beiden Sozialgrößen, die wissen, was Not und Armut heißt und wie man dagegen ankämpfen kann, will Kutin dennoch ansatzweise gelten lassen: »In gewisser Art kann man sie vergleichen. Gmeiner war immer ein Suchender im religiösen Bereich und auch die Mutter war bis zu ihrem Ende eine Suchende. Das sollte man nicht unterschätzen.« Das Gespräch war kurz und sachlich. Wesentlich länger dauerte damals das anschließende Gebet, dem Gmeiner und Kutin beiwohnen durften. Erst viele Jahre später sollte Kutin von den engsten Vertrauten der Friedensnobelpreis-Trägerin erfahren, wie ihre Einstellung zu SOS-Kinderdorf wirklich war: »Sie hatte regelrecht geschwärmt von Gmeiner und auch von mir und ihren Schwestern den Auftrag erteilt, sie sollten sich ruhig an SOS-Kinderdorf halten und orientieren. Es wäre eine gute, wundervolle Sache.«

VON KONTINENT ZU KONTINENT – SOS HILFT WELTWEIT

Lateinamerika: Privatinitiativen ebnen SOS-Kinderdörfern den Weg

Der Erfolg der SOS-Kinderdorf-Idee wurde in den Medien weltweit zu einem wichtigen Thema. So wandten sich in den 1970er-Jahren immer mehr Einzelpersonen und Initiativen an SOS oder direkt an Hermann Gmeiner. Ein Musterbeispiel dafür waren nach der gelungenen Präsentation der Kinderdorf-Idee im Rahmen der New Yorker Weltausstellung lokale Institutionen oder Privatinitiativen in Süd- und Mittelamerika. Viele Vertreter dieser Organisationen kamen zu Informationsbesuchen in die Kinderdörfer Imst und Hinterbrühl, um zu lernen und das Funktionieren der Idee in der Praxis hautnah mitzuerleben. Priester, Missionare, aber auch deutsche und österreichische Auswanderer informierten sich hier, wie man das krasse soziale Elend in Südamerika effektiv bekämpfen könne, und holten sich Anregungen für Finanzierungs- und Erziehungsmodelle. Obwohl Gmeiner – ähnlich wie im Falle von Indien – anfangs sehr skeptisch war, dass SOS-Kinderdorf in Südamerika Fuß fassen könnte, brach er am 25. März 1967 gemeinsam mit Hansheinz Reinprecht zu einer sechswöchigen Erkundungsreise nach Argentinien, Brasilien, Uruguay, Chile, Peru, Bolivien, Ecuador, Panama und Mexiko auf. Jene Länder, in denen bereits enge Kontakte mit SOS-nahen Organisationen geknüpft waren oder SOS-eigene Projekte realisiert wurden.

Während der sehr strapaziösen Reise notierte Gmeiner voller Überraschung: »Die Länder Lateinamerikas sind nicht nur sehr verschieden groß, sie haben, aufgrund ihrer Struktur und Tradition, auch sehr verschiedene wirtschaftliche und soziale Probleme. Alle befinden sich, grob gesagt, in einer Phase des Übergangs vom Agrar- zum Industriezeitalter. Der Übergang bringt enorme Schwierigkeiten, Unruhe und Unsicherheit mit sich. Die Phase des Übergangs wurde von einer Landflucht geradezu gigantischen Ausmaßes eingeleitet. Millionen Menschen haben ihre Heimat verlassen und haben sich am Rande der großen Städte und Industriezentren angesiedelt. Die Landwirtschaften, deren karger Ertrag sie wenigstens recht und schlecht ernährte, gehen zugrunde. Aber die Hoffnung, in den Städten, die den Zustrom an Arbeitskräften nicht bewältigen, eine neue, bessere Existenz zu finden, erfüllt sich nicht. Ein ungeheures Elend macht sich in den Ländern Lateinamerikas breit. Von diesem Elend sind ungezählte Kinder betroffen. Die lateinamerikanischen Staaten sind noch weit davon entfernt, die Aufgaben übernehmen zu können, die zum Beispiel den europäischen Wohlfahrtsstaaten zufallen. Die Bemühungen der öffentlichen Verwaltung, das Elend breiter Bevölkerungsschichten zu lindern, sind allzu oft unzureichend. Und die kirchlichen Institutionen, die bislang diese Aufgabe wahrgenommen haben, Karitas zu üben, sind weitgehend überfordert. Überraschend erfolgreich sind hingegen die von kleinen Gruppen ausgehenden privaten Initiativen. Sie leisten vorbildliche Beiträge im Kampf gegen Hunger und Not. Solche Gruppen, die oft aus den Nachkommen deutscher Einwanderer bestehen, haben in Lateinamerika unsere SOS-Kinderdorf-Idee aufgegriffen. In ihnen haben Menschen zusammengefunden, die mit Hingabe und Begeisterung für unsere SOS-Kinderdörfer arbeiten und in ihnen eine neue Möglichkeit sehen, die direkte Verantwortung für die Betreuung verwaister Kinder zu übernehmen.

Mit kleinen Starthilfen und Unterhaltsbeihilfen wurden in Lateinamerika viele SOS-Kinderdörfer gebaut, von denen die meisten bereits in der Lage sind, sich mithilfe der im Lande gesammelten Mittel selbst zu erhalten. Es ist ein tief ergreifendes Erlebnis, neben dem Jammer, der in den Elendsvierteln herrscht, unsere SOS-Kinderdorf-Kinder prächtig gedeihen zu sehen. Dieses Erlebnis hat mich einerseits bedrückt, andererseits habe ich aus ihm die Hoffnung geschöpft, dass ein vielversprechender Anfang zur Überwindung der Kindernot in Lateinamerika gefunden wurde. Die Bevölkerung der lateinamerikanischen Länder scheint Gleiches zu empfinden. Denn unseren SOS-Kinderdörfern wird von allen Seiten eine kaum vorstellbare Sympathie entgegengebracht. Arm und Reich sieht in ihnen Symbiose einer schöneren Zukunft. Ich glaube, dass die Zahl der lateinamerikanischen SOS-Kinderdörfer rascher als derzeit erwartet wachsen wird.«

Auch Professor Reinprecht zeigte sich damals über die Kinderdorf-Euphorie und die herzliche Aufnahme sowie die Anstrengungen und Bemühungen in Südamerika sehr beeindruckt: »Unser stärkster Eindruck auf dieser Reise war die Feststellung, dass die SOS-Kinderdorf-Idee auch in südamerikanischen Ländern bereits gut verankert ist und ihr von allen Seiten großes Interesse begegnet. Hermann Gmeiner stand während unseres Besuches in den verschiedenen Ländern im Mittelpunkt des öffentlichen Interesses. Wir waren in Uruguay offizielle Staatsgäste und wurden in allen Ländern von den zuständigen Ministern und in einigen Ländern sogar von Staatspräsidenten oder dessen Gattin zu persönlichen Gesprächen empfangen. Überall wurde Hermann Gmeiner um Hilfe in den sozialen Bemühungen jener Länder gebeten. Man erkannte in allen Ländern die Modellaufgabe des SOS-Kinderdorfes an und zeigte volle Bereitschaft, sich im Hinblick auf eine breite Jugendfürsorgearbeit nach der pädagogischen Idee des SOS-Kinderdorfes zu orientieren. Fernsehen, Rundfunk und Presse widmeten dem Besuch Hermann Gmeiners breiten Raum. Die österreichischen und deutschen Botschafter waren voll Interesse und Hilfsbereitschaft. Beeindruckt waren wir auch von der Tatsache, dass die SOS-Kinderdorf-Projekte in Südamerika zum Großteil aus Eigeninitiative entstanden sind, da der Verband SOS-Kinderdorf International wohl beratend und mit technischer Hilfe zur Seite steht, aber bisher nur geringe finanzielle Hilfe vermitteln konnte.«

Und genau zu diesen Themen fällt dem damaligen SOS-Generalsekretär Reinprecht eine lustige, berührende Episode ein, die sie im bolivianischen La Paz erlebten. Sie waren auf einen Indianermarkt gegangen, denn Gmeiner liebte es, aus jedem fernen Land ein typisches Mitbringsel zu kaufen. Diesmal sollte es eine indianische Pferdehändlertasche aus Leder sein. Man kaufte ein und begab sich samt Tasche ins Restaurant des Hotels. »Gmeiner hatte, egal wo auf der Welt, in Restaurants immer die Angewohnheit, sich an Tische zu setzen, an denen schon jemand saß. Er wollte unbedingt mit Menschen kommunizieren«, erklärt Reinprecht. So auch in La Paz. Ein feiner bolivianischer Gentleman saß den beiden Österreichern gegenüber und bewunderte die gekaufte Tasche. Am Ende des langen, launigen Gesprächs schenkte Gmeiner dem fremden Herrn die Tasche. Tags darauf, beim Frühstück, stand eben diese Tasche auf Gmeiners Frühstückstisch, versehen mit einem handgeschriebenen Zettel: »Lieber Herr Dr. Gmeiner, ich habe Sie natürlich erkannt und weiß, wer Sie sind. Ihr Foto ist ja seit Tagen hier in allen Zeitungen. Haben Sie viel Erfolg mit Ihrer tollen SOS-Kinderdorf-Idee!« Beim Öffnen der Tasche konnte Reinprecht mit Freude feststellen, dass sie prall mit Dollarscheinen gefüllt war. »Das sind die schönen Erlebnisse, die uns auch auf den anstrengenden Reisen immer wieder passiert sind.«

Es war nicht die vordringliche Bitte nach finanzieller Unterstützung, die in Südamerika immer wieder an Gmeiner herangetragen wurde, sondern jene nach Entwicklungshilfe und pädagogischem Know-How. Gmeiner erkannte sehr wohl, dass man hier mit extremer Behutsamkeit an die gute Sache gehen musste und meinte einmal: »Das SOS-Kinderdorf kann man gerade hier, wie auch sonst wo auf der Welt, mit keiner Käsefabrik gleichsetzen. Eine Käsefabrik kann man planen und – wenn die Finanzen stimmen – bauen. Der Aufbau eines Kinderdorfes ist in erster Linie ein geistiger Prozess. Die SOS-Kinderdorf-Idee – so einfach sie ist – muss langsam reifen, um in ihrer ganzen bezwingenden Simplizität, aber auch dynamischen Kapazität erfasst zu werden. Nur ein Kinderdorf, das langsam wächst, um das sich jahrelang eine Gruppe von Menschen unter Opfern bemüht, für das man örtlich streitet und kämpft, um das man eben ringt, wird ein gutes Dorf; wird zu einem Modell für das betreffende Land, an dem sich dann die gesamte Kinderdorf-Fürsorge entzündet und das dadurch zum Segen für unzählige sozialwaise Kinder wird, die familienhafter aufwachsen dürfen. Das SOS-Kinderdorf braucht die Zeit der Auseinandersetzung im eigenen Land.«

Ein Grundsatz, dem Gmeiner nur in Ländern mit akuten Kriegsproblemen nicht treu geblieben ist. In Südamerika stand trotz der großen sozialen Not etwas mehr Zeit zur Verfügung, denn hier herrschte zum Glück kein Krieg. So wurde das erste Kinderdorf-Experiment in Südamerika mit der aufopfernden Hilfe des populären TV- und Polizeiseelsorgers Pater Carlos E. Gardella und einer Handvoll Damen aus der High Society in Buenos Aires gestartet. Das erste Kinderdorf in Argentinien sorgte allein schon durch sein Erscheinungsbild für Aufsehen: Hatte der kreative Priester doch anfangs für die Unterkünfte der neuen Familien von der Stadtverwaltung alte Straßenbahnwaggons in komfortable Wohneinheiten umfunktionieren lassen. Dieses eigenwillige Dorf sollte als »Straßenbahn-Kinderdorf« in die SOS-Annalen eingehen. Zwei Jahre später hatte man im ganzen Land genügend Spenden gesammelt und es konnte ein »richtiges« Kinderdorf gebaut werden.

Uruguay, Chile, Brasilien – Südamerika wird SOS-Gebiet

Im Nachbarland Uruguay gründete eine deutschstämmige Molkereibesitzerin den zweiten SOS-Kinderdorf-Verein in Südamerika und errichtete eines der bis heute schönsten Kinderdörfer Südamerikas. Der Besuch Gmeiners auf seiner Studienreise war Pflicht. Auch auf der dritten Station seiner Reise konnte Hermann Gmeiner damals in Ecuador ein fast fertiges Kinderdorf besuchen. Wieder war es ein deutscher Zuwanderer, der seine Idee in die Tat umgesetzt hatte. In Bolivien war es der Orden der »Halleiner Schulschwestern« aus Salzburg, der die Vorarbeit im gmeinerschen Sinne erledigte und den Grundstein für Kinderdörfer, Hermann-Gmeiner-Schulen und SOS-Sozialzentren legte.

Nächster Stopp: Chile. Auch hier wurde Gmeiner von oberster Stelle empfangen, vom gemäßigten Staatspräsidenten und bekennenden Kinderdorf-Förderer Eduardo Frei. Nicht leere Versprechen, sondern Taten folgten gleich beim ersten Besuch, was Gmeiner zu folgenden Notizen veranlasste: »Die größte Begeisterung für unsere SOS-Kinderdorf-Idee habe ich wohl bisher in den lateinamerikanischen Ländern erlebt. Dort wurde mir ein Empfang bereitet, wie er eigentlich sonst nur den Vertretern großer Staaten gebührt. Ich frage mich, warum das so ist. Ich bin kein Staatsmann, kein Supersportler, kein Popstar, sondern bin nur als Bettler und Fürsprecher für die ärmsten Kinder unserer Welt unterwegs. Auch können wir mit unserem privaten Sozialwerk nur einen sehr bescheidenen Beitrag zur Linderung der Not dieser Kinder leisten. Was bedeuten schon fünf oder zehn SOS-Kinderdörfer in einem Land, wo Hunderttausende Kinder unter menschenunwürdigen Verhältnissen in Slums oder auf der Straße leben? ›Sie haben das Gute zu einer Sensation gemacht‹, sagte mir ein südamerikanischer Staatspräsident. Und ein Kardinal in Chile meinte zu mir: ›Ihr habt gezeigt, dass es auch in unserer so turbulenten Zeit möglich ist, die Liebe der Menschen zueinander über alle Schranken der Hautfarben, der Nationalität und Religion hinweg zu festigen und sie durch eure praktischen Taten glaubwürdig zu machen.‹ Die Hoffnung, die man gerade in Lateinamerika in unsere Arbeit für das Gute setzt, dürfen wir auch in Zukunft nicht enttäuschen.«

Dieses Versprechen sollte auch in Chile gehalten werden. Denn weder nach der Regierungsübernahme des sozialistischen Salvador Allende im Jahre 1970 noch nach dessen Ermordung und der Installation der Militärjunta unter General Pinochet war Gmeiner von seinem Weg der Neutralität der SOS-Kinderdörfer abgewichen. Regierungen sah man in Chile kommen und gehen, die Kinderdörfer bildeten stets ein festes soziales Bollwerk gegen die Not im Lande, was Gmeiner immer wieder mit Stolz betonte: »Wir haben in Chile beim Christdemokraten Frei begonnen, uns hat später auch Allende kein Haar gekrümmt, und wir kommen jetzt auch mit Pinochet zurande.« Tat- und finanzkräftige Unterstützung erhielt SOS-Kinderdorf in den chilenischen Gründerjahren wieder von emigrierten Deutschen und Österreichern. In einer der ärmsten Regionen des Landes, einem berüchtigten Elendsviertel nahe der Hafenstadt Concepción, kooperierte Gmeiner über viele Jahre höchstpersönlich mit dem französischen Pater Andrés Schlosser, dessen Briefe mit den Schilderungen der extremen Verhältnisse Gmeiner schon in Innsbruck erreicht hatten. Beim Besuch in den Slums meinte Gmeiner bedrückt: »Das war das Grauenvollste, das ich je gesehen habe. Diese Menschen leben nicht, sie vegetieren. Sie hungern, sie leiden, sie stehlen, sie huren, sie saufen. Und da wachsen Kinder heran. Was wird aus ihnen werden? Wir müssen sie retten, bevor es zu spät ist. Pater Schlosser wird mir dabei helfen.« Gemeinsam errichteten die Zweck- und Gesinnungsverbündeten ein Kinderdorf mit allen sozial notwendigen Einrichtungen. Eines von heute 14 Kinderdörfern in Chile.

Die wohl größte Herausforderung sollte Hermann Gmeiner auf seiner ausgedehnten Lateinamerikareise allerdings noch bevorstehen: im größten Land Südamerikas – Brasilien. Bedenkt man, dass heute im fünftgrößten Staat der Erde insgesamt 15 SOS-Kinderdörfer und unzählige SOS-Einrichtungen dort bestens funktionieren und etabliert sind, so liest man die pessimistische Meinung Gmeiners aus dem Jahr 1967 mit Verwunderung: »Wie können wir hier SOS-Kinderdörfer bauen? Wo finden wir die richtigen Partner? Wie wird sich die Regierung dazu stellen? Ist SOS-Kinderdorf überhaupt die richtige Formel zur Lösung der großen sozialen Probleme mit den verlassenen Kindern in Brasilien? Finden wir hier Kinderdorf-Mütter?« Jede Menge Probleme und Herausforderungen, welche durch die offene Aussage von Kardinal Scherer, des Erzbischofs von Porto Alegre, nicht unbedingt entkräftet wurde. Der hohe geistliche Würdenträger beichtete Gmeiner damals bei einem Treffen: »Ja, wir haben versagt. Wir, die Kirche, der Klerus. Wir haben es mit den Reichen gehalten. Wir standen im falschen Lager. Heute ist das etwas anders geworden. Wir sind wieder auf dem rechten Weg. Christus selber hat uns wieder auf diesen Weg geführt. Wir Bischöfe stehen mitten unter den Armen. Es gibt Bischöfe, die nicht einmal genügend Geld haben, um sich ein neues Gewand zu kaufen. Sie verschenken alles. Wir haben viel gutzumachen. Ihr Laien helft uns dabei. Dafür: Vergelt's Gott!«

Gemeinsam begann Gmeiner mit den kirchlichen Vertretern und vielen privaten Initiatoren in São Paulo oder Porto Alegre Kinderdörfer aufzubauen. Nur die riesige Millionenstadt Rio de Janeiro sollte für weitere 15 Jahre ein SOS-Sorgenkind bleiben. Professor Reinprecht erinnert sich an die damalige Gemütsverfassung seines Chefs: »Selten habe ich Gmeiner so euphorisch und traurig zugleich gesehen. Südamerika war für uns das Land der stärksten Gegensätze. Was in der Provinz gut funktionierte, konnte in Rio nicht auf fruchtbaren Boden stoßen. Das ärgerte und beschäftigte ihn am meisten.« Ein Land, das Gmeiner wie auch Korea oder Vietnam zeitlebens sehr intensiv beschäftigte. Ein Land, über dessen Situation er noch kurz vor seinem Tod in einem Interview meinte: »Es ist uns seit meinem ersten Besuch nicht gelungen, das Antlitz Brasiliens zu verändern, und dies wird uns auch in Zukunft nicht gelingen. Wir sind nur ein kleines Mosaiksteinchen im sozialen Geschehen. Aber wir arbeiten dort mit den Ärmsten und wir retten Kinder, soviel wir dazu imstande sind. Und wir investieren Liebe und Geborgenheit durch unsere SOS-Kinderdörfer.«

Sorgfältige Mitarbeiterauswahl – auch Gmeiners Neffe geht nach Südamerika

In vielen anderen Staaten Lateinamerikas hat sich Hermann Gmeiner einmal mehr auf seine Menschenkenntnis und sein Gespür für gute Mitarbeiter verlassen – ob Sor Maria Rosa, eine geistliche, farbige Ordensschwester, die ihr halbes Leben der SOS-Idee in Honduras opferte, oder die Salzburger Diplomkrankenschwester Luise Sinnhuber, die zuerst in Korea wichtige Aufbauarbeit leistete und nach einem kurzen Intermezzo in Österreich von Gmeiner 1973 nach Nicaragua entsandt wurde. Reinprecht erinnert sich noch gut an die Überredungskunst, welche der SOS-Gründer damals angewandt hatte: »Er bestellte Frau Sinnhuber in sein Büro und sagte nur: ›Sie müssen nach Nicaragua gehen. Man braucht Sie dort.‹ Als die verdutzte Dame erwähnte, dass sie überhaupt kein Spanisch spreche und überhaupt nicht wisse, wo dieses Land genau liege, meinte Gmeiner lächelnd: ›Sie haben ausgezeichnet Koreanisch gelernt, also werden Sie auch bald Spanisch sprechen, und Nicaragua finden Sie schon, dort irgendwo in Zentralamerika. Fahren Sie nur los!‹ So war er eben und er schaffte es immer wieder, die Mitarbeiter zu überzeugen, dass sie das Richtige taten, und das auch noch gerne.«

So oder ähnlich lief es auch ab mit einem bekannten Gynäkologen in Mexiko, einem Priester in Peru und im Jahr 1976 selbst mit Gmeiners Großneffen, Dr. Walter Gmeiner. Heute praktischer Arzt in Dornbirn in Vorarlberg, konnte er damals seinem Firmpaten als junger Mediziner kaum widersprechen: »Walter, du musst mir helfen und in Paraguay die Kinderdörfer aufbauen! Du bist Mediziner und genau so einen brauchen wir dort. Außerdem bist du ein Gmeiner!« Schon während des Studiums hatte der Onkel immer wieder anklingen lassen, dass er den Neffen aufbauen und einsetzen werde. Trotz des manchmal massiven Widerstands in der großen Gmeiner-Familie konnte und wollte Walter nicht Nein sagen: »Als ich im Familienkreis davon erzählte, bekam ich von einigen Seiten die Antwort: ›Geh Walter, wir verstehen nicht, dass du dich jetzt auch noch diesem Spinner anschließt!‹ Ich tat es trotzdem.« Auch wenn Hermann Gmeiner zu diesem Zeitpunkt bereits international anerkannt, geschätzt und mit vielen Auszeichnungen geehrt war, begegnete man ihm in der eigenen Familie noch immer mit einem verwunderten Respektabstand und wollte immer noch nicht so recht an sein Werk glauben. Beim jungen Mediziner Walter hatte Gmeiner zu Recht auf sein Gefühl gesetzt: »Er hat nicht viel reden oder überzeugen müssen, man wollte da einfach mitmachen. So bin ich nach Paraguay gegangen. Ich hatte nicht das Gefühl, dass ich überrumpelt worden bin.« Über einen Zeitraum von zehn Jahren lenkten Dr. Walter Gmeiner und sein Team die Geschicke von SOS-Kinderdorf in Paraguay.

Hermann Gmeiner wusste seinen Charme und seine Überzeugungskraft bewusst einzusetzen. Darauf angesprochen, spielte er seine Menschenkenntnis aber stets etwas herunter: »Das bin nicht ich, der unsere Mitarbeiter findet. Das ist die Gnade, die auf unserem Werk zu liegen scheint und für die ich täglich bete. Oder ist es nicht Gnade, dass wir überall in der Welt so liebenswerte, einsatzfreudige, opferwillige, großartige Menschen im Einsatz haben? Ohne diese vielen Mitarbeiterinnen und Mitarbeiter kämen wir keinen Schritt weiter.« In Süd- und Mittelamerika ist man die Schritte sehr schnell und effizient weitergekommen. »Sicherlich das Verdienst von Gmeiner, der sich auf seiner ersten Reise durch diesen riesigen, armen Subkontinent eingesetzt hat wie nie zuvor«, bestätigt Reinprecht.

Naher Osten – »Bethlehem ist überall«

»Die SOS-Kinderdorf-Idee schließt ein, dass wir allen großen Weltreligionen die Hände reichen. So haben sich im SOS-Kinderdorf Christen und Moslems, Hindi und Buddhisten und Juden in einem gemeinsamen Werk zusammengefunden und sind zu einer großen Familie der Verständigung und der Versöhnung geworden. Wir suchen das Miteinander. Wir suchen mehr Frieden in unserer gemeinsamen Heimat, die Erde heißt.« Ein Grundsatz, dem Hermann Gmeiner stets treu geblieben ist. Ein Auftrag, den Gmeiner vor allem an der Wiege des Christentums, dort wo vor zwei Jahrtausenden Christus geboren wurde, in die Realität umsetzen wollte. Ein Wunsch, ein Anliegen, eine Verpflichtung für den gläubigen Katholiken Gmeiner. Aber kein leichtes Unterfangen, wie sich bei seinen ersten Bemühungen in Israel im Jahr 1963 herausstellen sollte. In Israel orientierte man sich nach dem Prinzip des Kibbuz und förderte die Adoption unversorgter Kinder. Gmeiners Ansinnen, auch im Heiligen Land ein Kinderdorf zu errichten, stieß vorerst nicht nur auf taube Ohren, sondern wurde von Staats wegen abgelehnt. Erst über ein Jahrzehnt später sollte unter der Mithilfe des weltoffenen und liberalen Jerusalemer Bürgermeisters Teddy Kollek und dessen Frau das erste Kinderdorf in Arad entstehen. Heute gibt es trotz immer noch bestehender Vorurteile in religiös konservativen jüdischen Kreisen zwei Kinderdörfer in Israel.

Auf eine heftig bewegte Geschichte und Entwicklung darf ein weiteres Dorf im Heiligen Land zurückblicken: Bethlehem. »Ich komme gerade aus dem SOS-Kinderdorf Bethlehem. Es weihnachtet. Wir bauen heute in der ganzen Welt SOS-Kinderdörfer. Bethlehem überall. Denn unsere Dörfer sind Dörfer des Friedens, wo wir Kinder aufnehmen, die eine Krippe brauchen; ein Daheim. Es sind alles Kinder von Bethlehem. Wir bauen Bethlehems, viele kleine Bethlehems, die zum Frieden mahnen und zur Versöhnung aufrufen. Das gibt uns Kraft.« Ein Gmeiner-Zitat viele Jahre nach der schwierigen Dorfbesiedlung in Bethlehem. Viele Steine wurden den SOS-Helfern gerade dort in den Weg gelegt, und der Sechstagekrieg 1967 brach ausgerechnet kurz nach Baubeginn des Dorfes auf dem historischen Hirtenfeld, der überlieferten Wiege des Christentums, los. Verwirrung herrschte vor allem um die Zuständigkeit der Behörden jener Stadt im Westjordanland, die heute mitten im palästinensischen Autonomiegebiet vor den Toren von Jerusalem liegt. »Die Kinderdorf-Verantwortlichen hatten es nicht leicht. Hatten sie zuerst in Jordanien mit den Verhandlungen begonnen, mussten sie sich später an Jerusalem wenden, weil es plötzlich israelisches Territorium war, und dann wieder hatten die Palästinenser das Sagen. Es hat schließlich doch geklappt und wir hatten in Bethlehem auch die allererste muslimische Kinderdorf-Mutter, ein Meilenstein für SOS-Kinderdorf und die weitere Entwicklung im muslimischen Raum«, betont Professor Reinprecht nicht ohne Stolz.

In einem Weihnachtsbrief aus Bethlehem im Jahr 1969 setzte Hermann Gmeiner auf eine symbolhafte Botschaft: »Das SOS-Kinderdorf Bethlehem liegt am Rand des historischen Hirtenfeldes. Wir haben es für arabische Flüchtlingskinder erbaut. Auch hier ging und geht es um Geld. Eine holländische Dame stiftete ein Haus. Dänische Kinderdorf-Freunde schickten überraschend vierzehntausend Dollar. Die ersten Häuser konnten im April und im Mai 1969 besiedelt werden. Es ist ein heiliges Land für uns Christen, mit vielen Namen, die wir aus der Bibel kennen. Das Land, in dem Jesus geboren wurde, lebte und starb. Traurig stimmt nur die Zerrissenheit der Christen, so erschreckend deutlich zu erleben, vor allem in der Grabeskirche von Jerusalem. Zur Eröffnung des SOS-Kinderdorfes hatte unser Verantwortlicher, Gustav Schlesinger, die Idee, bei der Generalpostdirektion einen Sonderstempel zu beantragen, um einen Weihnachtsbrief aus Bethlehem aufzulegen. In die Welt zu senden, um Hilfe für die verlassenen Kinder hier zu erbitten. Mir kam es wie ein Symbol vor: ein Weihnachtsbrief von der Geburtsstätte Christi, eine Botschaft der Erlösung. Ich hoffte, möglichst viele Menschen auf Erden, die guten Willens sind, möchten dieses Wort hören und verstehen.«

Und auch Zeilen gegen Hass und für die Verständigung unter den Völkern und Kulturen notierte Gmeiner in jenen Tagen vor Weihnachten in sein Tagebuch: »Zweifellos ist unser Leben im Laufe der letzten Jahre nicht leichter, sondern schwieriger geworden. Ein erheblicher Teil der Schwierigkeiten kommt daher, dass wir uns in der Phase tief greifender Umstellungen, in einer Phase der geistigen Neuorientierung befinden. Wir haben erfahren müssen, dass wir nicht in einer Welt der unbegrenzten, sondern in einer Welt sehr begrenzter Möglichkeiten leben. Das heißt, dass von nun an sorgfältiges Haushalten, verantwortungsvolles Planen und viel Vernunft erforderlich sind und sein werden, wenn wir das Dasein ohne große Katastrophen bewältigen wollen. Schon deshalb sollte die Zeit, in der wir leben, eine Zeit der Selbstbesinnung, des Zusammenrückens, des wachsenden Verständnisses füreinander sein. Aber so gut wie überall nehmen die nationalen, politischen und religiösen Auseinandersetzungen an Zahl und Härte zu. Wird die Bereitschaft der Menschen, miteinander zu reden und um Versöhnung und Frieden bemüht zu sein, dementsprechend kleiner? Mir bereiten die vielen großen, auch die vielen schlauen und herausfordernden Worte, die im Endeffekt den Frieden in der Welt bedrohen, Unbehagen. Mich erfüllt mit zunehmender Sorge die Rücksichtslosigkeit, mit der einzelne führende Staatsmänner, aber auch politische und nationale Gruppierungen ›recht haben‹ wollen. Ich begreife nicht, dass man wieder Hass und Feindschaft schürt, wo doch nichts notwendiger wäre als der unbeugsame Wille, eine gemeinsame Basis des Vertrauens zu gewinnen. Hass ist was Böses. Unsere Welt ist leider immer noch voll davon. Aber beginnt dieser Hass nicht schon in meinem engsten Umfeld? Hassen sollte nicht gefragt sein. Wir sollten Tag für Tag bemüht sein ihn abzubauen, um mehr Platz zu schaffen für Verständnis, für Vertrauen, für Liebe.«

Aussagekräftige Worte eines Idealisten und Realisten, die leider heute immer noch nichts von ihrer Brisanz verloren haben.

Libanon – die Brücke zwischen Orient und Okzident

Unter dem Titel »Die Brücke zwischen Orient und Okzident – der Libanon« – verfasste Hermann Gmeiner folgende Gedanken über eines jener gefährdeten Kinderdörfer, die seit ihrer Gründung in einem fast unbeschreiblichen Hexenkessel kriegerischer Auseinandersetzung und brutaler, täglicher Gewalt überleben mussten und konnten:

»1966 konnten wir die ersten sechs Familienhäuser des libanesischen SOS-Kinderdorfes Bhersaf, zwanzig Kilometer östlich von Beirut, besiedeln. Ein kleiner Ort, tausend Meter über dem Meeresspiegel, am Abhang des Libanongebirges, dem Dschebel Libnan: eindrucksvoll die Schneegipfel, die sich hoch über die blauen Fluten des Mittelmeeres erheben. Beirut war eine stark europäisch geprägte, westlich orientierte Stadt. Am Meeresufer hin hatten arabische Ölscheichs ihr Geld in Hochhäuser angelegt. Man konnte die weiß gewandeten Wüstenmilliardäre, manche sah ich im dunklen Anzug mit arabischem Kopfschmuck, in schweren amerikanischen Straßenkreuzern unter Bedeckung ihrer vor Waffen strotzenden Leibwächter zum Spielkasino fahren sehen. Es heißt, dass manche schwere Kisten, randvoll mit Dollarnoten, anschleppen, um sich beim Roulette oder Baccara zu vergnügen. Wie viele Kinder könnte man damit vor dem Verhungern retten?

Mir fiel ein, was ich über das alte Berytos wusste. Glanzzeit des Römischen Reiches. Ich war in den Ruinen von Baalbek am Fuß des Antilibanon, einst Heliopolis genannt, Stadt des Sonnengottes. Gewaltige Tempelruinen, Jupiter Baal geweiht. Ich erinnere mich dunkel einer Geschichte, die ich gelesen hatte. Dass die Westsemiten einst ihrem Sturm- und Fruchtbarkeitsgott Baal, ehe ein Schiff auslief, Kinder opferten. Um den Großgott gnädig zu stimmen. Da soll es einen Ofen gegeben haben, als gewaltige Götterstatue geformt, in dessen Flammen der Priester die Kinder bei lebendigem Leibe warf. Als ich in Baalbek stand und für einen Augenblick die Augen schloss, sah ich die Mütter vor mir, steinernen Gesichts, die Augen abgewandt, ich empfand ihren Schmerz, ihre ohnmächtige Trauer. Ich glaubte es körperlich zu spüren. Kinderopfer, um für die Rückkehr des Handelsschiffes zu beten, für guten Gewinn. Hier in Beirut landeten einst Kreuzfahrer, um mit dem Schwert das Heilige Land zu erobern. Mir heute unverständlich, im Namen des Friedenskönigs die Flamme des Krieges durch die Welt zu tragen. Welche Heuchelei! Alte Leute sprechen heute noch davon, sie hörten es als Kinder von ihren Großvätern, wie nach dem Christengemetzel von Damaskus, im vergangenen Jahrhundert, viele Flüchtlinge hier ankamen. Lange Zeit lebten im Libanon Christen und Mohammedaner friedlich nebeneinander. Unter den Christen Maroniten, Melchiten, orthodoxe Orientalen des Patriarchen von Antiochia, einige lateinische Katholiken, Armenier, Chaldäer, nicht unierte Ostchristen, Protestanten. Ein konfessionelles Babylon.

Der Libanon war vierhundert Jahre lang von den Türken besetzt, dann von Frankreich verwaltet. Das hat das Selbstvertrauen der Libanesen beeinträchtigt. Das Land liegt wie eine Brücke zwischen Abendland und Morgenland: kulturell und religiös. Hier wirken sehr viel Tatkraft und Tüchtigkeit, die auch auf die angrenzenden arabischen Länder ausstrahlen. Daher, sagte mir Herr Saab, sei auch das SOS-Kinderdorf von Bhersaf sehr bedeutsam für den gesamten Nahen Osten. Nicht Geld ist das Hauptproblem des libanesischen Kinderdorfes, sondern die Anwerbung, Auswahl und Schulung der Kinderdorf-Mütter. Mir schien, es sei wichtiger, ›Entwicklungshilfe‹ von Europa her durch einen pädagogischen Experten zu leisten. Uneigennützige menschliche und fachliche Hilfe: Das wird auf die Dauer überall, wo Nachholbedarf besteht, besonders dringlich sein. Wir Europäer sollten nicht vergessen, dass die Menschheit im Nahen Osten ihren Ausgang nahm. Dass die Völker des Alten Testaments ihre Kraft aus dem orientalischen Mittelmeerraum bezogen. Dass das europäische Mittelalter und die westliche Wissenschaft von den Arabern starke Impulse empfingen. Heute können wir ein wenig davon zurückzahlen durch unser Wissen und unsere Liebe. Das sollte manchen Hochmut dämpfen.«

Nach unzähligen Gesprächen und Verhandlungen mit den Verantwortlichen sämtlicher Grenzstaaten gelang es Gmeiner, die Regierungen von seinen hehren Absichten zu überzeugen. Wie überall auf der Welt strebte er nicht das Einmischen in politische Konflikte, sondern ausschließlich das Wohl der Kinder an. Im Libanon hat sich die explosive Lage bis heute nicht verändert, aber Gmeiners Geist und Gesinnung konnten die Bürgerkriege und den traurigen politischen Alltag überleben und besiegen. Vier funktionierende SOS-Kinderdörfer legen Zeugnis über die Kraft des guten Willens und den unermüdlichen Einsatz im Sinne Gmeiners ab. In einem Tagebuchbericht aus den 1980er-Jahren resümierte Gmeiner nach einer weiteren Beirutreise:

»Ich war immer wieder dort. Ich habe das Ende einer Stadt erlebt, die zu den schönsten der Welt gezählt hat. Ich habe Sandsäcke um die Kinderdorf-Häuser mit aufgeschichtet. Ich habe erlebt, wie Frauen und Kinder auf dem Fußboden schliefen, weil rundherum geschossen wurde. Unser Jugendhaus in Beirut hat man zweimal zerstört. Wir haben es zweimal wieder aufgebaut. Und ich werde den zehnjährigen Mohammed nie vergessen, der am 1. April 1980 im SOS-Kinderdorf Bhersaf sein Leben lassen musste. Es waren 40 Kinder, die auf dem Dorfplatz gespielt hatten. Abendessenszeit. Die Mütter haben gerufen. Die Kinder liefen nach Hause. Nur Mohammed und sein Bruder waren noch in ein Kugelspiel vertieft. Da geschah es. Eine Granate fiel mitten auf den Dorfplatz. Mohammed wurde in Stücke gerissen. Sein Bruder blieb am Leben, aber es wurde ihm ein Bein abgerissen. Der Wahnsinn des Krieges hatte wieder einmal seine Fratze gezeigt. Mohammeds Bruder war lange zur Behandlung in Wien. Er trägt heute eine Prothese, ist 20 Jahre alt und ein intelligenter junger Mann. Sein Bruder liegt im örtlichen Friedhof von Bhersaf begraben. Es ist ein christlicher Friedhof. Mohammed war ein Moslem, wie die Hälfte der Kinder dieses SOS-Kinderdorfes es sind. Als das Dorf zu bauen begonnen wurde, machte man noch keinen Unterschied. Im Zuge des Bürgerkrieges wurde dieser Landstrich aber von Moslems ent- und von Christen bevölkert. Das Zusammenleben von Christen und Moslems war unmöglich geworden. Das SOS-Kinderdorf praktiziert es heute noch und hat alle Kriegszeiten im Libanon damit überdauert. Eine vielleicht einzige Insel des Friedens inmitten einer Welt des Hasses und des Wahnsinns. Als ich kürzlich wieder einmal das Grab des Buben besuchte, fand ich es verwüstet vor. ›Das passiert immer wieder‹, klagte der Dorfleiter. ›Es ist das einzige Moslemgrab im christlichen Friedhof. Und das vertragen manche Christen nicht. Und sie gehen hin und verwüsten das Grab eines Kindes, weil es ein Moslemkind ist.‹ Mir lief es kalt über den Rücken.‹« Situationen, denen auch Helga

Zündel tagtäglich ausgeliefert war. Sie war als SOS-Pionierin Gmeiners wichtigste Verbindung in den Libanon und kämpfte unermüdlich und mutig mehr als 15 Jahre gegen den Wahnsinn des Libanonkrieges.

Professor Heinz Nußbaumer, Journalist, später engster Vertrauter der österreichischen Bundespräsidenten Waldheim und Klestil und Vorsitzender des Kinderdorfes Hinterbrühl, hatte Gmeiner auf vielen Reisen begleitet. Auch in den Libanon und nach Bethlehem. Sein Eindruck bringt die gute Sache auf den Punkt: »Gmeiner hat gerade in diesen Regionen Gegenwelten zur Realität geschaffen. Er brachte es durch seine Idee fertig, Oasen des unerklärlichen Friedens in den schlimmsten Krisengebieten der Erde zu errichten. Man kann sich vor der Person Gmeiner und seiner Idee nur tief verneigen.«

Afrika – die Eroberung des letzten von SOS-Kinderdorf unerschlossenen Kontinents

»Es war im Jahr 1970, als wir uns einem bis dahin für SOS-Kinderdorf noch völlig unerschlossenem Kontinent widmeten. Gmeiner und ich machten uns auf den Weg nach Afrika. Eine lange, beschwerliche Reise durch insgesamt 40 Länder«, erinnert sich Professor Reinprecht. Gmeiner war, wie im Falle von Indien, anfangs nicht vom Funktionieren der Kinderdorf-Idee auf dem afrikanischen Kontinent überzeugt. Ägypten sah er als Ausnahmeland. Arme, elternlose afrikanische Kinder würden aufgrund der traditionellen Großfamilien und Sippen nicht so einfach in fremde Familienverbände eingegliedert werden können. Gmeiner zögerte lange. Doch er irrte. Heute existieren in Afrika in 44 Staaten allein 105 Kinderdörfer und unzählige Kinderdorf-Sozialeinrichtungen. Afrika zählt zu den wichtigsten Kontinenten und hat Gmeiners Idee schnell und problemlos aufgenommen. Selbst der von Gmeiner so angezweifelte Punkt der »Rekrutierung von Müttern« für die Kinderdörfer stellte eine geringere Problematik dar als auf anderen Kontinenten. Denn auch in Afrika bedeutet die Arbeit von Frauen in einem Kinderdorf einen unglaublichen Aufstieg für sie und oft, erstmals in ihrem Leben, die Möglichkeit, sozial versichert zu sein. Durch eigene materielle Existenz und eine Absicherung im Alter trugen die Kinderdörfer in Afrika darüber hinaus zur emanzipatorischen Bildung der Frauen bei. SOS wurde so auch hier zu einem wichtigen gesellschaftlichen Entwicklungshelfer. Nicht der Missionsgedanke stand laut Gmeiner im Mittelpunkt der SOS-Aktivitäten, sondern das Bewusstsein für die Verantwortung dem Nächsten gegenüber sollte ebenso wie pädagogischer und organisatorischer Vorbildcharakter auch in Afrika geschärft werden.

Schon nach der Rückkehr von seiner ersten Afrikareise meinte Gmeiner seinen engsten Mitarbeitern in Innsbruck gegenüber gar etwas geläutert: »Ich muss zugeben, dass ich auf dieser Reise sehr viel gelernt habe. Es ist alles ganz anders, als ich vermutet hatte. Afrika hat es sicherlich schwer und auch noch eine lange Durststrecke vor sich. Aber Afrika ist im Kommen. Dort ist noch Ursprünglichkeit und Spontaneität. Dort ist Aufbruch. Von dort her werden eines Tages neue Impulse zu erwarten sein. Es kann noch lange dauern, aber ich habe in Afrika gespürt, dass es ein Kontinent von morgen sein wird. Und für unsere Idee ist Afrika sogar ein idealer Boden.« Wie schon mit Helmut Kutin in Asien, setzte Gmeiner auch in Afrika einen persönlichen Vertrauten als Aufbauhelfer ein: den Tiroler Hotelier Werner Handl, den Gmeiner durch Zufall kennengelernt hatte. Zwar hatte Handl weder einschlägige Erfahrungen mit dem Schwarzen Kontinent, noch war er ausgebildeter Sozialpädagoge, doch hatte sich Gmeiner wie schon so oft in seinem Leben auf seinen Instinkt verlassen und meinte voller Überzeugung nach einigen Gesprächen mit dem damals 40-jährigen Handl: »Der Bub hat ein großes Herz, hat Verstand und ist eine gestandene Persönlichkeit. Der wird sich schon durchbeißen. Ich glaube an ihn.« Seine Einschätzung sollte nicht enttäuscht werden. Von Marokko über Togo bis ins südliche Afrika sollte die Idee in Rekordzeit unter Werner Handls Führung wachsen. Gmeiner kümmerte sich mit zunehmendem Interesse höchstpersönlich um die Anliegen des neuen Kinderdorf-Kontinents und hielt in einer Tagebuchnotiz fest:

»Mit der Eroberung von Afrika für die SOS-Kinderdorf-Idee haben wir endgültig erfahren, dass es immer und überall in der Welt Frauen gibt, die für die soziale Mutterschaft geeignet sind. Gerade die afrikanische Frau, der wir anfangs, als Afrika überhaupt erst in unser kinderdörfliches Blickfeld trat, keine SOS-Kinderdorf-Mutterrolle zugetraut haben, erwies sich als besonders gute und herzliche Mutter. Sie trägt ihr Kind bis zu zwei Jahren auf dem Rücken, und dadurch besteht eine sehr enge Mutter-Kind-Beziehung. Hat die Mutter eine Arbeit, bei der sie das Kind nicht um sich haben kann, dann wird das Kind eben von einem der größeren Kinder getragen. Man beobachtet immer wieder, was für eine enge und gute Beziehung die Afrikaner zu ihren Müttern haben. Wenn man nach Hause fährt, sagt man: Ich gehe zur Mutter. Die schlimmste Beleidigung für einen Afrikaner ist, wenn man seine Mutter beleidigt oder beschimpft. So ist es demnach heute auch in den SOS-Kinderdörfern in Afrika.«

Ein besonders inniges Verhältnis baute Gmeiner noch zu Lebzeiten zu einem der ärmsten, bis heute von Katastrophen heimgesuchten Ländern auf: Äthiopien. Ein Land, das auf keiner seiner Afrikareisen fehlen durfte: »Äthiopien ist von der großen Dürre, die Afrika heimgesucht hat, nicht verschont geblieben. Die Folgen der Katastrophe sind schrecklich. Und ihr Ausmaß ist für uns Europäer kaum vorstellbar. Hilfsorganisationen aus aller Welt haben sich der unzähligen von Hunger und Krankheit geplagten Flüchtlinge angenommen. Sie konnten viel Gutes tun und standen dennoch vor vielen unlösbaren Problemen. Jetzt regnet es wieder in

Äthiopien. Die Bauern kehren in ihre Dörfer und primitiven Höfe zurück. Aber das Land ist verheert. Das Vieh ist ausgerottet. Es wird ungeheure Mühe kosten, die karge Land- und Viehwirtschaft wieder aufzubauen. Nun gilt es, zerrissene Familien wieder zusammenzuführen, die Alten und die Kranken zu betreuen, die nicht nach Hause können, und denjenigen zu helfen, die ihre Heimat für immer verloren haben. Äthiopien sollte heute für alle Menschen guten Willens eine Herausforderung sein. Meine Freunde und Mitarbeiter haben sich dieser Herausforderung gestellt. Unser menschlicher Einsatz in diesem wunderbaren Land mit seinen so tiefgläubigen Menschen ist groß. Ein Einsatz, der sich lohnt.« Heute existieren in dem gequälten Land sechs Kinderdörfer.

Südafrika – SOS-Moral gegen Apartheid

Hilfe zur Selbsthilfe lautete das oberste Gebot. Aus diesem Grund setzte Gmeiner vermehrt auf die gute Kooperation mit den jeweiligen Staatsführungen, um diese für seine Idee und die Anliegen der armen und elternlosen Kinder zu sensibilisieren und gezielt zum sozialen Handeln hinzuführen. Professor Reinprecht sah damals schon eine latente Problematik auf SOS zukommen: »Wir haben immer bewusst eine unpolitische Haltung eingenommen. Im Sinne von SOS und im Sinne der Kinder. Gerade das war in Afrika nicht immer unproblematisch, weil die Kooperation mit der Staatsführung nicht immer unseren moralischen Werten und unserer Weltanschauung entsprochen hat.« Auch Gmeiner war diese Problematik stets bewusst. Trotzdem konterte er auf Vorwürfe, dass dieselben Personen, die mithalfen, Kinderdörfer zu erbauen, dabei schwere Menschenrechtsverletzungen begingen und maßgeblich am Elend und an der Misere im eigenen Land beteiligt waren und sich durch die Unterstützung von SOS-Kinderdorf selbst ein soziales Mäntelchen überstreiften: »Ich glaube, niemand getroffen zu haben, der nicht redlich um das Wohl seines Landes oder seines Volkes bemüht gewesen wäre. Es ist nicht die vorrangige Aufgabe von SOS-Kinderdorf, gegen irgendwelche Gegebenheiten zu protestieren. Es ist vielmehr unsere Aufgabe, ein wenig mehr Liebe in die Welt zu tragen.« Eine Aussage, die selbst kritische SOS-Förderer als zu blauäugig interpretierten. Eine Einstellung, die vor allem während der Apartheid-Regierung in Südafrika auf kritischen Widerstand gestoßen war.

Werner Handl, Afrika-Verantwortlicher und späterer SOS-International-Generalsekretär, hatte in den 1980er-Jahren den von der Regierung gestellten Bedingungen nach Rassentrennung im Kinderdorf voll und ganz entsprochen. Es gab somit in Südafrika zunächst getrennte Kinderdörfer für »black and coloured people«. Im Jahr 1984 löste diese Einstellung vor allem in Europa öffentliche Proteste gegen SOS-Kinderdorf aus. In einer Presseaussendung ließ Werner Handl damals verlautbaren: »SOS-Südafrika lehnt zwar die Apartheid völlig ab, aber es gibt oft gar keine andere Möglichkeit, den Kindern zu helfen, als durch die Anerkennung der jeweiligen landesspezifischen Zustände. Unsere Aufgabe ist es, jedem einzelnen Kind zu helfen. Und um dem gerecht zu werden, heiligt bei uns auch öfter der Zweck die Mittel.« Auf das persönliche Ansinnen und Überdenken der speziellen Situation in Südafrika konnte Gmeiner auch in diesem Land eine gütige Lösung finden, denn einen Grundgedanken hatte der Philanthrop schon vor der Südafrika-Problematik stets betont: »Mit den Weißen ist in Afrika auch das Elend gekommen. Für viele ist das Paradies zerstört worden. Die Weißen kamen, um Geld zu verdienen; um reich zu werden. Sie bauten Städte und Fabriken und brauchten dazu die einheimischen Arbeitskräfte. So zogen viele Schwarze in die Ballungszentren der Städte, lösten sich von den Großfamilien und wurden entwurzelt. Viele sind an der Zivilisation zugrunde gegangen, sind verkommen und verarmt, obwohl sie da Geld verdienen konnten. Durch den Mammon der Weißen ist das Paradies verloren gegangen.«

Lob der südafrikanischen Nobelpreisträger – Nelson Mandela und Desmond Tutu im Kinderdorf

In Südafrika hat sich vieles verändert und heute präsentiert sich SOS-Kinderdorf dort als gesellschaftlich voll integriert. Friedensnobelpreisträger Nelson Mandela stellte sich 1996 bei der Eröffnung eines neuen Kinderdorfes in Kapstadt uneingeschränkt hinter die Zielsetzungen von SOS-Kinderdorf: »Kurz nach meiner Haftentlassung besuchte ich die SOS-Kinderdörfer Ennerdale und Mamelodi, wo ich von den Kindern herzlich empfangen wurde. Ich stellte fest, dass diese Kinder nun ein Zuhause, eine Mutter und einen sicheren Ort und Geborgenheit zum Leben haben. Die Arbeit der SOS-Kinderdörfer ist ein leuchtendes Beispiel für eine Partnerschaft, die wir für die Erreichung unserer Ziele benötigen. Die Tatsache, dass SOS-Kinderdorf nicht nur die unmittelbaren Bedürfnisse seiner Kinder deckt, sondern auch Möglichkeiten für sie schafft, selbstständige und dynamische Erwachsene zu werden, die, so viel sie können, einen Beitrag zur Entwicklung unseres Landes leisten, ist ebenfalls von großer Wichtigkeit. Ihr, die SOS-Kinder von Kapstadt, seid die Zukunft Südafrikas. Die Hoffnung unseres Regenbogenlandes.«

Und Erzbischof und Friedensnobelpreisträger Desmond Tutu verkündete bei der Eröffnung des SOS-Kinderdorfes in Pietermaritzburg am 28. März 1998: »Es ist eine bemerkenswerte Idee, verlassenen und verwaisten Kindern ein dauerhaftes Zuhause und ein geregeltes Familienleben zu geben, etwas, wofür wir Menschen geschaffen sind und ohne das wir kaum gedeihen können. Ich gratuliere SOS-Kinderdorf International zu seinem hervorragenden Beitrag hier an diesem Ort und anderswo, denn sie investieren in die Zukunft, in unser Volk.«

In den vergangenen beiden Jahren wurde gerade in Südafrika die zukunftsweisende Idee der »offenen Kinderdörfer« im Rahmen der Familienstärkungsprogramme erfolgreich praktiziert. Sie gelten als Vorbild für die neuen Wege der modernen Kinderdorf-Arbeit im 21. Jahrhundert.

Hermann Gmeiner im senegalesischen Präsidentenpalast

Professor Heinz Nußbaumer erinnert sich an eine Afrikareise, auf die er Hermann Gmeiner während seiner Tätigkeit als Journalist begleitet hatte. »Ich hatte damals noch keine Funktion im Kinderdorf Hinterbrühl, hatte Gmeiner erst kurz zuvor persönlich kennengelernt und durfte ihn als einziger Journalist zur Grundsteinlegung eines Kinderdorfes in den Senegal begleiten.« Nußbaumer konnte so erstmals persönlich erfahren, was sämtliche engen Mitarbeiter von Gmeiner wieder und wieder berichteten: den eigenartig effizienten Umgang ihres Chefs mit Staatsoberhäuptern.

Sämtliche Würdenträger und Minister hatten sich im prächtigen präsidialen Palast von Dakar versammelt, als Senegals Präsident Leopold Senghor im Rahmen eines Empfangs zu Ehren von Hermann Gmeiner eingeladen hatte. Eine höchst eigenartige und bizarre Situation war allein schon durch die Lage des prunkvollen Marmorpalasts am Meer inmitten ärmlichster Umgebung geschaffen. »Beim Treffen im Palast saß uns dann dieser feingliedrige Dichterpräsident Senghor, der in seinen Büchern wie *Negritude* feinsinnig über seine Visionen der Farbigen in der Welt der Zukunft geschrieben hatte, gegenüber. Es bot sich für mich ein doppelter Widerspruch bei dieser Begegnung: einerseits das bettelarme Umfeld und dieser Prunk im Palast; dann dieser unglaubliche, feine Poet und Literat Senghor und direkt neben ihm sitzend unser Hermann Gmeiner. Bei diesem Treffen hat überhaupt nichts zusammengepasst.« Man verständigte sich mittels Dolmetscher und durch intensiven Augenkontakt. Gedanken über Kinder und wie man ihnen helfen wolle, wurden ausgetauscht. Keine politischen, keine intellektuellen Botschaften. Genau daran konnte Nußbaumer auch das Rätsel von Gmeiners unwiderstehlichem Erfolg sehen: »Ich glaube, hätte Gmeiner dort jede Menge Botschaften abgegeben, wäre wesentlich weniger bei dieser ersten Begegnung herausgekommen. Jeder der Gesprächspartner konnte in den anderen hineininterpretieren, was er sich erwartete, und man war zufrieden. Ich möchte Hermann Gmeiner – bei Gott – nicht kleiner machen, aber in dieser Sprachlosigkeit, die ganz eine andere Ebene erfordert hat, in der lag auch das unglaubliche und manchmal schon unheimliche Faszinosum der Geschichte, weil es so außergewöhnlich war.«

Nicht nur in Afrika, auch in anderen Teilen der Welt verstand es Gmeiner, sich immer wieder gekonnt in nationale Kostüme zu zwängen und die Traditionen und Riten verschiedenster Völker beinahe identisch zu durchleben. Weder mangelnde Sprachkenntnisse noch das daraus resultierende Kommunikationsmanko konnten Gmeiner beeinträchtigen: »Er war so erfüllt von seiner Mission und wirkte nie unbeholfen. Er hat genau gewusst und auch damit spekuliert, dass seine Methodik des Umgangs etwas Unbezwingbares hat. Er hat so all diese Staatsmänner auf dem linken Fuß erwischt, wie man so schön sagt. Gmeiner hat das normale Spiel der Diplomatie und Staatspolitik völlig unterlaufen und wollte sich auf dieser Ebene auch gar nicht messen. Er kam und erwischte sein Gegenüber gnadenlos, dort wo es als Diktator, Politiker oder sonst was sein letztes Restherz hatte.«

Kritik, dass Gmeiner durch seinen sorglosen Umgang mit oft fragwürdigen politischen Persönlichkeiten nur der SOS-Idee und nicht dem Lande einen Dienst erwiesen hätte, lässt Nußbaumer nicht zu: »Er hat sich schon intensiv überlegt, ob jene Leute, die er für seine notwendigen Zwecke gefangen und gebraucht hat, ob er denen nicht möglicherweise ein Sozialprestige verleiht, das sie gar nicht verdienen. Aber er hat nach eigenen Aussagen sich nicht vorgenommen, auch noch diese Art des revolutionären Gestus mitzunehmen, dass in all den besagten und natürlich auch afrikanischen Ländern sofort ein neuer Führer kommen muss. Er hat jene verwendet, die da waren, hat aber allein durch das Werden und Wachsen der Kinderdörfer in der Welt auf eine von den Diktatoren nicht durchschaubare, schleichende Art das System unterspült. Er hat gewusst, er braucht sie, er nützt sie, aber ihm war auch bewusst, dass eben zu jenem Zeitpunkt keine anderen Partner zugegen waren. Nachhaltig konnte er so nicht nur in Afrika, aber besonders dort auch politische Veränderungen oder zumindest ein Umdenken bewirken.«

DER MENSCH HERMANN GMEINER

Hermann Gmeiners internationale Sprache des Herzens

Was Professor Nußbaumer als Phänomen der »Sprachlosigkeit« bezeichnete und eigentlich die Kommunikation hätte beeinträchtigen müssen, wurde im Laufe der Jahre zum allerorts bewunderten Markenzeichen des Hermann Gmeiner. Er entwickelte sich in kürzester Zeit und durch seine Aufgabe getrieben zu einem Weltbürger. Die letzten Jahre seines Lebens verbrachte er mehr als 200 Tage pro Jahr im Ausland. Egal ob in Südamerika, in Korea, in Afrika: Gmeiner verstand es, sich überall auf der Welt zu verständigen, zu diskutieren, zu bitten und betteln und zu überzeugen. Obwohl der Vorarlberger nur seine Muttersprache sprechen konnte. Ein Kosmopolit, der stets betonte: »Ich habe Angst vorm Fliegen. Ich fühle mich unsicher in fremden Städten. Ich bin am liebsten daheim in Österreich.« Ein Weltbürger, der stur und vehement das Studium von Fremdsprachen verweigerte.

Es kam im Laufe der Jahre immer wieder zu kuriosen Begegnungen mit Staatsoberhäuptern und internationalen Würdenträgern, die Gmeiner nicht verstehen konnte und die auch Gmeiner nicht verstanden. Der Kommunikation tat die Sprachbarriere jedoch niemals einen Abbruch. Egal ob Mutter Teresa, der Dalai-Lama oder ein südamerikanischer Staatspräsident Gmeiner gegenüberstanden: Zu guter Letzt konnte sie Gmeiner alle von seiner Idee überzeugen und pflegte mit vielen prominenten Persönlichkeiten freundschaftliche Kontakte über die Jahre.

Eine der kuriosesten Szenen in diesem Zusammenhang spielte sich beim offiziellen Staatsbesuch des englischen Königspaares in Österreich im Mai 1969 ab: Königin Elisabeth II. war gemeinsam mit Prinzgemahl Philipp und Prinzessin Anne im Rahmen des fünftägigen Besuches auch nach Salzburg gekommen. Neben der Besichtigung der Mozartstadt stand auch ein Kurzbesuch des nahen SOS-Kinderdorfs in Seekirchen auf dem Programm. Professor Reinprecht erinnert sich mit Entsetzen und Schmunzeln an die damalige Situation: »Ich hatte mit dem britischen Botschafter und Hermann Gmeiner jeden einzelnen Schritt einstudiert. Gmeiner hatte schon Tage zuvor eine von mir geschriebene Rede und Willkommensworte an die Queen auswendig gelernt. Er betonte sogar in ausgezeichnetem Englisch. Und dann kam es zum Treffen. Alles, was Rang und Namen in der Republik hatte, war versammelt auf dem großen Platz im Kinderdorf.« Gmeiner trat ans Rednerpult, setzte an und zerknüllte – für Reinprecht genau sichtbar – plötzlich den Zettel mit der vorbereiteten Rede und ließ ihn in der Sakkotasche verschwinden. »Gmeiner hat auf einmal die Arme erhoben und der Queen ein dreifaches ›Welcome‹ zugerufen.« Noch während Reinprecht und der britische Botschafter beinahe in Grund und Boden versunken wären, ist Gmeiner vom Rednerpult weg auf die Queen zugegangen. »Es war furchtbar. Er hat sämtliche Etiketten durchbrochen und etwas gemacht, was wohl noch nie jemand bei der Queen gewagt hat: Gmeiner hat die Queen umarmt und nochmals ›Welcome, Your Majesty‹ gerufen.« Was die Sicherheitskräfte und die offiziellen Begleiter zutiefst in Verlegenheit brachte, löste bei Ihrer Majestät nicht nur ein Lächeln aus, sondern ließ das protokollarische Eis an diesem Tag zur Gänze schmelzen. Sie bedankte sich bei Gmeiner für seine aufopfernde Arbeit und ließ kurz nach ihrem Österreich-Aufenthalt bei einer Pressekonferenz in London wissen: »Das war ohne Zweifel die schönste, menschlichste und nachhaltigste Begegnung während unseres ganzen Aufenthaltes.«

Gmeiners unkomplizierte und direkte Sprache des Herzens hatte wieder einmal gesiegt. »Gmeiner hat sich nie etwas daraus gemacht, dass er keine Fremdsprachen konnte. Es war für ihn ganz selbstverständlich, dass er jedes Gegenüber auf Deutsch angesprochen hatte, und irgendwie haben ihn auch alle verstanden«, zeigt sich Reinprecht heute noch beeindruckt. Der langjährige SOS-Generalsekretär begleitete Gmeiner auf allen wichtigen Reisen und sprach fließend Englisch, Französisch, Italienisch und Spanisch. »Gmeiner hatte immer Leute um sich, die Sprachen konnten und sah auch aus diesem Grund keine Veranlassung, selbst eine Sprache zu lernen. Es war für ihn ganz klar, dass wir für ihn den kostenlosen, unproblematischen Dolmetscher spielten. Er hätte auch niemals gesagt: ›Du, das ist nett, dass du für mich übersetzt.‹«

Und Helmut Kutin, als Südtiroler einer der ersten Gmeiner-Dolmetscher, damals als Kinderdorf-Zögling im italienischen SOS-Ferienlager Caldonazzo, weiß zu berichten: »Das mit dem Dolmetschen für Gmeiner hat für mich in Caldonazzo begonnen, weil ich ja Italienisch konnte, und uns ein Leben lang durch die ganze Welt begleitet.« Ein Manko, was die Auftritte von Gmeiner anlangte, konnte Kutin nie feststellen; ganz im Gegenteil: »Diese Vorarlberger Sturheit, dieses Nichtbeachten jeglichen Protokolls und jeder Etikette hat den meisten Staatsoberhäuptern sogar ein Lächeln entlockt. Es war immer ein großes Erlebnis, weil er eben kaum Worte brauchte und doch immer die richtigen fand. Egal ob bei Königin Elisabeth in Salzburg, beim Dalai-Lama oder beim Sohn von Chiang Kai-shek – Gmeiner überzeugte mit Blickkontakten und Gesten. Der philippinische Präsident Ferdinand Marcos – was man auch immer von diesem umstrittenen Politiker halten und sagen mag – hat über die Person Gmeiner einmal bemerkt: ›Es tut einmal richtig gut jemanden zu treffen, der nicht über Politik spricht, sondern nur und ausschließlich seinen Kindern helfen will.‹« Selbst ambitionierte Versuche von Gmeiners langjährigem Privatsekretär, Alexander Gabriel, ihn mit der englischen Sprache vertraut zu machen, sind wahrscheinlich genau deswegen gescheitert: »Manchmal hatte er ja den Ehrgeiz, ein paar

Worte Englisch zu lernen, aber er hat's dann immer wieder bleiben lassen. Er sah es nicht als Notwendigkeit. Und meinte nur: ›Dich habe ich Englisch lernen lassen. Für Südamerika habe ich den Reinprecht und für Asien den Kutin.‹ Seine Art der Kommunikation war es eben, mit Händen und Augen zu sprechen, das hat ihm genügt. Gmeiner hat sich als Gmeiner genügt und konnte das durch seine starke Persönlichkeit überall auch ohne Sprachkenntnisse zum Ausdruck bringen.«

Kein Nobelpreis für Gmeiners Menschlichkeit

»Das zwischenmenschliche Verhältnis ist von Fremdheit und Kälte geprägt, weil sich niemand traut, sich so herzlich zu geben, wie er ist. Die Überwindung verwurzelt die Herzlichkeit in der Ehrfurcht vor dem Leben und verhilft zu einer Güte in Bescheidenheit, weil man bei jeder Entscheidung immer wieder auf sich selbst zurückgeworfen wird und zu resignieren droht. Doch gerade die Jugend verfügt über die Energie, die resignierte Vernünftigkeit der gereiften Persönlichkeit zu hinterfragen, und hat den Mut, einen moralischen Kompass für einen lebensfördernden Umgang mit Sachzwängen zu justieren« – allgemeine, einprägsame und zum Nachdenken anregende Worte von Albert Schweitzer, Humanist, Pädagoge, Arzt und Nobelpreisträger.

Hermann Gmeiner bewunderte zeitlebens seinen Freund und Gesinnungsgenossen Albert Schweitzer, mit dem ihn nicht nur das gemeinsame pädagogische Vorbild Pestalozzi verbunden hatte. Acht Jahre nach Gmeiners Grundsteinlegung in Imst hatte der legendäre Humanist in der Schweiz den »Albert-Schweitzer-Kinderdorf-Verein« gegründet, eine – laut Statuten – »gemeinnützige, interkonfessionelle, internationale und überparteiliche Personenvereinigung, die sich die Förderung, ideelle Verbreitung und praktische Verwirklichung des Kinderdorf-Gedankens im

Geiste der Arbeit Albert Schweitzers zur Aufgabe stellt«. Anregungen und Einflüsse dürfte sich Schweitzer hierfür durchaus auch bei SOS-Kinderdorf geholt haben, obwohl das schweitzersche Kinderdorf-Modell, konträr zur Gmeiner-Philosophie, Elternpaare als neue Familienoberhäupter auswählte.

Vier Jahre zuvor hatte Albert Schweitzer am 4. November 1954 in Oslo den Friedensnobelpreis entgegennehmen dürfen. Im Jahr 1958 hat Schweitzer erstmals eine persönliche Nobelpreisempfehlung für Hermann Gmeiner bei der Kommission in Oslo deponiert. Mit den ergreifenden Worten: »Hermann Gmeiner hat mit den SOS-Kinderdörfern das freundlichste Wunderwerk der Nachkriegszeit geschaffen.« Doch weder die ehrenvollen Worte Schweitzers noch die Anregungen seiner Nobelpreiskollegen Desmond Tutu und Nelson Mandela oder die Vorschläge einer ganzen Reihe von Bonner Ministern, die Gmeiner 1979 im »Jahr des Kindes« für nobelpreiswürdig gehalten hatten, konnten das internationale Komitee überzeugen. Hermann Gmeiner sollte der Nobelpreis nicht nur dieses Mal verwehrt bleiben.

Ein Schicksal, das Gmeiner zeitlebens belastete, auch wenn er es vor laufenden Kameras oder Mikrofonen niemals zugeben wollte. Gerade im besagten »Jahr des Kindes« hatte sich Gmeiner insgeheim große Hoffnungen gemacht. Daran erinnert sich auch Dr. Walter Gmeiner, der im Januar 1979, kurz vor Bekanntgabe der Nominierungen, mit seinem Großonkel ein Gespräch darüber führte: »Ja, in diesem Jahr war er innerlich beinahe überzeugt, dass er ihn bekommt. Er hatte sogar schon die Mappe mit seiner Biografie und der Dankesrede vorbereitet. Dass er ausgerechnet im ›Jahr des Kindes‹ den Nobelpreis nicht bekommen hat, hat ihn sehr lange beschäftigt und ihn bis zuletzt schwer gekränkt. Er konnte es auch nie wirklich verstehen, dass eine Mutter Teresa, die er sehr schätzte und verehrte, den Preis bekam und er nicht.« Ausgerechnet 1979 wurde der indischen Ordensschwester der Friedensnobelpreis zuerkannt. Enttäuscht über die Nichtachtung seiner Person und Leistung orakelte Gmeiner einmal: »Ich werde den Nobelpreis nie bekommen, weil die Norweger ganz genau wissen, dass ich bei ihnen im Krieg für die deutsche Wehrmacht als Fahrradspion unterwegs war. Du wirst es sehen, Walter!«

Dass Gmeiner nicht aus persönlicher Eitelkeit, sondern um der Sache willen immer mit dem Nobelpreis geliebäugelt hätte, weiß sein Nachfolger Kutin: »Gmeiner hat immer nur davon gesprochen, dass der Nobelpreis einen tollen Aufschwung für SOS-Kinderdorf bedeutet hätte. Als solchen hätte er die Ehrung auch immer verstanden. Nicht aus Ehrgeiz oder Eitelkeit.« Kutin erinnert sich aber auch an einige höchst dubiose und von höchster Stelle beeinflusste Situationen im Laufe der Jahre: »Es hat zwei sehr eigenartige und kritische Situationen im Zusammenhang mit der Nominierung Gmeiners gegeben. Angeblich wurde zu spät, also nach Ablaufen der Frist Ende Januar, eingereicht. Ich bezweifle das.« Und auch eine direkte Intervention des einstigen österreichischen Bundeskanzlers, Dr. Bruno Kreisky, damals noch Außenminister, ist Kutin auf Umwegen von befreundeten Botschaftern zugespielt worden: »Kreisky hat als Außenminister ein Rundschreiben ausgesandt, das von den österreichischen Botschaften forderte, dass eine Unterstützung Hermann Gmeiners für die Nominierung zum Friedensnobelpreis nicht wahrgenommen werden soll. Es war allerdings sehr diplomatisch formuliert. Meine Einschätzung für den Grund dieser Aktion ist: Kreisky wollte damals selbst den Nobelpreis.«

Eine Situation, welche auch die Beziehungen zwischen der Sozialistischen Partei Österreichs und der vom christlich-konservativen Gmeiner geführten SOS-Kinderdorf-Organisation nachhaltig beeinflusste. Erst als Kreisky, schon als Bundeskanzler, die unmissverständliche Order an die Botschaften wieder zurücknahm, normalisierte sich die Gesprächs- und Kooperationsbasis wieder. Viel dazu beigetragen hatte auch der einstige Wiener Bürgermeister und weitsichtige Pädagoge Professor Dr. Helmut Zilk: »Er war ein sehr charismatischer Mensch. Für meine Begriffe beinahe etwas zu charismatisch. Trotzdem muss ich sagen, was der Gmeiner aufgebaut hat: Hut ab. Da gibt es nur wenige Menschen auf dieser Erde, die das geschafft haben.« Über eine Begegnung im Wiener Rathaus weiß Zilk: »Ich habe immer etwas Angst gehabt vor Gutmenschen mit einem zu ausgeprägten Charisma. Der Gmeiner hat sich schon etwas in sich selbst gebadet. Er hat in gewisser Weise seine Rolle gespielt. Nichts Negatives, weil er ein hochintelligenter Mensch war mit Geschäftssinn, und das für eine soziale, internationale Sache. Da kann man nur gratulieren. Er war mir sehr sympathisch und ich habe die Schritte eingeleitet, dass er auch hier in Wien mit seiner Zielstrebigkeit seine wunderbaren Visionen umsetzen kann.« Ganz nebenbei hat Professor Zilk in seiner Funktion als Wiener Bürgermeister einen Hermann-Gmeiner-Platz angeregt und eingeweiht: einer von weltweit unendlich vielen Gedenkstätten für den SOS-Gründer. In Wien gibt es heute, neben Chicago und Berlin, eines der wenigen urbanen SOS-Kinderdörfer.

Der Prophet im eigenen Land ... Unerfüllte Lebensträume

Dass der Prophet im eigenen Land eben nicht so viel zählt, zeigt sich in der Alpenrepublik wieder einmal sehr deutlich. Österreichs Regierungen – egal welcher Couleur – haben nie aktiv etwas unternommen. Am Ballhausplatz in Wien wollte man sich immer eine Blamage ersparen, falls es doch nichts mit dem Nobelpreis für Herrn Gmeiner wird. Eine höchst und typisch politische Lösung, die letztlich wieder einmal auf Kosten der Kinder ausgetragen wird.

Als seine Lebensaufgabe hatte Gmeiner ohnehin nie Preise, Ehrungen oder Auszeichnungen, sondern stets die Realisierung seiner Visionen gesehen: »Meine Lebensaufgabe ist es, das Anliegen verlassener Kinder in aller Welt zu vertreten und mich dafür einzusetzen, dass ihnen eine familiengerechte Betreuung zuteil wird. Meine Lebensaufgabe ist es, mich ganz in den Dienst jener zu stellen, die vom Schicksal besonders hart betroffen sind – und das sind zumeist aus dem Nest der Geborgenheit gefallene Kinder in der Welt. Meine Lebensaufgabe ist es, für das Gute einzutreten. Ich glaube daran, dass es nicht nur eine Kettenreaktion des Bösen, sondern auch eine Kettenreaktion des Guten gibt. Meine Lebensaufgabe ist es, Anwalt der Kinder in aller Welt zu sein. Kinder wollen keinen Krieg. Daher trete ich mit den Kindern für eine friedliche Welt an. Und Kinder können zu einer großen Macht werden. Meine Lebensaufgabe ist es, die Liebe wieder in den Mittelpunkt unseres Denkens und Handelns zu rücken, wo sie heute oft von der Wohlstandswelle verschüttet ist. Meine Lebensaufgabe ist es, meine eigenen Zelte abzubrechen, um neue Zelte jenen zu errichten, die kein Daheim mehr haben. Meine Lebensaufgabe ist es, in jedem Land dieser Erde ein SOS-Kinderdorf zu errichten.«

Auch diesen Traum konnte sich Hermann Gmeiner zu Lebzeiten nicht mehr erfüllen. Die Umsetzung seiner Lebensaufgabe könnte jedoch bald schon in seinem Sinne zur erfreulichen Realität werden.

Ein lediger Vater vieler Kinder

»Ich bin nicht euer leiblicher Vater. Aber ich bin euer Vater. Dass heißt unter anderem auch, dass ich mich für alles, was aus euch geworden ist und noch wird, verantwortlich fühle; verantwortlich für eure Erfolge und Misserfolge, für eure Bewährung im Leben und für eure Niederlagen und euer Versagen. Ich fühle mich euch eng verbunden. Vielleicht sogar noch enger verbunden, als es mancher leiblicher Vater ist. Denn ich habe diese Vaterschaft sehr bewusst übernommen. Ich habe gewusst, dass ihr mich brauchen werdet; mehr brauchen werdet, als viele Kinder aus ›normalen Familien‹ ihren Vater brauchen. So habe ich mir die Aufgabe, euer Vater zu sein, nicht leicht gemacht. Jetzt verbinden mich mit euch viele gemeinsam erlebte Freuden, aber auch viele Schwierigkeiten, die wir gemeinsam zu meistern hatten. Es hat uns oft sehr viel Mühe gekostet, einander zu verstehen und zueinander zu finden. Es war viel Fremdsein zwischen uns zu überwinden, ehe wir zu einer großen, lebendigen Familie zusammenwachsen konnten. Viele von euch habe ich als Säugling im Arm gehalten. Später war ich Tauf- oder Firmpate eurer Kinder. Ihr seid für mich sehr viel mehr als einfach Menschen, die ich seit langer Zeit kenne. Ihr seid mir ans Herz gewachsen. Ihr seid ein Stück von mir. Ich freue mich, dass es euch gibt. In der Sorge um euch habe ich die Erfüllung meines Lebens gefunden. Ihr wisst, dass ich ein strenger Vater bin. Ich bin ein strenger Vater, weil ich euch liebe, weil ich euch in Gefahr weiß und weil es meine Pflicht ist, euch den Rückhalt zu geben, den die meisten von euch durch den Verlust ihrer Eltern und ihres Zuhauses nicht mehr hatten. Das Schicksal hat den meisten von euch bittere Enttäuschungen bereitet. Ihr habt lernen müssen, mit dem euch zugefügten Leid zu leben. Ich kann es jedem von euch nachfühlen, denn ich war selbst noch ein Kind, als ich meine Mutter verlor. Aber nun bin ich euer Vater. Ihr habt euch vor nichts mehr zu fürchten.«

Hermann Gmeiner war zeitlebens stolz auf seine Tausende Kinder. Er hatte nie eigene Kinder. Die Liebe zu allen hat die Liebe zu einer Frau, zu einer Familie immer wieder verdrängt. Kurz vor seinem Tod hatte er in einem Interview noch gestanden: »Ich habe viele, viele Jahre darunter gelitten. Jetzt bin ich glücklich, dass ich nicht verheiratet bin. Ich reise so viel in der Welt herum, habe so viele Aufgaben, da brauche ich auf niemanden Rücksicht zu nehmen.« Sätze, die sich härter lesen, als er sie spricht. Und doch hat man beim Abhören der Tonbänder, beim Klang seiner Stimme das Gefühl, dass Gmeiner sein Singledasein sein Leben lang kompensiert, ja sich darüber hinweggespielt hat – dass er natürlich gerne eine Frau, eigene Kinder, eine Familie gehabt hätte. Ein privater Teufelskreis, der sich immer und immer wieder schließen sollte. »Der Mensch hat nie alles, und das Glück ist nie voll. Und diejenigen, die alles wollen, haben zuletzt gar nichts.«

Freunde und Wegbegleiter haben sich im Laufe der Jahre immer wieder mit Gmeiners selbst erwähltem Zölibat auseinandergesetzt und Ursachenforschung betrieben. Professor Vinzenz Neubauer, Psychologe der ersten SOS-Stunde, führt folgende drei Gründe für die Ehelosigkeit und das Fehlen einer Lebenspartnerin an: seine starke Mutterbindung, den permanenten Zeitmangel und die verpflichtende Vorbildwirkung für die unverheirateten Kinderdorf-Mütter. »Es wäre auch für ihn sehr schwer gewesen, eine Frau zu finden, die seiner narzisstischen Ichbezogenheit Paroli hätte bieten können. Er war er und dann kam nur das Kinderdorf, da war kein Platz für irgendetwas anderes und für irgendjemand anderen. Er trug die Last einer öffentlichen Person und seines Selbstbildnisses, das ihm zum Gutsein und zu einem vollkommenen Lebenswandel verpflichtete.«

Mit der rasanten Entwicklung der SOS-Kinderdorf-Idee lastete auf Gmeiner einerseits ein unglaublicher Druck, andererseits förderte er das Bild des selbstlosen, gütigen, entrückten, aufopferungsbereiten Mannes, der allen eigenen Bedürfnissen entsagt. Zum einen wollte er dem von ihm selbst entworfenen Bild, welches sich als eines der SOS-Erfolgsrezepte manifestierte, entsprechen, andererseits litt er unter inneren und äußeren Zwängen. Immer wieder hat sich Gmeiner in die Einsamkeit zurückgezogen und darüber sinniert, wie in einem Brief an Professor Neubauer: »Ich bin so einsam, du weißt gar nicht, wie einsam ich bin. Manchmal ist es für mich so schwer, manchmal glaubt man, der Weg hört auf – und je mehr die Menschen für mich Bewunderung haben, mich in die Öffentlichkeit drängen, umso mehr werde ich allein, einsam und traurig über den ganzen Schall und Klang um mich. Ich möchte versuchen, mein Werk auf Erden so zu vollenden, wie es mir aufgetragen ist, und deshalb bin ich hier an diesem stillen Ort.«

Geprägt durch seine frühen Kindheitserlebnisse, den frühen Tod der Mutter und die Ersatzmutterschaft durch Schwester Elsa, hatte Gmeiner stets ein heroisches Frauenbild mit sich getragen. Als »starke, gütige Herrin« hatte er seine Mutter bezeichnet. Er liebte sie über alles, trotz der wenigen Jahre, die er mit ihr verbringen durfte. Kaum eine Frau konnte diesem Idealbild standhalten. Auffällig auch, dass er in einigen ungeschnittenen Rohfassungen von Interviews beim Erzählen über seine Mutter mit freudschen Versprechern wie »Meine Frau ...« begann.

Vom jungen Mädchenschwarm zum enthaltsam lebenden Idealisten

Dabei war der junge Hermann Gmeiner im heimatlichen Alberschwende sehr wohl ein Mädchenschwarm, wie Schwester Resi Wirth berichtet: »Der Hermann war anders als all die anderen Burschen hier bei uns. Das hat ihn schon auch für die Mädels interessant gemacht. Oft war er auf unserer Alm, aber ins Haus hat er selten welche mitgebracht. Er hatte unten im Tal eine Freundin, die Irma – glaube ich, hat sie geheißen. Die hat er auch immer während des Studiums in Innsbruck noch besucht, wenn er in den Ferien hier war. Mit dem Fahrrad ist er runtergefahren. Später hat er selten über Freundinnen erzählt.«

Ein weiteres prägendes Erlebnis in diesem Zusammenhang hatte Gmeiner im Krieg. Was nur wenig bekannt ist: Der junge Leutnant war verlobt. »Ja, Hermann war verlobt mit einer Deutschen aus Dresden und man hatte auch schon über einen Hochzeitstermin nachgedacht. In den letzten Kriegswochen sind seine Verlobte und ihre gesamte Familie bei einem Bombenangriff auf Dresden ums Leben gekommen. Das war für ihn ein schreckliches und entscheidendes Erlebnis. Er hat mit mir nur ein einziges Mal darüber gesprochen«, erinnert sich Dr. Walter Gmeiner und ergänzt: »Wäre diese Geschichte anders ausgegangen, hätte er geheiratet, wäre die Kinderdorf-Idee vielleicht nie entstanden.«

Die Ereignisse im und nach dem Krieg, die Vision, Gutes zu tun, die Legenden und Schlüsselerlebnisse haben schließlich zur weiteren Entwicklung beigetragen, meint auch Professor Neubauer: »Gmeiner hatte durch das Erlebte Schwierigkeiten, damit tiefes Vertrauen zu fassen, und schreckte mehr und mehr davor zurück, sich völlig zu öffnen, sich hinzugeben, um auch selbst erkannt zu werden. Seine tief liegenden Verletzungen schürten seine Skepsis und sein Misstrauen und ließen ihn oft übersensibel reagieren. Er wünschte sich echte menschliche Beziehungen, scheute aber generell davor zurück, einen Blick in sein Innerstes zu gewähren. Die Angst, mit seinen echten bzw. vermeintlichen Schwachstellen nicht angenommen zu werden, war zu groß, sodass er stets in einer gewissen Distanz verharrte und sich ungeliebt fühlte. Er sehnte sich nach einem Partner, der ihn versteht, hatte aber nicht die Gabe, ihn zu halten, wenn er einen gefunden hatte. Seine starke Eigenbezogenheit ließ es nicht zu, in einem Du aufzugehen, sich diesem anzuvertrauen.«

Mit seinem unglaublichen körperlichen und geistigen Einsatz für die Idee und die Kinder kompensierte Gmeiner so seine eigene innere Leere und Einsamkeit. Wegbegleiter Fritz Haider ist sogar überzeugt: »Ab dem Zeitpunkt, zu dem das Kinderdorf sein zentraler Lebensinhalt wurde, zählte für ihn als Mann das weibliche Geschlecht nicht mehr. Er wusste um die Kraft seiner Ausstrahlung speziell auf die Frau und nützte diese Eigenschaft im Sinne seines Werkes, um eben Mütter zu werben und Gönnerinnen. Aber der Gedanke, eine persönliche Beziehung zu einer Frau einzugehen, lag ihm fern. Dabei war Hermann in seinem Herzen einsam, und er litt darunter.«

Seine Lebenssituation hatte Gmeiner auch in vielen Diskussionen mit seinem Freund Hansheinz Reinprecht, verheiratet und zweifacher Vater, immer wieder zur Sprache gebracht: »Er hat zu mir immer wieder gesagt: ›Ich kann doch nicht heiraten. Wie soll ich von den Müttern verlangen, dass sie ohne Mann leben, und ich selbst hätte eine Frau und eine Familie!‹ Er hat das am Anfang als Mission gesehen und sich selbst dabei als Vorbild. Es war für ihn unvorstellbar, von den Müttern ein Zölibat zu verlangen und selbst eine Ehe einzugehen. Später hat er einfach keine Zeit mehr gehabt. Er war ein Weltmanager und nie da.« Auch Reinprecht musste auf seinen ausgedehnten Reisen an der Seite Gmeiners oft wochenlang auf die Familie verzichten und führte jahrelang eine »Doppelehe: allerdings nur 30 Prozent Kinderdorf und 70 Prozent eigene Familie«. Im Zuge der Reisen konnte Reinprecht aber auch immer wieder den Mann im asketischen Gmeiner entdecken: »Eine überzeugte Abneigung Frauen gegenüber hatte er vor allen auf Reisen nie. In Innsbruck hatte Gmeiner ein sehr inniges Verhältnis zu Frau Imma von Unterrichter. Eine wunderbare, sehr feine Frau aus Südtirol, die sehr, sehr viel für die Kinderdörfer getan hat und immer noch tut. Man kann sie wohl als seine beste Freundin bezeichnen. Wir haben alle – als logische Konsequenz – erwartet, dass er sie einmal heiraten wird. Doch er hat dann doch im entscheidenden Moment immer abgewehrt. Er hätte doch so eine große Familie mit Tausenden Kindern und bräuchte somit gar keine eigene. Irgendwie konnte ich ihn auch wieder verstehen. Er fühlte sich seiner Idee mehr verpflichtet als einer Frau.«

Der Verzicht auf eine eigene Familie – persönliche Vereinsamung zum Wohle vieler

Verständnis für diese Einstellung und Gmeiners Entscheidung kommt auch von Helmut Kutin, der gleich vorweg klarstellen möchte: »Es haben sich ja längere Zeit Gerüchte gehalten, dass ich nur Nachfolger geworden bin, weil ich auch ledig geblieben bin. Das empfinde ich als lächerlich. Es war meine eigene Entscheidung, die aber natürlich auch auf vielen Gesprächen und Erlebnissen mit Gmeiner basiert hat.« Praxisnah konnte Kutin am eigenen Leib erfahren, warum sich Gmeiner für die Großfamilie SOS entschieden hat: »Hätte ich meine eigene Familie gehabt, hätte ich mich nie so stark als Mensch einbringen können. Eine Gmeiner-These, der ich nur zustimmen kann. Ich konnte auch im Laufe der Jahre immer wieder feststellen, dass – in harte Worte gefasst – die eigene Brut eben vorgeht! Das haben wir leider und verständlich bei vielen Mitarbeitern erleben müssen. Ich habe nach einem langen Findungsprozess meine persönliche Entscheidung getroffen und bin auch zu dem Schluss gekommen: Man kann nicht von den Müttern verlangen, dass sie nicht heiraten und selbst eine eigene Familie haben, ohne nicht selbst entsprechend zu leben. Also habe ich auch die Nachfolge als Oberhaupt und Vaterfigur einer riesengroßen Ersatzfamilie von Gmeiner übernommen.«

Bei Gmeiner ist nach Kutins Ansicht diese Entscheidung sehr früh gefallen. Noch in Vietnam und Hongkong war Gmeiner an Kutins Seite kein »Kostverächter«, später habe er allerdings die eindeutigen Liebesbekundungen vieler Kinderdorf-Mütter und die zahlreichen Hoffnungen von SOS-Mitarbeiterinnen geschickt abgewehrt und für die jeweiligen Vorhaben der Organisation genutzt. »Man muss sich klar darüber sein, welchen Preis man zu bezahlen hat, und den realisiert man erst im Alter. Das war bei Gmeiner das Problem, das ihn zu einem einsamen Menschen machte. Diese Nachfolge möchte ich nicht antreten.«

Hermann Gmeiner kompensierte die Liebe zu einer Frau und einer Familie zeitlebens durch vieles, und so verfasste er zu jenem Thema, das ihn immer und überall beschäftigte, folgende persönliche Gedanken: »Was ist Liebe?«

»Es ist schwer, viel schwerer, als man denkt, diese Frage ohne Pathos und falsche Töne zu beantworten. Was Liebe ist, wurde in allen Sprachen der Welt vieltausendmal gesagt. Aber wer weiß wirklich, was sie ist? Weiß ich es? Und wie soll ich der Gefahr entgehen, zu Halbheiten und irgendwelchen Floskeln Zuflucht zu nehmen, weil ich es ja letzten Endes auch nicht weiß? Liebe ist so unglaublich viel! Sie ist eine Macht, die uns beherrscht. Sie ist eine Kraft, die uns bewegt. Und was ist sie noch? Sie ist von Gott. Und sie ist Gott. Daher erfüllt sie unser ganzes Leben. Was gibt es Wichtigeres, Eindrucksvolleres und Entscheidenderes für uns zwischen Geburt und Tod als das Erlebnis Liebe? Wir erfahren sie in vielfältigster Form. Wir erfahren sie als Mutterliebe, als erste Liebe, als Gattenliebe, als Liebe zu unseren Kindern, als Freundesliebe, als Bruderliebe, als Menschenliebe ... Liebe hat eine unbegrenzte Vielfalt, gegeben zu werden und empfangen zu werden. Liebe durchdringt uns. Sie entfaltet unser Menschsein. Dem Hassenden, dem Egoisten, dem Gefühlskalten, dem Gleichgültigen, dem Bösen ist das Menschsein in diesem Sinne – so scheint es mir – verwehrt. Ihnen ist der Zugang zur Entfaltung echter Menschlichkeit verschlossen. Denn alles, was den Menschen menschlich macht und über das reine Kreatürliche hinaushebt, kommt aus der Liebe. Güte kommt aus ihr. Hilfsbereitschaft kommt aus ihr. Feindesliebe kommt aus ihr. Ja, auch Schönheit kommt aus der Liebe. Liebe ist Freude. Sie ist vor allem Freude am Dasein der anderen – unserer Mitmenschen. Liebe ist Freude darüber, dass es sie gibt. In dieser Freude könnten alle Menschen verbunden sein. Liebe – ja, das ist mein Glücklichsein darüber, dass es dich, mein Bruder, und dass es dich, meine Schwester, gibt. Dieses Wissen um meinen Nächsten verpflichtet mich zu Handlungen, die eben nur aus der Liebe heraus möglich sind. Das ist eigentlich alles, was ich mit gutem Gewissen über die Liebe sagen kann.«

Ein Jubilar feiert widerwillig – die Welt gratuliert Hermann Gmeiner zum 65. Geburtstag

Hermann Gmeiner konnte lustig sein und er liebte es zu feiern – überall auf der Welt. Allerdings nicht, wenn es um seine eigene Person ging. Er zog es stets vor, an seinen Geburtstagen zu arbeiten, zu flüchten, möglichst weit weg. In entlegenen Kinderdörfern der Welt verbrachte er in der Regel seine Geburtstage. Nicht so den 65. Nach langem Zögern konnte der Jubilar von seinen engsten Mitarbeitern zu einem Fest überredet werden. Bescheiden und dankbar, wie es seine Art war, nahm Gmeiner so auch die Flut an Glückwünschen entgegen: »Ich war zwar darauf vorbereitet, aber zuletzt hat es mich doch sehr überrascht, plötzlich 65 Jahre alt geworden zu sein. Aber meine Freunde bitten mich, diesen Geburtstag zu feiern. Sie haben wahrscheinlich recht. Denn es ist Zeit, für jedes Jahr auf Erden dankbar zu sein. Dankbar zu sein auch für die Aufgaben, die ich im Leben gefunden habe. Das alles ist ja nicht so selbstverständlich, wenn man sieht, wie viele Menschen an ihrem Leben vorbeileben. Sie leben zwar im Wohlstand, aber das Leben geht nicht mitten durch sie hindurch mit all seinen Problemen und Sorgen und Leiden. Und so bleiben die Augen solcher Menschen vor dem Guten verschlossen.«

Glückwünsche und Sympathiekundgebungen nicht nur aus dem engsten Kreis, sondern von Staatsoberhäuptern aus aller Welt trafen in den Junitagen 1984 im Innsbrucker SOS-Büro ein.

Sehr geehrter Herr Präsident!
Nehmen Sie bitte aus Anlass Ihres 65. Geburtstages meine herzliche Gratulation zu Ihrem bisherigen Leben und Wirken entgegen. Aus der geistigen und menschlichen Not des Zweiten Weltkrieges haben Sie eine Idee geboren, welche eine wahre Revolution der Jugendfürsorge eingeleitet hat. Unser Land ist stolz darauf, dass es ein Österreicher war, der mit dem von

einem nicht nur propagierten, sondern auch in selbstloser, unermüdlicher Arbeit in die Tat umgesetzten Kinderdorf-Gedanken den Waisenhäusern und Massenheimen den Kampf ansagte. An Ihrem Geburtstag können Sie mit Genugtuung feststellen, dass Ihre Initiative sich weltweit durchgesetzt hat. Mit einem großen Respekt vor diesem humanitären Werk verbinde ich meine besten Wünsche für eine der schönsten Aufgaben, welche Menschen gestellt ist: elternlosen und verlassenen Kindern den Schutz und die Geborgenheit einer Familie zu geben. Möge es Ihnen beschieden sein, noch lange in Gesundheit und Schaffensfreude Ihr Lebenswerk fortzusetzen.

Mit aufrichtiger Wertschätzung
Ihr Rudolf Kirchschläger
Bundespräsident der Republik Österreich

Sehr geehrter Herr Professor Gmeiner,
zu Ihrem 65. Geburtstag sende ich Ihnen meine herzlichen Glückwünsche.
Seit 35 Jahren arbeiten Sie unermüdlich am Aufbau der SOS-Kinderdörfer, in denen elternlose Kinder die Geborgenheit einer Familie erleben. Wie erfolgreich diese Idee ist, beweist die mittlerweile weltweite Verbreitung der Kinderdörfer. Verlassenen Kindern eine sorgfältige und liebevolle Betreuung zukommen zu lassen, ist ein praktischer Beitrag zum Frieden. Ich wünsche Ihnen in Zukunft alles Gute.

Mit freundlichen Grüßen
Karl Carstens
Präsident der Bundesrepublik Deutschland

Lieber Dr. Gmeiner,
anlässlich Ihres 65. Geburtstags möchte ich Ihnen hiermit die besten Wünsche vermitteln. Ich wünsche Ihnen auch weiterhin beste Gesundheit und ein glückliches Leben.

Ihre Jehan Anwar El-Sadat
Präsidentin des ägyptischen SOS-Kinderdorf-Vereins

Nur drei von Hunderten, ja Tausenden Glückwunschbotschaften, von prominenten und unbekannten Menschen aus aller Welt, welche Hermann Gmeiner rund um den 23. Juni 1984 erreichten. Glückwünsche, Ehrungen und Auszeichnungen, die er stolz und gerne entgegennahm – »im Sinne der guten Sache« –, wie er immer wieder betonte. Was dem Jubilar jedoch wirklich Freude bereitete, waren jene kleinen Dinge, die ohne große Worte auskamen. Jene Präsente, die in Packpapier oder in schlichten Briefumschlägen auf seinem Schreibtisch landeten: Bolivianische Kinder hatten wochenlang geschnitzt. Reiszeichnungen kamen aus Tibet, bunte Malereien aus Afrika. Indische Jugendliche flochten kleine Teppiche. Österreichische und deutsche Kinder malten Ölbilder und Porträts von ihrem Vater. »Das hat damals seine Augen und sein Herz wirklich strahlen lassen; das hat ihm sichtlich die größte Freude bereitet«, erinnert sich Professor Reinprecht an den Geburtstag, den Gmeiner ursprünglich gar nicht feiern wollte.

Gutes tun wurde für den Menschen Gmeiner am Ende beinahe zu viel des Guten

»Seit es Menschen gibt, ist offenbar keine Frage so zeitlos aktuell wie die Frage, was gut und was schlecht sei. Diese Frage steht gewiss nicht im Vordergrund der Probleme, die uns tagaus, tagein unmittelbar beschäftigen. Sie ist jedoch stets gegenwärtig. Sie ist eine Schicksalsfrage schlechthin. Jede, auch die kleinste und unbedeutendste Entscheidung, die an uns herantritt, wird letzten Endes der Antwort entsprechend getroffen, die der Einzelne auf die Frage, was gut und schlecht sei, bereit hat. Nach dieser Antwort richtet sich unser Denken, richten sich unsere Meinungen. Nicht von ungefähr stellt die Bemühung, dem Menschen zu sagen, was gut und was schlecht sei, ein zentrales Thema aller Lebenslehren unserer und ferner Kulturen, der Mythen, der Legenden und philosophischen Erörterungen dar. Nicht zufällig sucht und braucht der Mensch das Rüstzeug und den Rückhalt seiner Religionen. Im Alltag mögen die uns anerzogenen Begriffe, unsere Erfahrungen, die Ordnung der Gesellschaft, in der wir leben, mitbestimmend für unsere Einstellung gegenüber dem Guten sein. Einzig und allein ausschlaggebend sind sie bestimmt nicht. Denn das Gute ist nicht nur ein Zaun von Verordnungen, Lehren und Regeln, der nicht durchbrochen werden darf, dem wir uns im eigenen Interesse anpassen müssen. Das Gute ist in uns. Es lebt mit uns. Der Mensch, das nie vollendete Geschöpf Gottes, ist vor die Aufgabe gestellt, aktiv gut zu sein. Es ist nicht von der Hand zu weisen: Das Gute ist relativ. Es ist relativ, weil es neben dem jeweils Guten stets das Bessere gibt, das wir suchen und anstreben wollen. Aktives Gutsein geht daher Hand in Hand mit dem Suchen nach Besserem. Besseres und von Tag zu Tag mehr Gutes zu leisten, sollte unser ständiges Bemühen sein.«

Diese Gewissensfrage wurde mit den Jahren immer mehr zur persönlichen Belastung von Hermann Gmeiner. Ein Schicksal, das er mit vielen genialen Menschen teilte. Je größer, je weltumspannender SOS-Kinderdorf wuchs, desto mehr sah sich der Gründer seiner Idee und seiner Organisation verbunden. Und desto mehr wollte er erreichen und erarbeiten.

»Es waren die vielen Reisen, die ständigen Klima- und Zeitwechsel und natürlich auch die immer größer werdende Verantwortung, die Gmeiner in den letzten Jahren seines Lebens sehr schwierig machten«, weiß Alexander Gabriel, der sich in den letzten Jahren mehr und mehr von seinem Chef entfernte. Der Grund lag vor allem in der eigenen Familie, die Gabriel gegründet hatte. Gmeiner wollte und konnte den Schritt seines langjährigen persönlichen Assistenten nicht verstehen. Er fühlte sich verlassen und zurückgesetzt. Gemein und ungerecht habe er Gabriel daraufhin behandelt, er wollte ihn zu seinem Leibeigenen machen – so hört man aus dem engsten Kreis. »Gmeiner war enttäuscht und hat es nie verstanden, dass Gabriel sich für seine Familie entschieden hatte. Er wurde noch einsamer und manchmal sogar etwas sonderbar«, erklärt Kutin und ergänzt: »Einfach war er ja nie, aber das hat ihn auch ausgemacht. Man musste sich manchmal rechtzeitig abgrenzen. Eine Selbstschutzmaßnahme – und das ist mir gelungen.«

Ein Mann mit vielen Eigenschaften und extremer Intensität

Alle seine Freunde und engsten Mitarbeiter, ja jeder, der Gmeiner persönlich begegnet ist, hatte immer von seinem Charisma und seiner Aura gesprochen: »Er schaute nie durch einen Menschen hindurch, sondern immer ganz tief in sein Inneres hinein, und erkannte sofort die Probleme und Nöte.« – Eine edle, gute Eigenschaft, aber mit zunehmendem Alter verkehrte sich die Güte und das Verständnis seiner Umwelt gegenüber immer öfter ins Gegenteil. »Er hat Menschen beherrscht, aber das immer schon. Da er eine unglaubliche Menschenkenntnis hatte, hat er auch fast immer recht behalten. Man konnte sich ihm kaum entziehen. Er war eine bestimmende Figur, manchmal unerbittlich und eine Führernatur. Das hat sich schon bei seiner Jugendarbeit in Innsbruck herauskristallisiert. Er hat Kritik schlecht vertragen und hat einem das lange nachgetragen. Wir haben all diese Eigenschaften aber auch schätzen gelernt. Im Alter ist er jedoch immer empfindlicher geworden«, beurteilt Professor Reinprecht die letzten Jahre. Abnutzungserscheinungen, unerträgliche Einsamkeit und Erschöpfung machten sich immer offensichtlicher bemerkbar, auch wenn der Elan und der Einsatz Gmeiners für die Sache ungebremst waren. »Er konnte oft sehr böse werden, stundenlang auf einem Thema herumhacken. Kritik hatte er immer schon wenig vertragen und er hat kräftig ausgeteilt. Er konnte in einer Intensität gutartig sein und im nächsten Moment mit derselben Intensität bösartig und Leute so richtig fertigmachen. Manche haben monatelang unter einem kleinen Fehler gelitten, weil er sich dann einfach von ihnen abgewendet hat.« Zumeist konnte Gmeiner aber seine Mitarbeiter nicht durch die Größe seiner Taten, sondern durch seine menschliche Größe versöhnen und überzeugen, bestätigt sein Nachfolger Kutin. »Er hatte nach Auseinandersetzungen immer wieder die Größe, mitten in der Nacht aufzutauchen, um sich zu entschuldigen. Damit konnte er Menschen überzeugen und sie für sich gewinnen.« Eines seiner Lieblingshobbys hat Gmeiner dann mit den Seinen geteilt: das Kochen. Von Hausmannskost aus dem Bregenzer Wald bis hin zu asiatischen, exotischen Gerichten hat er aufgetischt. Als Entschuldigung, als Dankeschön.

Die oft kursierende Theorie der Selbsttherapie durch die Kinderdorf-Idee, der Aufarbeitung seines persönlichen Schicksals, sieht Kutin bei Gmeiner nicht: »Ich persönlich bin nicht davon überzeugt, dass Gmeiner seine Vision nur als Selbsttherapie realisiert hat. Vielleicht am Beginn, aufgrund der schrecklichen Jugenderlebnisse. In dem Moment, als SOS zum Erfolg wurde, war es dann keine Selbsttherapie mehr. Gmeiner und SOS waren eins; verschmolzen. Sein Werk zum Wohle der vielen.«

Immer mehr Kraft hatte der bekennende und streng katholisch erzogene Gmeiner in diesen Tagen aus seinem Glauben geschöpft. Kutin denkt schmunzelnd an so manche Szene in der Vergangenheit zurück: »Er war immer sehr, sehr gläubig. Das hat früher anlässlich meiner Europaaufenthalte dazu geführt, dass wir oft mitten in der Nacht den Pfarrer Mayer angerufen haben und ihn entscheiden ließen, was Sünde ist und was nicht. Der arme Kerl!«

Gmeiner wusste um seinen Glauben und die Kraft, die er daraus sein Leben lang gezogen hatte. Geprägt in der Familie, vertrauend im Krieg und Hilfe spendend in den schwierigen Situationen des Aufbaus von SOS-Kinderdorf, schrieb er einmal: »Am allerwenigsten ließ mich in den Krisen, durch die ich ging, die Religion im Stich. Ich verfuhr mit ihr sehr eigensinnig und eigenwillig. Ich sträubte mich gegen jede Art floskelhafter Frömmigkeit und gegen Festgehaltenwerden am Gängelband geläufiger Vorstellungen und Meinungen. Trotz der Freiheiten, die ich mir stets nahm – vielleicht gerade deshalb –, fand ich in der Religion – in meinem Glauben – einen krisenfesten Rückhalt und eine verlässliche Lebenshilfe. Was mich anbelangt, so verdanke ich der Religion genauso viel wie dem Wissen, das ich im Laufe der Jahre erworben habe. Und ich bin glücklich darüber, dass mir der Glaube in den kritisch-stürmischen Entwicklungsjahren nicht abhandengekommen ist.«

Eine Betrachtungsweise, die Gmeiner auch mit Professor Heinz Nußbaumer oft diskutierte: »Es wäre übertrieben zu sagen, dass er eine irdische Mission zu erfüllen hatte, aber dass er ein tiefgläubiger Mensch war und seine lebenslange Motivation durch den christlich-katholischen Glauben gespeist war, ist unbezweifelt. Der christliche Auftrag war ein Korsett für sein Leben. Für seine Botschaft war ausschlaggebend, dass allein die Richtung wichtig ist, von der man auf den Berg hinaufblickt, egal welchem Glauben man angehört. Somit hat Gmeiner stets alle Religionen akzeptiert.« Eines jener Prinzipien, mit denen Gmeiner seine Kinderdorf-Idee weltweit und bis heute so erfolgreich machen konnte.

Die zunehmende Vereinsamung des Hermann Gmeiner

Krankheit, Frustration, persönliche Einsamkeit. Hermann Gmeiner entglitt, trotz oder gerade wegen des wachsenden Erfolgs, das reale Leben immer mehr. Feststellen konnte das aber nur, wer dem engsten Kreise angehörte. Gmeiner entwickelte sich mehr und mehr zu einer gespaltenen Persönlichkeit. Mit fortschreitendem Alter, mit der immer umfangreicher werdenden Organisation und der damit einhergehenden Verantwortung begann sich eine immer offensichtlichere Entwicklung zwischen dem öffentlichen und dem privaten Hermann Gmeiner zu manifestieren. »Ja, es gab zwei Gmeiner. Je berühmter und bekannter er wurde, desto mehr brauchte der öffentliche Gmeiner als Privatmann einen emotionalen Ausgleich. Den suchte er im engsten Mitarbeiterkreis. Notgedrungen, denn Freunde, außerhalb der SOS-Organisation, hatte er eigentlich nie gehabt. Er hatte keine Zeit für ein wirkliches Privatleben. Er war zuletzt sehr einsam.« Gmeiner fühlte sich verlassen und oft auch von seinen Mitarbeitern unverstanden, wie Kutin zu berichten weiß: »Er war in den letzten Jahren ein sehr, sehr einsamer Mensch. Er konnte die ganze Nacht herumschreiben und am frühen Morgen auftauchen und einem erzählen, dass er nun doch wieder seinen Frieden mit sich und Gott gefunden habe. Aber das hat nicht gestimmt, das hat man gemerkt. Man hat es ihm angesehen. Er konnte sein Leben so nicht mehr ertragen. Und dann kam auch immer häufiger der Alkohol ins Spiel!«

Ein Problem, das man bei SOS zwar kannte, aber nie so recht wahrhaben wollte. Ein Ventil, ein Hilferuf, eine Flucht. Ein Problem, welches auch der Arzt und Großneffe Dr. Walter Gmeiner kommen sah: »Er ist oft an sich und an dem, was er gemacht hat, verzweifelt. Er hat ja in all den Jahren hauptsächlich die negativen Sachen wahrnehmen müssen. Über das Positive wurde ja auch intern nie so intensiv und ausführlich geredet und berichtet. Das hat ihn zusehends mehr und mehr belastet. Ich habe immer seine Geradlinigkeit geschätzt, die auf der anderen Seite eine positive Sturheit war. Er war manchmal sehr hart, und am meisten sich selbst gegenüber. Alkohol war seine Droge, mit der er über so manche Probleme eben leichter hinweggekommen ist.«

Gmeiner liebte stets die Gemütlichkeit, gutes Essen und hatte immer schon gerne ein gutes Gläschen Rotwein zu sich genommen. Nie allerdings, wenn es um Entscheidungen oder wichtige Belange ging. Bis zuletzt. »Ich will nicht verschweigen, dass er ein kleines Problem hatte, aber Gmeiner hat sich nie Mut angetrunken. Das hatte er nicht notwendig. Er hatte nie, wenn er wichtige Termine hatte, auch nur einen Tropfen getrunken. Immer erst nach getaner Arbeit, wenn wir gemütlich zusammengesessen sind.« Nicht nur bei der Schilderung Helmut Kutins kann man da einen leichten Selbstvorwurf heraushören. Viele enge Mitarbeiter haben über die Jahre berichtet, dass »der Herr Direktor wesentlich erträglicher und zugänglicher war, wenn er ein paar Schluck Rotwein oder Whisky getrunken hatte. Also schenkte man ihm stets nach.«

Gmeiners gesundheitliche Probleme und eine neue, umstrittene Idee abseits von SOS-Kinderdorf

Die ersten Anzeichen einer gewissen mentalen Müdigkeit und physischer wie psychischer Probleme machten sich im engeren Umfeld ab 1981 bemerkbar. Immer öfter begann Gmeiner, seinen Physiotherapeuten in München aufzusuchen, und die Schmerzen im Rückenbereich wurden immer unerträglicher. Alexander Gabriel erinnert sich: »Auf den Reisen bauten wir immer öfter auch freie Tage ein, an denen Gmeiner vor allem in warmen Ländern zum Schwimmen ging und seinen Körper am Strand in den heißen Sand eingrub, damit seine Schmerzen etwas erträglicher wurden.« Schmerzen, die Gmeiner viele Jahre begleiteten und die er erduldete. Als Rückenprobleme wurden sie viele Jahre abgetan und behandelt. Schmerzen, über die der harte Vorarlberger zu kaum jemandem sprach. Auch nicht zu seinem Neffen, dem Mediziner Walter Gmeiner: »Ich wusste nicht, dass der Zustand lange Zeit so schlimm war. Seine Probleme mit der Halswirbelsäule waren mir bekannt. Die konnte man auch stabilisieren. Er hat nie darüber gesprochen. Vielleicht zu lange nicht.«

Seine ersten Absichten, die Führungsposition seiner SOS-Kinderdörfer in die Hände von Helmut Kutin zu legen, äußerte er im Januar 1981. »Das war für mich zu früh und ich habe ihm abgeraten«, lehnte Kutin die überraschende Bitte ab. Den Plan, sein Werk später einmal jemandem zu übergeben, der mit Verstand, Herz und Nieren dabei sei und voll hinter seiner Idee stehen würde, hatte Gmeiner schon Jahre zuvor geschmiedet. Das weiß auch Professor Neubauer: »Schon früh hatte sich Gmeiner dafür entschieden, den Personenkreis der einstigen SOS-Kinderdorf-Zöglinge mit wichtigen Aufgaben zu betrauen, sie auf Reisen mitzunehmen und zu beobachten, um dann entsprechend der Bewährung einen von ihnen als seinen Nachfolger zu bestimmen.«

Im Jahr darauf kündigte Gmeiner erstmals öffentlich an, dass er seine Aufgaben als Präsident von SOS-Kinderdorf noch zu Lebzeiten an Helmut Kutin übergeben wolle, um sich anderen Projekten und neuen Lebensaufgaben stellen zu können. In einem Interview mit der Wiener *Arbeiter-Zeitung* war über Gmeiner zu lesen, die Angst vor einem nahenden dritten Weltkrieg habe sich bei ihm festgesetzt und er wolle sich fortan völlig der Friedensbewegung widmen, um die Mütter auf der ganzen Welt gegen den Krieg zu mobilisieren.

Als Sitz seiner neuen weltweiten Friedensbewegung hatte Gmeiner die im Dezember 1981 in Innsbruck-Egerdach eröffnete Hermann-Gmeiner-Akademie, das nunmehrige geistige Zentrum seiner SOS-Idee, auserkoren. Das Begegnungs-, Weiterbildungs- und Erholungszentrum für Mütter und Mitarbeiter, hoch über den Dächern von Innsbruck, in dem heute auch SOS-International untergebracht ist, sollte als Hauptquartier der neuen »Friedensbewegung der Mütter« fungieren. Gmeiner ließ damals über die österreichische Tageszeitung *Kurier* und den ihm vertrauten Journalisten Professor Heinz Nußbaumer verkünden, es sei ersichtlich geworden, das weder die Regierungen, Priester und Lehrkräfte noch die Jugend die Verhinderung des Krieges bewirken. Vom diesbezüglichen Erfolg der Mütter, vor allem aber vom Erfolg seines Planes, zeigte sich Gmeiner überzeugt – zumindest nach außen hin. Am Ende seines Lebens wollte er zu seinen Anfängen zurückkehren: »Ich werde solche Mütter finden – einfach weil ich daran glaube! Alles, woran man wirklich glaubt, kann man letztendlich auch erreichen.«

Friedensbewegung der Mütter – eine gefährliche Gratwanderung für SOS-Kinderdorf

»Eine großartige Story, die innerhalb von Tagen um die ganze Welt gegangen ist, aber eine völlig absurde Idee, die SOS-Kinderdorf nur geschadet hätte«, betrachtet Nußbaumer heute die damaligen Schlagzeilen etwas nüchterner. Gmeiner hatte ihn förmlich überfallen und ihn zur Exklusivstory überredet. Gmeiner hat in dem langen, ausführlichen Interview geschwärmt und war davon überzeugt, »mit den Müttern Frieden schaffen« zu können. Mütter diesseits und jenseits des Eisernen Vorhanges wollte er anwerben und aufbauen und so einen weltweiten, anhaltenden Frieden schaffen. »Ich möchte Mütter finden, die aufstehen und ohne

Angst sagen: ›Wir werden verhindern, dass unsere Söhne noch einmal Waffen in die Hand nehmen.‹« Gmeiner weiter im Interview: »Das System dieses Friedenwerks ist für mich ganz klar – ich habe mir das bis ins Detail überlegt. Ich beginne mit 30, 40 Frauen in allen ideologischen und religiösen Lagern. Ich fange an, Zellen aufzubauen. Ich motiviere Frauen, die aus Mutterliebe ihre politischen Bedenken beiseiteräumen. Denn der Einzelne kommt schwer über die Hemmungen hinweg – gemeinsam aber ist es leichter.« Auf die Frage, ob denn nun das zweite Leben des Hermann Gmeiner beginnen würde, antwortete er: »Nein, es ist eine Fortsetzung. Denn für mich ist da kein Bruch. Ich habe einfach den Glauben daran verloren, dass uns die Atombombe auch in Zukunft den Krieg ersparen wird. Ich habe ein solches Ausmaß an Hunger und Not gesehen, dass ich fürchte, die Mischung aus Armut und ideologischem Fanatismus könnte schon bald schauerliche Folgen haben. Das ist der Grund, warum ich die letzten Jahre meines Lebens dazu verwenden möchte, mich dem Frieden zu widmen.«

Nußbaumers kritische Bedenken tat Gmeiner mit den Worten ab, seine SOS-Kinderdörfer seien »ein unsinkbarer Flugzeugträger, der weltweit erfolgreich auf allen sozialen Meeren« kreuze. Und dass es genügend tolle Mitarbeiter gäbe, die das stolze Schiff übernehmen und steuern könnten. Zwar gingen die *Kurier*-Schlagzeilen gleich am Tag nach Erscheinen in deutschen und internationalen Medien rund um die Welt, doch im Kinderdorf-Hauptquartier wurde die SOS-Notbremse gezogen. »So geht das nicht, das müssen wir dem Hermann abdrehen«, lautete die empörte und kluge Reaktion von Generalsekretär Reinprecht, denn »diese neuen Hirngespinste von der Friedensbewegung« würden der SOS-Idee schaden. Man könne nicht eine Zweifirmentheorie glaubwürdig machen, bei der der Vater der Kinderdörfer gleichzeitig auch die Galionsfigur der Friedensbewegung ist. Das wäre ein politisches Bekenntnis und könne nur zu einem Chaos führen.

Der gesamte SOS-Vorstand, also Reinprecht, Kutin und auch Gabriel, wirkte auf Gmeiner ein und konnte ihn letztendlich vom Scheitern seines Vorhabens überzeugen. Gmeiners gelassene Reaktion: »Wir werden es vorerst erst einmal lassen, aber nicht für immer und ewig. Jetzt kann ich das nicht weiterverfolgen, weil es zu viele interne Ängste gibt.«

Zeitgleich erzählte Gmeiner Gabriel über ein weiteres Projekt im Rahmen seiner Friedensbemühungen. Gabriel: »Er wollte mit seiner ›Sensation des Guten‹ auch mit einem neu gegründeten Radiosender polarisieren. Dieser Sender sollte nur positive Nachrichten ausstrahlen. Weltweit jede Stunde nur positive Meldungen bringen. ›Wenn ein Mord passiert, berichten alle darüber. Schöne, positive Dinge will keiner zur Schlagzeile machen. Das würde die Menschen und die Welt besser machen‹ – davon war er überzeugt. Gmeiner war da schon manchmal nicht mehr auf dieser Welt. Es war eine schwierige Zeit.«

Professor Nußbaumer, der Gmeiner damals nach weiteren intensiven Gesprächen auch geraten hatte, die Sache ad adcta zu legen, geht heute noch weiter: »Bei Hermann Gmeiner kamen in der letzten Zeit mehrere Faktoren zusammen: eine furchtbare persönliche Einsamkeit, weil er sich Tag für Tag mit dem Leid der Kinder in der Welt konfrontiert sah. Dann kam er am Abend nach Hause und konnte es niemandem erzählen. Es gab niemanden, der ihn in seiner Verzweiflung und Frustration aufgenommen hätte. Er hat sehr viel geraucht und oft seine Abende mit viel Alkohol verbracht. Trotz der hunderten Titel, Ehrendoktorate und Orden bekam er den Nobelpreis nie. Es kam zu seltsamen Entfremdungen seines Charakters. SOS-Kinderdorf hat schließlich versucht, Hermann Gmeiner vor seinen Spätphänomenen zu schützen. Er war drauf und dran, seinen eigenen Sockel zu demontieren, und hat viel Schutz gebraucht.«

Die im Interview angekündigte Umsetzung seiner neuartigen Idee der Friedensbewegung wurde aufgegeben, die gleichzeitig angekündigte Übergabe seiner SOS-Präsidentschaft sollte jedoch zwei Jahre später realisiert werden.

Kinderdorf-Kind Helmut Kutin tritt als Nachfolger in Gmeiners Fußstapfen

Für Eingeweihte war es längst keine Überraschung mehr, dass Gmeiner noch zu Lebzeiten seine wohlüberlegte Nachfolge plante und auch bestimmte, wer sie übernehmen sollte. In einem Interview im Jahr 1984 verlautbarte er bereits: »In diesem Jahr werde ich noch viele neue Dörfer in aller Welt eröffnen. Dann aber ist der Hof wohl bestellt. Ich habe herrliche Mitarbeiter – einer von ihnen soll im nächsten Jahr an meiner Stelle an die Spitze von SOS-Kinderdorf-Internatioanl treten. Er heißt Helmut Kutin, war selbst ein Waisenkind in Imst, ist Lehrer und heute 40 Jahre alt. Er wird mein Nachfolger.«

Kutin selbst wusste seit 1981, dass er der Wunschkandidat für die Gmeiner-Nachfolge sein würde. Gmeiner hatte ursprünglich auch mit SOS-Urgestein Fritz Haider geliebäugelt, doch der hatte abgelehnt. »Wegen seiner Familie«, weiß Alexander Gabriel und ergänzt: »Gmeiner hatte klar erkannt, dass er noch zu Lebzeiten jemanden bestimmen müsse, denn sonst würde es einen Streit um die Nachfolge geben. Schließlich haben intern damals schon mehrere in den Startlöchern gescharrt. Das wollte und konnte er verhindern. Mit Kutin hat er eine gute und würdige Wahl getroffen.«

Bei der Gmeiner-Familie in Alberschwende war schon lange zuvor klar, dass Ziehsohn Helmut Kutin in seine Fußstapfen treten würde. »Uns hat er es schon länger angedeutet, dass der Helmut sein Nachfolger wird. Da waren wir sehr glücklich drüber und auch froh für die Kinderdörfer«, erinnert sich Schwester Resi Wirth. Dr. Walter Gmeiner ergänzt: »Er hat Helmut nicht nur deswegen genommen, weil er sein engster Vertrauter war, sondern Hermann wollte klare Zeichen setzen und verhindern, dass das SOS-Ruder aus der europäischen Hand kommt. Er wollte nicht, dass die Präsidentschaft über seine Idee ein Südamerikaner, Afrikaner oder Asiate übernimmt. Er sollte aus den eigenen und engsten Reihen kommen. Mit Kutin hat er die beste Wahl getroffen.«

Eine Wahl, die laut Nachfolger lange und intensiv vorbereitet war: »Auf der einen Seite hat er mir immer wieder mitgeteilt, dass sein Vater über 80 Jahre alt geworden ist und er selbst sicher über 90 wird. Auf der anderen Seite muss er länger schon gespürt haben, dass es nicht mehr lange mit ihm geht und seine Zeit gekommen ist.« Nach einer erfolgreichen Prostataoperation im Jahr 1984 war Gmeiner bester Dinge und auch medizinisch konnten keine Merkmale der nahenden Krebserkrankung festgestellt werden. Kutin gegenüber hat er damals bestimmend und lächelnd geäußert: »Helmut, du kannst noch so gut sein oder auch besser als ich, aber auch wenn du mein Nachfolger bist, werde ich immer der Gründer bleiben.«

Am 10. Mai 1985 entschied Hermann Gmeiner schließlich seine Nachfolgerschaft. Im Rahmen der Generalversammlung von SOS-Kinderdorf-International in der Hermann-Gmeiner-Akademie in Innsbruck präsentierte er Helmut Kutin den 150 SOS-Delegierten aus 60 Ländern: »Liebe Freunde! Unser Werk ist groß geworden. Es ist ein gutes Werk. Der Erfolg ist an unserer Seite. Aber seien wir uns des einen bewusst: Wir stehen erst am Beginn unserer groß angelegten sozialen Jugendfürsorge. Wir haben den Anfang geschafft, nicht mehr. Unser Bemühen um mehr Liebe und Güte in der Welt muss jetzt erst so richtig zum Tragen kommen. Ich habe mein Leben immer ganz in den Dienst der Kinder gestellt. Ihr wisst, ich habe nie ein Privatleben gehabt. Ich war immer im vollsten Einsatz. Darüber bin ich müde geworden, liebe Freunde. Ich kann nicht mehr so wie vor 35 Jahren. Und darum möchte ich heute meine Funktion als Präsident von SOS-Kinderdorf-International zurücklegen und euch ersuchen, Helmut Kutin als meinen Nachfolger zu wählen; jenen Mann, der sich in Asien so bewährt hat und der heute eine der tragenden Säulen unseres Werkes ist. Ich verbinde mit dieser Empfehlung auch den Wunsch, dass die SOS-Kinderdörfer eines Tages auch von jenen weitergetragen und geführt werden, die aus unseren Dörfern herausgewachsen sind.«

Einstimmig wurde der am 4. Oktober 1941 im Südtiroler Bozen geborene Helmut Kutin zum Nachfolger seines großen Idols und Ziehvaters Hermann Gmeiner gewählt. Insgesamt 233 Kinderdörfer, 384 Sozialzentren und die Hermann-Gmeiner-Akademie wurden ihm von Gmeiner übergeben. Mit Stolz, großem Verantwortungsbewusstsein und höchst erfolgreich führt Helmut Kutin seither Gmeiners Lebenswerk als Präsident weiter: »Ich sehe es als Positivum, die Wurzeln des Hermann Gmeiner weiterzutragen, denn nur das kann die Organisation stark machen. Sonst verflacht sie und wird zu einem reinen Administrationsapparat – und verliert die Menschlichkeit. Die Menschen brauchen neben einer gut funktionierenden Organisation auch einen Menschen zum Angreifen, eben etwas Lebendiges.« Kutin ist froh, dass Gmeiner rechtzeitig die Nachfolge geregelt hat: »In einer normalen Konstellation könnte Gmeiner auch heute, mit 90 Jahren, noch leben. Aber es wäre für SOS-Kinderdorf sicher etwas schwieriger mit ihm geworden. Aufgrund seiner starken Persönlichkeit gab es noch keine Diadochenkämpfe. Nur kurz nach seinem Tod gab es ein oder zwei Personen, die nicht in seinem Sinne weitermachen wollten; aber die waren sehr schnell wieder weg. Es gibt seither eine unglaubliche Loyalität seinem Werk gegenüber. Ich hoffe, das wird auch nach mir so bleiben.«

Die letzten Tage im Leben des Hermann Gmeiner – ein großer Mensch tritt ab

Die Nachricht kam für viele überraschend. Andere und er selbst wussten längst, dass die Zeit gekommen war. Zwar hatte Helmut Kutin das SOS-Ruder fortan fest im Griff, doch Gmeiner hatte es sich nicht nehmen lassen, im Hintergrund so manche Fäden zu ziehen. Er konnte und wollte sein Lebenswerk nicht loslassen. Alexander Gabriel: »Im Grunde war Gmeiner bis zum bitteren Ende die Autorität. Helmut Kutin hat wichtige Termine immer noch mit ihm abgestimmt und besprochen. Gmeiner war auch nach der Amtsübergabe nie auf dem Abstellgleis. Er war weiterhin der offizielle Repräsentant. Alle wollte Hermann Gmeiner sehen und hören.«

Im Januar 1986 hatte sich Gmeiners gesundheitliche Situation rapide verschlechtert. »Er konnte sein wunderbares Lebenswerk in den letzten Monaten gar nicht mehr wahrnehmen. Er war unendlich einsam. Antriebslos und immer mehr tief religiös. Sein einziges Ansinnen war es, religiöse Abbitte zu leisten. Immer wieder betonte er mit der Bibel unter dem Arm: ›Ich habe jetzt meinen Frieden mit Gott gefunden!‹«

Helmut Kutin war auf seiner Antrittsreise in Südamerika unterwegs. Man hatte ihn über den bedenklichen Gesundheitszustand von Gmeiner informiert. Was mit den gewohnten Rückenschmerzen begonnen hatte, endete nach einem kurzen Eingriff mit der erschreckenden Diagnose: Metastasen im ganzen Körper. Der Krebs hatte gesiegt. Kutin: »Man hat ihn aufgemacht und wieder zugemacht. Keine Chance. Dr. Goldberg, sein Leibarzt, hat ihm gnädigerweise Morphium verabreicht. Sehr viel Morphium. Er hatte keine Schmerzen und man hatte ihn auch nicht über seinen Zustand informiert. Aber für uns, seine Kinder, begannen sehr harte Tage.«

Gmeiner dämmert die letzten Tage zwischen Traum und Wirklichkeit, begleitet von den engsten Mitarbeitern und der Familie.

Fritz Haider erinnert sich an diese schweren Stunden: »Noch im März war Gmeiner das letzte Mal im Kinderdorf Hinterbrühl. Er war angeschlagen, klagte über Rückenschmerzen, aber niemand ahnte auch nur im Entferntesten, dass er sterbenskrank war. Wie der sprichwörtliche Blitz aus heiterem Himmel traf kurz darauf die Hiobsbotschaft ein, Gmeiner sei an einem Tumor operiert worden und es gehe ihm schlecht. Einige Tage später besuchte ich ihn in der Innsbrucker Klinik und ich erschrak, als ich ihn sah. Sein Blick aus den tiefen Augenhöhlen war der eines Sterbenden. Er sprach wenig, das Reden fiel ihm schwer. Umso mehr überraschte mich, und ich war zutiefst betroffen, als er in die Stille hinein fragte: ›Fritz, hast du Probleme?‹ Das sind die letzten Worte, die mir in Erinnerung geblieben sind.«

In einem der letzten Gespräche mit Dr. Walter Gmeiner wollte der stets Suchende loyale Bestätigung finden: »›Walter, steh zu mir. Tu nie etwas gegen das Kinderdorf!‹, – bat er mich mit einem bestimmenden, sanften Funkeln in den Augen. Er hat immer den Zuspruch und die Loyalität seines engsten Kreises gebraucht, bis zum Schluss.« Alexander Gabriel, der ihn die letzten beiden Wochen begleitete: »Es war Zeit, Abschied zu nehmen und zu verzeihen. ›Bitte, Alex, besorge mir noch eine Flasche Wein und einen guten Schinken!‹ Der Arzt hatte nichts dagegen. Ich habe die letzte Nacht nicht mehr bei ihm verbracht. Ich glaube, er hat mit sich und der Welt Frieden geschlossen. Glücklich ist er nicht von uns gegangen.«

Noch drei Tage vor dem Tod wollte Gmeiner von Kutin wissen: »Helmut, hat in Südamerika alles geklappt?« Tags darauf kam erstmals die konkrete Frage: »Helmut, muss ich jetzt sterben? Ich möchte ein Testament aufsetzen.« Kutin hielt im Zimmer neben Gmeiner Krankenwache. »Er wollte keine Besucher mehr empfangen. Er hätte sie auch nicht mehr erkannt. Er fiel in einen Dämmerzustand.« In den frühen Morgenstunden des 26. April 1986 wurde Kutin am Krankenbett von Gmeiners Nichte Erika Körbler abgelöst. »Um 8.15 Uhr habe ich den Anruf erhalten, dass es vorbei ist.«

Die letzten Worte, die Erika Körbler ganz leise wahrnehmen konnte: »Er hat Mama gesagt. Immer wieder Mama! Dann ist er friedlich eingeschlafen.«

Am selben Tag kam es zur Reaktorkatastrophe von Tschernobyl.

Imst, die letzte Ruhestätte

Es war ein strahlender Frühlingstag. Die Berge zum Greifen nah. Der gewaltige Mutterkopf grüßte freundlich herunter auf Imst und das SOS-Kinderdorf. Doch die Stimmung war traurig unter den 90 Kindern des Dorfes und unter den 3 000 Gästen an diesem 3. Mai 1986. Drei Tage war Hermann Gmeiner dort aufgebahrt worden, wo 1949 alles begonnen hatte. Nun hieß es Abschied nehmen vom »Vater seiner aller Kinder«. Weltweit hat die Nachricht vom Tod des SOS-Gründers große Bestürzung und tiefe Trauer ausgelöst. Nun sollte sein letzter Herzenswunsch in Erfüllung gehen. Gmeiner wollte inmitten seiner Kinder seine letzte Ruhestätte finden. »Ursprünglich sollte Hermann am kleinen Friedhof hier in Alberschwende beigesetzt werden. Doch es war sein letzter Wille, seine letzte Bitte noch wenige Stunden vor seinem Ableben. SOS-Kinderdorf hatte es möglich gemacht, hatte die nötigen Genehmigungen eingeholt, um ihn in seinem Imst zu begraben. Anfangs ist es uns schwergefallen, aber das ist genau der richtige Ort für ihn. Dort hat er jetzt seine Ruhe gefunden«, erzählt Schwester Resi Wirth.

»Alle Kinder sind meine Kinder«, hat Gmeiner stets betont. Hunderttausende Kinderdorf-Kinder trauerten nun weltweit um »ihren Vater«, Zehntausende Menschen aus aller Welt kondolierten. 3 000 Gäste hatten die Möglichkeit, gleich neben dem »Haus Frieden« Hermann Gmeiner die letzte Ehre zu erweisen. Staatsoberhäupter, Landesfürsten, Mitarbeiter, Freunde und Gönner aus aller Welt nahmen Abschied von einer Persönlichkeit, die so viel für sie und die Welt getan hatte. Ein SOS-Kinderchor sang zum Requiem.

Noch wenige Wochen zuvor hatte Gmeiner zu seinem Freund, dem Innsbrucker Bischof gesagt: »Ich bin ein Bregenzerwälder, ich werde mindestens 99 Jahre alt. Das musst du mir erst einmal nachmachen!« Nun musste Bischof Dr. Reinhold Stecher an Gmeiners Grab die Trauerrede halten. Letzte Worte, die das Werk und die menschliche Größe von Hermann Gmeiner noch einmal besonders treffend wiedergaben:

»Wenn ein so großer und schlichter Mensch wie Hermann Gmeiner in die ewige Heimat geht, werden der Worte leicht zu viele. So soll uns ein Satz aus dem Evangelium genügen: ›Er rief ein Kind herbei und stellte es in die Mitte.‹ Dieselbe schlichte Geste umreißt auch Hermann Gmeiners Lebenswerk.

Er rief die Kinder herbei aus allen Winkeln und Ecken der Welt, aus verhängnisvollen Schicksalen und der Vereinsamung zerbrochener Familien, er rief sie aus den Slums Südamerikas und den Schlachtfeldern Asiens, aus den verwüsteten Dörfern des Libanon und den Überschwemmungsgebieten Sri Lankas.

Er hat sie von überall herbeigerufen, weil ein Kind in seinen Augen ein Wunder war. Und er ist nie müde geworden, sie herbeizurufen aus den Schattentälern der Erde.

Er rief die Kinder herbei und stellte sie in die Mitte einer familiären Gemeinschaft, in die Mitte von Geschwister- und Mutterliebe. Damit hat er die Traurigkeit des Nummern-Schicksals zeichenhaft weggewischt, mit der Geste des nüchternen Genies, das den Nagel auf den Kopf trifft.

Er rief die Kinder herbei und stellte sie in die Mitte der Dörfer und Städte. Er wollte keine Gettos, keine Reservate der Wohltätigkeit, keine unwirklichen Paradiese hinter Mauern und grünen Hecken, und er hat die Kinder in die Schulen hinausgeschickt, in denen die anderen Kinder lernen. Mir sind bei den vielen tausend Kindern, die ich unterrichtet habe, SOS-Kinderdorf-Kinder nie aufgefallen. Sie waren eingeführt ins Leben. Hermann Gmeiner hat um alle Gefahren seines Experiments gewusst, aber seine einmalige Verbindung von schlichter Herzlichkeit und alemannischer Nüchternheit hat alle Fehlentwicklung verhindert.

Er rief die Kinder herbei und stellte sie auch in die Mitte der religiösen Gemeinschaft, hier in Imst in die Mitte der Pfarrei, in Indien in die Frömmigkeit der uralten Tempel, in Tibet in die Gebetswelt des Om mani padme hum, im Orient unter die Lehren des Koran. Er hat das mit großer Weite getan, weil er um die tragenden tiefen Werte des Religiösen in allen Formen wusste, und auch wusste, wie wichtig das Fangnetz der gewachsenen Überlieferungen für den Menschen ist. Er war ein tiefgläubiger, überzeugter Katholik und gleichzeitig voll ehrfürchtiger Toleranz. Und weil er um die Wichtigkeit einer religiösen Integration wusste, hat er seine Kinder mit sanfter Hand in die Mitte einer religiösen Gemeinschaft hineingestellt.

Er rief die Kinder und stellte sie in unsere Mitte.«

Betroffenheit, Trauer, aber auch Hoffnung, die Helmut Kutin als Gmeiners »Stiefsohn«, Wegbegleiter und Nachfolger zu folgenden emotionalen Worten bewegten:

»Lieber Hermann Gmeiner! Wir schämen uns nicht unserer Trauer, aber wir wissen auch, dass du von uns verlangst, dass wir diese Trauer wieder in Freude umwandeln, Freude, die in dieser Welt so selten geworden ist. Wir sollen nicht verzweifeln. Und ich glaube, Hermann Gmeiner hat uns nicht allein gelassen, er hat uns alle zusammengeführt. Jedem, der ihn einmal erleben durfte, hat er so viel Liebe, Güte und, wenn es notwendig war, auch Strenge ans Herz gelegt, damit er sie weitergeben kann, in seinem Sinne, an die Kinder dieser Welt.

Lieber Hermann Gmeiner, die Menschen sind heute nicht nur gekommen, um dich noch einmal durch das SOS-Kinderdorf Imst zu begleiten, sie sind gekommen, um dir zu versprechen, dass sie weiterhin deiner Idee, deinem Werk die Hand reichen und dir helfen werden. Aus der ganzen Welt haben Staatsmänner, haben viele

Menschen ihr Beileid zum Ausdruck gebracht. Was uns alle besonders berührt hat, ist die Anteilnahme der Mütter und Kinder an diesem Abschied. Hermann Gmeiner hat immer die Menschen gesucht. Er hat keinen Unterschied gemacht zwischen Arm und Reich. Die Konfrontation mit Armut, Elend und Not hat ihn nie kraftlos gemacht. Sie hat ihm immer wieder die Kraft gegeben, den Mut gegeben, wieder etwas zu tun. Sie hat ihn herausgefordert zu weiteren Taten, und wie oft hat er uns gesagt: ›Tuat's nid redn, sondern tuat's was.‹ Wir wollen gemeinsam immer daran denken, dass sein Leitspruch war: Alles Gute in der Welt kann nur geschehen, wenn man mehr tut, als man tun muss.

Nun, lieber Hermann Gmeiner, bist du zurückgekehrt nach Imst, in dieses erste ›Haus Frieden‹, das du mit so viel Schwierigkeiten und auch unglaublichen Anstrengungen mit einer Gruppe von ganz wenigen Menschen begonnen hast. Es waren diese Menschen, die mit dir gemeinsam gegangen sind. Heute sind es viele auf der ganzen Welt. In dieser Stunde sind in allen Kontinenten der Welt Kinder, Mütter, Freunde aller Hautfarben, aller Religionen zum Abschied von dir versammelt. Vom SOS-Kinderdorf Imst aus wirst du auch weiterhin deine schützende Hand über die ganze weltweite SOS-Kinderdorf-Familie halten. Du wirst den Müttern die Kraft geben, für die Kinder da zu sein, allen Mitarbeitern, allen Freunden. Ich weiß, dass du von dieser letzten Ruhestätte hier uns zulächeln wirst und uns auch mahnen wirst, wenn etwas nicht so sein sollte, wie es sein soll. Deine Liebe und deine Augen werden für immer bei uns sein. Sie werden uns die Kraft geben, die weltweite SOS-Kinderdorf-Familie in deinem Sinne weiterzutragen. Wir alle werden nicht ruhen, bis alle Kinder dieser Welt unsere Kinder sind.«

Der große Pädagoge, Humanist und Mensch Hermann Gmeiner hat am 3. Mai 1986 seine letzte Ruhe dort gefunden, wo 1949 alles begonnen hat, in Imst. Seine Visionen und sein Werk werden weltweit weiterleben, solange es »gute Menschen« geben wird.

GEGENWART UND ZUKUNFT VON SOS-KINDERDORF

Wo steht SOS-Kinderdorf heute? Wo geht die Reise hin? Wie kann die Vision des Hermann Gmeiner im 21. Jahrhundert umgesetzt werden?

Eine aktuelle Bilanz und ein Blick in die Zukunft von Dr. Wilfried Vyslozil, Geschäftsführer des Hermann-Gmeiner-Fonds in München im Januar 2009

1949, vor 60 Jahren, hat Hermann Gmeiner das erste SOS-Kinderdorf in Imst eröffnet. Seither hat seine Idee eine besondere Art der Globalisierung erlebt. Im Jahre 2008 lebten knapp 60 000 Kinder in einem der weltweit 473 SOS-Kinderdörfer. Das SOS-Kinderdorf ist so zu einem Symbol geworden. Ein Symbol für einen geschützten Raum, in dem Kinder aufwachsen, denen anderswo dieser Raum verwehrt geblieben oder abhandengekommen ist. Aber nicht nur die Zahl der SOS-Kinderdörfer ist über sechs Jahrzehnte kontinuierlich und unaufhaltsam gestiegen. Parallel dazu haben die SOS-Kinderdörfer Kreise gezogen. Mütter und Dorfleiter, Mitarbeiter vor Ort und die Führung von SOS-Kinderdorf haben sich immer wieder Gedanken gemacht, die um das zentrale Thema kreisen: Was dient dem Wohl des Kindes? Welche Einrichtungen, welche Konzepte, welche Betreuungsformen braucht es, damit ein Kind sich angenommen fühlen und seine Fähigkeiten entwickeln kann?

Herausgekommen sind 226 SOS-Kindergärten, 185 SOS-Hermann-Gmeiner-Schulen und 61 SOS-Berufsausbildungszentren, um den Kindern und Jugendlichen mithilfe einer soliden Ausbildung den Weg in eine eigenständige Zukunft zu bereiten. Diese Einrichtungen stehen auch Kindern offen, die nicht im SOS-Kinderdorf leben. Herausgekommen sind auch SOS-Jugendeinrichtungen. Hierher wechseln Kinder aus dem SOS-Kinderdorf an der Schwelle zum Erwachsenenalter. Gemeinsam mit Gleichaltrigen und Betreuern lernen sie hier, schrittweise Verantwortung für sich selbst zu übernehmen – im Umgang mit der Schule oder dem Ausbildungsplatz, im Umgang mit Beziehungen, im Umgang mit Zeit, im Umgang mit Geld. 383 dieser SOS-Jugendeinrichtungen mit rund 15 500 Mädchen und Jungen auf der ganzen Welt stellen so die logische Fortsetzung des SOS-Kinderdorf-Gedankens dar. Bedarfsgerecht, altersgerecht und wie das SOS-Kinderdorf getragen vom Gedanken, jungen Menschen Aufmerksamkeit, Freiheit und Schutz zu geben und den Raum, den sie brauchen.

Es gibt viele dieser logischen Fortentwicklungen des SOS-Kinderdorf-Gedankens. So stellt sich die Frage nach dem Wohl des Kindes nicht nur bei Mädchen und Jungen, die nicht mehr bei ihren Eltern leben können oder keine Eltern mehr haben (Aufnahme in »SOS-Familien«). Sie stellt sich auch bei Kindern, deren Familien unter der Last von Armut oder Krankheit auseinanderzubrechen drohen (Unterstützung durch »SOS-Familienhilfe«). Es geht den SOS-Kinderdörfern stets darum, Kindsein zu ermöglichen. Also hilft SOS-Kinderdorf, solche Familien stark und autark zu machen, damit das Kind dort aufwachsen kann, wo es sich am besten entwickeln kann: in der fürsorglichen Umgebung einer Familie. Egal ob in ländlichen Gebieten, wo Ackerbau und Viehzucht die Menschen nicht ausreichend ernähren können oder in den Armenvierteln der Großstädte – überall laufen Kinder Gefahr, den schützenden Raum ihrer Familie zu verlieren. Wie SOS-Kinderdorf hier hilft, zeigt ein Beispiel aus Südafrika:

Die Berge der südafrikanischen Provinz KwaZulu-Natal in der Küstenregion des Indischen Ozeans sind so ganz anders, als sich die meisten Europäer Afrika vorstellen. Grün sind sie, saftig, regenreich. Mittendrin liegt das politische und administrative Zentrum der Provinz, Pietermaritzburg. Knapp 460 000 Einwohner-

zählt die Stadt laut offizieller Statistik. Es ist ungewiss, ob die Statistik recht hat, denn am Stadtrand gibt es ein Viertel mit dem Namen »France«, in dem 200 000 Menschen leben. »France« ist ein »informal settlement«, eine nicht registrierte Siedlung, ein Armenviertel, wild aus dem Boden gewachsen und mit wenig Infrastruktur. Die Menschen hier leben am Rande der Gesellschaft, marginalisiert und abgeschoben. Und sie leben am Rande des Existenzminimums. Man nimmt solche Siedlungen nur ungern wahr, denn mit ihnen verbunden sind oft Probleme, die so groß sind, dass man sie gerne verdrängt. Das Hauptproblem hier heißt HIV/Aids. Menschen mittleren Alters trifft man hier wenig. Viele siechen krank in ihren Hütten vor sich hin, viele sind schon gestorben. Jede Familie hat ihre Toten zu beklagen. Geblieben sind die Alten und die ganz Jungen, die schauen müssen, wie sie durchkommen. Oft sind die Kinder völlig auf sich allein gestellt, manchmal ist noch eine Großmutter da, die sich ihrer annimmt.

Am Stadtrand von Pietermaritzburg leben seit gut zehn Jahren 130 Kinder in einem SOS-Kinderdorf. Kinder, die ihre Eltern verloren haben, finden hier ein neues Zuhause. Inzwischen beginnt diese Urzelle der SOS-Kinderdorf-Idee weitere Kreise zu ziehen, um noch mehr Kinder zu erreichen, die dringend auf Hilfe angewiesen sind: Von diesem SOS-Kinderdorf aus haben Sozialarbeiter ein Netzwerk von Freiwilligen in »France« aufgebaut, um auch dort Kinder betreuen zu können. Bei dieser »SOS-Familienhilfe« geht es darum, gefährdete Familien so weit zu stabilisieren, dass die Kinder nicht auf der Straße landen, sondern weiterhin in ihrer gewohnten Umgebung mit ihren Eltern oder Verwandten leben können. Formen der Hilfe gibt es viele, und die SOS-Projektleiterin Nobuhle Ndawonge fasst die Maßnahmen so zusammen: »Es geht uns nicht um Almosen, es geht um ›Empowerment‹, darum, dass die Familien ihr Leben wieder selbst meistern können. Im Mittelpunkt steht natürlich das Wohl der Kinder.«

Nobuhles Arbeitstag beginnt mit dem »Garden Project« am

Rande des Kinderdorfs. Zwei große Gewächshäuser stehen hier, und eine Gruppe alleinstehender Mütter aus »France« lernt, wie man Tomaten und anderes Gemüse anbaut, um es auf dem Markt zu verkaufen. Die Frauen lernen, wieder an sich selbst zu glauben und sich trotz der Schicksalsschläge aufzuraffen, um der Familie einen Ort der Geborgenheit und relativer materieller Beständigkeit zu sichern. Die Sozialarbeiterinnen rund um Nobuhle zeigen nicht nur einfaches Handwerk, sie geben den Frauen neue Hoffnung, Kraft und Zuversicht auf dem Weg aus der Armut. Die Mütter lernen hier wieder das Gefühl kennen, etwas wert zu sein.

Um die Mittagszeit fährt Nobuhle hinüber nach »France« undbesucht andere Familien. Da ist die Hütte der 17-jährigen Camilla, die dort mit ihrem jüngeren Bruder lebt. Die Mutter ist vor drei Jahren an Aids gestorben, der Vater hatte sich bereits davongemacht, als er von der Diagnose der Mutter erfuhr. Nobuhle und ihre Kolleginnen aus dem SOS-Kinderdorf unterstützen Camilla mit Lebensmitteln, aber mehr noch mit Rat und Tat, damit Camilla und ihr Bruder unter der Last des Alltags nicht das wichtigste Ziel aus dem Blick verlieren: ein Schulabschluss und eine Berufsausbildung. Während Camilla für ihren Bruder und für sich kocht, erzählt sie, dass sie gerne Sozialarbeiterin werden würde. Eigentlich ist sie das jetzt schon.

Ein Stück den Hang hinunter liegt die gelbe Hütte mit der Nummer 5321. Alle Hütten haben hier Nummern. In der Hütte lebt eine alte Frau mit drei Mädchen und zwei Jungen zwischen drei und zehn Jahren. Es sind ihre Enkel. Wenn die Frau in ihrer Landessprache aus ihrem Leben erzählt, dann fällt auf, dass sie die Jahreszahlen 2000, 2001, 2003, 2004, 2005 und 2006 auf Englisch sagt. Nobuhle übersetzt das Unfassbare: Es sind die Sterbedaten ihrer Kinder. Alle sind an Aids gestorben. Nach dem Tod der Kinder hat das Leben der alten Frau die Aufgabe gestellt, noch einmal eine Generation großzuziehen. Während der Zuhörer noch ratlos dasteht, wie er mit dieser Lebensgeschichte umgehen soll, rückt sich die Frau das rot karierte Kopftuch zurecht, rührt den Reis auf dem Herd und erzählt weiter. Dabei lacht sie. Ihr Lebenswille ist ungebrochen.

Den Reis und andere Lebensmittel hat sie von den Leuten aus dem SOS-Kinderdorf bekommen. Nobuhle und ihre Kolleginnen beraten mit der alten Frau, was die Familie alles benötigt, um ein menschenwürdiges Dasein und ein bescheidenes Familienleben möglich zu machen. Lebensmittel, Schulgeld und Schuluniformen sind das Zählbare, was an Hilfe eintrifft. Nicht zählbar sind die Zeit, die Aufmerksamkeit, das offene Ohr für die Sorgen der Familie. Die alte Frau hat den Wunsch, dass ihre Kinder beisammenbleiben, die Schule schaffen und vielleicht irgendwann die bescheidene Hütte so erweitern, dass sie ein bisschen mehr Platz haben.

Wieder in einer anderen Hütte hat eine kleine Kooperative ihren Platz gefunden. SOS-Kinderdorf hat gemeinsam mit den Menschen eine gebrauchte Strickmaschine gekauft. Fünf Familien teilen sich diese Strickmaschine und stellen Pullis, Mützen und Schals her. Auf diese Weise kann der Lebensunterhalt für die 20 Kinder dieser Familien halbwegs gesichert werden.

Die SOS-Familienhilfe betreut derzeit in »France« 180 Familien mit 467 Kindern. In 25 dieser Familien sind die Eltern verstorben und die Kinder sind sich selbst überlassen. 42 Familien werden von der Großmutter geführt. 83 Familien werden von Verwandten der verstorbenen Eltern betreut. In 77 Familien leben die Eltern noch, aber sie sind schwer krank, und die Kinder pflegen Vater oder Mutter. Das sind nur ein paar Zahlen, aber es sind Zahlen, unter denen wir uns etwas vorstellen können. Diese Zahlen helfen uns, den Kranken und ihren Angehörigen ein Gesicht zu geben. Wer eine Statistik über HIV/Aids im südlichen Afrika liest, den verlässt sein Vorstellungsvermögen. Die Zahlen sind zu groß, zu unfassbar. Die Menschen hinter diesen Zahlen verkommen zu anonymen Nummern der Statistik. Wer kann sich vorstellen, was es heißt, wenn elf Millionen Kinder im Afrika südlich der Sahara ihre Eltern verloren haben? Täglich sterben in Afrika 6000 Menschen an Aids, allein in Südafrika sind es 600. Das heißt, in 50 Tagen sterben so viele Menschen, wie sie in einer deutschen Kleinstadt leben. Die Mitarbeiter von SOS-Kinderdorf Südafrika und die betroffenen Familien lehren uns, dass der Kampf gegen HIV/Aids weitergehen muss.

SOS-Kinderdorf hat sein bewährtes Konzept, elternlosen Kindern eine neue Familie zu geben, in den letzten Jahren stark erweitert: Es geht nicht nur darum, im SOS-Kinderdorf die Kindheit derer zu schützen, die keine Eltern mehr haben. Es geht auch darum, gefährdete Familien zu stützen und zu verhindern, dass diese Kinder das Kostbarste verlieren, was sie haben: den geschützten Raum einer Familie. Armut gefährdet Familien. Deshalb bekämpfen die SOS-Kinderdörfer die Armut. Der Kinder wegen. Die SOS-Familienhilfen sollen in den nächsten Jahren stetig ausgeweitet werden – nicht nur in Afrika, sondern überall dort, wo Kinder Gefahr laufen, durch Gewalt, Krankheit, Not und Elend ihrer Kindheit beraubt zu werden. Die SOS-Kinderdörfer verbinden professionelle Entwicklungszusammenarbeit mit der festen Überzeugung: Familie ist möglich. Und Kinder brauchen Familie.

SOS-Kinderdorf folgt der Vision, bis zum Jahre 2016 weltweit einer Million Kinder ein familiäres Umfeld zu sichern – sei es über SOS-Familienhilfe in den Familien, in die diese Kinder hineingeboren wurden, sei es in SOS-Kinderdorf-Familien. In 132 Ländern der Erde ist SOS-Kinderdorf aktiv. Mancherorts waren und sind die SOS-Einrichtungen die letzte Bastion, die den Kindern inmitten von Krieg und Zerstörung geblieben sind. Sarajevo in den 1990er-Jahren und Mogadischu heute sind nur zwei Beispiele hierfür.

SOS-Kinderdorf ist mit dieser Vision im Einklang mit den Millenniumszielen der Vereinten Nationen zur Linderung der Not auf unserer Welt. Einklang besteht auch mit den Zielen von

Regierungen, Ministerien oder internationalen Gremien, die auf ihre Fahnen geschrieben haben, die Armut auf der ganzen Welt zu bekämpfen. Doch das Wirken Hermann Gmeiners und seiner SOS-Kinderdörfer reicht weit hinaus über diesen Einklang. Es geht von den SOS-Kinderdörfern eine Faszination aus, die seit sechs Jahrzehnten jeden erfasst, der mit dieser einfachen Idee in Berührung kommt. Mütter, Mitarbeiter, Spender, Paten, Freunde spüren eine Kraft, die Menschen unterschiedlicher Hautfarbe und Sprache zusammenbringt und verbunden hält.

Es geht dabei nicht darum, dass die einen den anderen Almosen geben. Es geht nicht um »Charity«. Es geht darum, einander die Hand zu reichen – zum Wandel zu ermutigen. Hermann Gmeiner hat Brücken gebaut für Kinder auf dem Weg in ein besseres Jetzt und Heute.

Aber nicht nur Kinder sind eingeladen, Hand in Hand über diese Brücken zu gehen. Es braucht Mut und Zuversicht, Herz und Verstand – und SOS-Kinderdorf lässt die Menschen daran teilhaben. Das Vermächtnis Hermann Gmeiners sowie der Frauen und Männer der Gründungsgruppe lebt fort – und ist heute angesichts großer Herausforderungen wie Klimawandel und Migrationsströme, Wohlstandsgefälle und Krankheiten, Kriege und Naturkatastrophen wichtiger denn je.

ANHANG

Die Auszeichnungen Hermann Gmeiners

21.12.1956	Silbernes Ehrenzeichen für Verdienste um die Republik Österreich
06.07.1957	Eintragung in das Ehrenbuch der Universität Innsbruck Ehrenzeichen »Excellenti in litteris«
19.02.1958	Verleihung des Abzeichens mit dem Siegel der Universität gemäß Beschluss des Akademischen Senats der Leopold-Franzens-Universität Innsbruck
18.10.1958	Goldenes Ehrenschild der Österreichischen Jugendarbeit, verbunden mit der Ehrenmitgliedschaft und der dauernden Mitgliedschaft im Vorstand der Österreichischen Jugendarbeiterbewegung
20.02.1959	Ehrenzeichen des Landes Tirol
28.06.1959	Goldene Ehrennadel der SOS-Kinderdörfer
08.11.1959	Goldene Medaille für Menschlichkeit und Hilfsbereitschaft des Tutzinger Stern
19.08.1960	Goldener Ehrenring der SOS-Kinderdörfer
01.06.1961	Ehrenmitgliedschaft im »Ring der Österreichischen Goldenen Tapferkeitsmedaille«
06.06.1962	Ritterkreuz I. Klasse des königlich-dänischen Dannebrog-Ordens
14.05.1963	Kammermedaille der Industrie- und Handelskammer St. Quentin, Frankreich
16.05.1963	Kammermedaille der Industrie- und Handelskammer Cambrai, Frankreich
07.06.1963	Ehrenurkunde der »Lane Bryant International Volunteer Citation«, USA, für selbstlosen Einsatz und außerordentliche Bemühungen im Dienste der Nächstenliebe in den Jahren 1961/62
12.06.1963	Ehrendoktor der Universität Fordham, USA
27.11.1963	Ehrenbürger der Stadtgemeinde Imst
07.01.1964	Ehrenring der Marktgemeinde Seekirchen
02.06.1964	Ehrenmitglied der Österreichischen Akademie der Wissenschaften
29.09.1964	Kommandeurkreuz des Ordens der Krone von Thailand
11.10.1964	Ehrendoktor des La Salle College, Philadelphia, USA
22.05.1965	Komturkreuz des päpstlichen Ordens vom hl. Gregor dem Großen
26.06.1966	Ehrenbürgerschaft der Gemeinde Alberschwende
März 1967	Ehrenmitgliedschaft Rotary Club Wien
Sept. 1967	Ehrenbürgerschaft der Marktgemeinde Hinterbrühl
29.10.1967	Ehrenurkunde der »Associacão das Aldeias de Criancas S.O.S. de Portugal«

12.03.1968	Richard-Meister-Medaille vom Universitätsbund Alma Mater Rudolphina, Wien
28.09.1968	Goldene Grotius-Medaille der Internationalen Grotius-Stiftung zur Verbreitung des Völkerrechts
28.10.1968	Ehrenmitgliedschaft Rotary Club Lüdenscheid
Jan. 1969	Ehrenplakette in Gold am Bande, gestiftet von den Wiener Körperbehinderten
06.02.1969	Verdienstorden I. Klasse, Republik Vietnam
28.02.1969	Ehrenbürgerschaft der Stadt Los Angeles, USA
März 1969	»Leader della Comunità«, Rom
17.05.1969	Humanitärer Preis Deutscher Freimaurer
13.06.1969	Ehrenring der Stadt Pinkafeld
06.12.1969	Große Ehrenzeichen für die Verdienste um die Republik Österreich
04.10.1970	»Medaille Humanitaire Internationale«, Institut International de Promotion et de Prestige, Paris
17.06.1971	Ehrenbürgerschaft der Stadt Betlehem
Sept. 1971	Ehrenbürgerschaft der Stadt Ostuni, Italien
13.10.1971	»Albert-Schweitzer-Medaille in Gold 1971« der Johann Wolfgang von Goethe-Stiftung Basel
14.11.1971	Ehrenmitgliedschaft des Österreichischen Kameradschaftsbundes, Landesverband Niederösterreich
10.12.1971	Goldene Medaille der Columbus Association, International Institution of Culture and Assistance, Headquarters-Triest
27.12.1971	Ehrenmedaille in Silber der Stadt Paris
14.01.1972	»Chevalier de l'Ordre National du Mérite«, Republik Frankreich
30.10.1973	Ehrenmitglied des Rotary Clubs Innsbruck
18.03.1974	Order of Civil Merit Moran-Medaille, Republik Korea
05.04.1974	CHU'O'NG-MY-Medaille I. Klasse, Republik Vietnam
31.07.1974	Goldenes Ehrenzeichen des Landes Vorarlberg
11.04.1975	Ehrengast von Mexiko Stadt, Mexiko
12.04.1975	Ehrengast der Stadt Tegucigalpa, Honduras
21.04.1975	Anerkennungsurkunde der Stadt Quetzaltenango, Guatemala
24.04.1975	Ehrengast der Stadt Esteli, Nicaragua
02.05.1975	»Caballero« des Ordens »Condor de los Andes«, Bolivien
09.05.1975	Ehrengast der Stadt Cochabamba, Bolivien
12.05.1975	Anerkennungsurkunde von Santa Cruz, Bolivien
12.05.1975	Anerkennungsurkunde der Stadt San Jose de Chiquitos, Bolivien
22.05.1975	Ehrengast der Stadt Rosario, Argentinien
23.05.1975	Großes Verdienstkreuz des Verdienstordens der Bundesrepublik Deutschland
05.06.1975	»Grande Benemerito« der Freimaurerloge Oriente do Rio Grande do Sul, Porto Alegre, Brasilien
18.06.1975	Bayerischer Verdienstorden, Freistaat Bayern
22.10.1976	Goldene Verdienstmedaille des Österreichischen Kameradschaftsbundes, Landesverband Kärnten
29.06.1977	Komturkreuz des Landes Burgenland

11.07.1977	Großes Ehrenzeichen des Landes Steiermark
13.09.1977	Großes Goldenes Ehrenzeichen für Verdienste um das Bundesland Niederösterreich
23.01.1978	Ehrenbürger der Stadt Tacloban, Philippinen
30.01.1978	Ehrenbürger der Stadt Calbayog, Philippinen
09.02.1978	Anerkennungsurkunde der Erzdiözese Lipa, Philippinen
26.05.1978	Kommandeurkreuz des finnischen Löwenordens
22.03.1979	Bernardo O'Higgins Orden »Gran Oficial«, Santiago, Chile
19.04.1979	»Sonning-Preis«, Kopenhagen, Dänemark
23.05.1979	»Humanitarian Award 1978«, Variety Clubs International, New Orleans, USA
10.11.1979	Ehrenmitgliedschaft der Internationalen Akademie für Kunstwissenschaften e. V., Bad Neustadt, Bundesrepublik Deutschland
14.11.1979	Ehrenzeichen in Gold der Landeshauptstadt Graz
03.03.1980	Berufstitel »Professor«, Österreichisches Bundesministerium für Wissenschaft und Forschung
18.03.1980	Ring des Landes Tirol
15.04.1980	Ehrenmitgliedschaft beim Verein der Vorarlberger in Wien
02.06.1980	Goldenes Ehrenzeichen des Landes Salzburg
22.06.1980	Hans-Adalbert-Schweigert-Medaille des Weltbundes zum Schutze des Lebens, Salzburg
16.08.1980	Orden I. Klasse der Arabischen Republik Ägypten
02.09.1980	Dr. Toni Russ-Preis und Dr. Toni Russ-Ring, *Vorarlberger Nachrichten*
13.09.1980	Verleihung der Ehrenmitgliedschaft beim Militärischen und Hospitalischen Orden des hl. Lazarus von Jerusalem
13.09.1980	Goldene Verdienstmedaille des St. Lazarus Hilfswerks, Delegation Österreich
29.09.1980	Kommandeur des nationalen Löwenordens der Republik Senegal
14.10.1980	Großkreuz des päpstlichen Ordens St. Gregorius mit Stern
18.10.1980	Ritter des völkerverbindenden kulinarischen Ordens CORDON BLEU DU SAINT ESPRIT
08.12.1980	Ancieta-Medaille der Stadt São Paulo, Brasilien
11.05.1981	Goldenes Ehrenzeichen des Landes Oberösterreich
11.10.1981	Grand Officier de l'Ordre des Cedres, Libanon
11.12.1981	Höchstgepriesener Orden des Weißen Elefanten, Thailand
06.02.1982	Anerkennungsurkunde von Cebu, Philippinen
23.03.1982	Ehrenbürger von Panama-Stadt, Panama
02.04.1982	Ehrenbürger der Stadt Caico, Brasilien
12.04.1982	»Gran Oficial« des Ordens »Vasco Nunez de Balboa«, Panama
13.04.1982	Ehrenmitglied des Lions Clubs Rio de Janeiro, Brasilien
25.04.1982	Orden von Quetzaltenango, Guatemala
25.04.1982	Verdienstdiplom des Rotary Clubs Retalhuleu und Ehrengast der Stadt Retalhuleu, Guatemala
26.04.1982	Ehrendiplom der Pfadfinder Quetzaltenango, Guatemala
27.04.1982	Ehrendiplom des Justizministeriums der Republik El Salvador

27.04.1982	Ehrengast der Stadt Nueva, El Salvador
12.05.1982	»Gran Oficial« des Ordens vom Quetzal, Guatemala
17.05.1982	»Gran Orden Boliviana de la Educacion«, La Paz, Bolivien
13.09.1982	Kommandeur des Königlich-Norwegischen St.-Olavs-Ordens
Nov. 1982	Internationaler Goldener Merkur-Preis (22. Konferenz für Frieden und Zusammenarbeit in Äthiopien)
08.11.1982	Preis der katholischen Kirche, Venezuela
19.01.1983	Wateler Friedenspreis Den Haag, Niederlande
18.03.1983	Kommandeur des Staatsordens der Republik Elfenbeinküste
07.04.1983	Ehrendiplom des Distrikts Urdaneta im Staate Zulia, Venezuela
07.04.1983	Ehrengast der Stadt Maracaibo, Venezuela
12.04.1983	Ehrenbürger der Stadt Tres Rios-Cartago, Costa Rica
17.04.1983	Ehrengast von Santa Cruz de la Sierra, Bolivien
18.04.1983	Ehrengast der Stadt San José de Chiquitos, Bolivien
26.05.1983	Internationaler Comeniuspreis für Pädagogik, Innsbruck
07.03.1984	Großkreuz des Verdienstordens der Republik Senegal
24.03.1984	Kommandeur des Ordens der Republik Tunesien
28.03.1984	Ehrenbürger der Stadt Kaolack, Senegal
29.03.1984	Ehrengast der Stadt Asuncion, Paraguay
07.04.1984	Ehrengast der Gemeinde Hohenau, Paraguay
10.04.1984	»Oficial« des nationalen Verdienstordens der Republik Paraguay
12.04.1984	Ehrenbürger der Stadt Rio de Janeiro, Brasilien
12.04.1984	Pedro-Ernesto-Medaille der Camara Municipal do Rio de Janeiro, Brasilien
14.04.1984	Ehrenbürger der Stadt Juiz de Fora, Brasilien
24.04.1984	Großes Goldenes Ehrenzeichen des Landes Kärnten
28.04.1984	Ehrenbürger der Stadt Vicenza, Italien
30.05.1984	Medaille der Kommission der nationalen Erziehung, Warschau, Polen
31.05.1984	Dr. Henryka Jordana-Medaille, Warschau, Polen
31.05.1984	Pamiatkowy-Medaille, Warschau, Polen
01.07.1984	Ehrenbürger der Gemeinde Moosburg, Kärnten
13.10.1984	Unabhängigkeitsorden I. Klasse, Jordanien
25.10.1984	Paul Harris Fellow, Rotary Club International
23.12.1984	Großes Goldenes Ehrenzeichen des Landes Steiermark
22.01.1985	Ehrenbürger von Tennessee, USA
04.03.1985	Anerkennungsurkunde der Gemeinde Santa Ana, El Salvador
20.03.1985	Rittergroßkreuz um Verdienste der Albert-Schweitzer-Gesellschaft und Ehrenmitgliedschaft Alabama, USA
30.03.1985	Kommandeur des »Ouissam Alaouite« Ordens, Königreich Marokko
15.04.1985	Großes Silbernes Verdienstkreuz der Dominikanischen Republik
19.04.1985	Ehrendiplom der Provinz Chiclayo, Peru
20.04.1985	»Commendador« des Nationalordens »José Matias Delgado« der Republik El Salvador

28.04.1985	Verdienstdiplom des Consejo Departamental de Autoridades, Sonsonate, El Salvador
28.04.1985	Ehrendiplom der Stadt Sonsonate, El Salvador
30.04.1985	Ehrengast und Ehrenmitglied des Gemeinderats von Jocotan, Guatemala
09.05.1985	»Order of the Rokel« der Republik Sierra Leone
20.06.1985	Ehrenpreis Humanitas der Internationalen Olympiade-Vereinigung in Paris
10.09.1985	Goldene Medaille der Stadt Paris
30.10.1985	Goldene Ehrenmedaille der Sparkasse Innsbruck-Hall
07.11.1985	Ehrenbürgerschaft von Wisconsin, USA
21.11.1985	Aristoteles-Preis der Alexander-S.-Onassis-Stiftung, Athen
16.12.1985	»Order of the Somali Star« der Demokratischen Republik Somalia
21.10.1986	Posthum verliehen: Kulturpreis des Bayerischen Raiffeisenverbandes München (von Helmut Kutin übernommen)

SOS-Kinderdorf – eine Bestandsaufnahme nach sechs Jahrzehnten

Weltweit gibt es derzeit 1 940 SOS-Kinderdorf-Einrichtungen:

Einrichtungsart	Anzahl	Begünstigte
SOS-Kinderdörfer	473	56 971
SOS-Jugendeinrichtungen	383	15 552
SOS-Kindergärten	226	22 200
SOS-Hermann-Gmeiner-Schulen	185	103 838
SOS-Berufsbildungszentren	61	13 526
SOS-Sozialzentren und SOS-Familienstärkungsprogramme	499	420 482
SOS-medizinische Zentren	60	452 543
SOS-Nothilfeprogramme	10	61 528

Liste aller SOS-Kinderdörfer weltweit

(Stand Januar 2009, inkl. SOS-Kinderdörfer in Bau)

Afrika

Ägypten: Alexandria, Kairo, Tanta
Algerien: Draria
Angola: Benguela, Lubango
Äquatorialguinea: Bata
Äthiopien: Addis Abeba, Awassa, Bahir Dar, Gode, Harrar, Makalle
Benin: Abomey-Calavi, Dassa-Zoumé, Natitingou
Botswana: Francistown, Serowe, Tlokweng
Burkina Faso: Dafra, Ouagadougou
Burundi: Bujumbura, Gitega, Muyinga, Rutana
Demokratische Republik Kongo: Bukavu, Kinshasa, Uvira
Elfenbeinküste: Abobo-Gare, Aboisso
Gambia: Bakoteh, Basse
Ghana: Asiakwa, Kumasi, Tamale, Tema
Guinea: Conakry, Kankan, N›Zérékoré
Guinea-Bissau: Bissau, Canchungo, Gabú
Kamerun: Douala, Mbalmayo
Kap Verde: Assomada, São Domingos
Kenia: Eldoret, Meru, Mombasa, Nairobi
Lesotho: Maseru, Quthing
Liberia: Juah Town, Monrovia
Madagaskar: Antsirabe, Mangarano, Vontovorona
Malawi: Blantyre, Lilongwe, Mzuzu
Mali: Kita, Sanankoroba, Socoura
Marokko: Agadir, Aït Ourir, Dar Bouazza, El Jadida, Imzouren
Mauritius: Bambous, Beau Bassin
Mosambik: Inhambane, Maputo, Pemba, Tete
Namibia: Ondangwa, Tsumeb, Windhoek
Niger: Dosso, Niamey,Tahoua
Nigeria: Gwagwalada, Isolo, Jos, Owu-Ijebu
Ruanda: Byumba, Gikongoro, Kayonza, Kigali
Sambia: Kitwe, Livingstone, Lusaka
Senegal: Dakar, Kaolack, Louga, Tambacounda, Ziguinchor
Sierra Leone: Bo, Freetown, Makeni
Simbabwe: Bindura, Bulawayo, Waterfalls
Somalia: Mogadischu
Somaliland: Hargeisa
Südafrika: Ennerdale, Kapstadt, Mamelodi, Mthatha, Nelspruit, Pietermaritzburg, Port Elizabeth, Rustenburg
Sudan: Khartoum, Malakal
Swasiland: Mbabane, Nhlangano, Siteki

Tansania: Arusha, Daressalam, Zanzibar
Togo: Dapaong, Kara, Lomé
Tschad: N›Djamena
Tunesien: Akouda, Gammarth, Mahrès, Siliana
Uganda: Entebbe, Gulu, Kakiri
Zentralafrikanische Republik: Bangui

Asien und Naher Osten

Armenien: Idjevan, Kotayk
Aserbaidschan: Baku, Ganja
Bangladesch: Bogra, Chittagong, Dhaka, Khulna, Rajshahi
China: Chengdu, Kaifeng, Lhasa, Nanchang, Peking, Putian, Qiqihar, Tianjin, Urumqi, Yantai
Georgien: Kutaisi, Tiflis
Indien: Ahmedabad, Alwaye-Cochin, Bangalore, Bawana, Begu Sarai, Bhakatpara, Bhimtal, Bhopal, Bhubaneshwar, Bhuj, Chennai, Faridabad, Greenfields, Guwahati, Hojai, Hyderabad, Jaipur, Jammu, Kalkutta, Khajuri Kalan, Latur, Nagapattinam, Puducherry, Pune, Raipur, Rajpura, Rourkela, Shillong, Srinagar, Trichur, Varanasi, Visakhapatnam. Projekte für tibetische Kinder: Bir, Bylakuppe, Dehradun, Dharamsala, Gopalpur, Leh-Ladakh, Mussoorie, Mussoorie-Happy Valley
Indonesien: Bali, Banda Aceh, Flores, Jakarta, Lembang, Medan, Meulaboh, Semarang
Israel: Arad, Migdal Haemek
Jordanien: Akaba, Amman, Irbid
Kambodscha: Angkor-Siem Reap, Battambang, Phnom Penh
Kasachstan: Almaty, Astana, Temirtau
Kirgisistan: Bishkek, Cholpon-Ata
Laos: Luang Prabang, Pakse, Samneua, Savannakhet, Vientiane, Xiengkhouang
Libanon: Bhersaf, Kfarhay, Ksarnaba, Sferai
Mongolei: Darkhan, Ulan-Bator
Nepal: Bharatpur, Gandaki, Itahari, Jorpati, Kavre, Lumbini, Pokhara, Sanothimi, Surkhet
Pakistan: Dhodial, Faisalabad, Karachi, Lahore, Multan, Muzaffarabad, Quetta, Rawalpindi, Sargodha, Sialkot
Palästinensische Autonomiegebiete: Bethlehem, Rafah
Philippinen: Bataan, Calbayog, Cebu, Davao, Iloilo, Lipa, Manila, Tacloban
Sri Lanka: Anuradhapura, Galle, Monaragala, Nuwara-Eliya, Piliyandala
Südkorea: Seoul, Suncheon, Taegu
Syrien: Aleppo, Qodsaya
Taiwan: Chungli
Thailand: Bangpoo, Chiang Rai, Hatyai, Nongkhai, Phuket
Usbekistan: Samarkand, Taschkent
Vietnam: Ben Tre, Ca Mau, Da Lat, Da Nang, Dong Hoi, Go Vap, Hai Phong, Mai Dich, Nha Trang, Thanh Hoa, Viet Tri, Vinh

Europa

Albanien: Tirana
Belgien: Chantevent
Bosnien und Herzegowina: Gracanica, Sarajevo
Bulgarien: Dren, Trjavna
Deutschland: Ammersee, Berlin-Moabit, Brandenburg, Harksheide, Lippe, Niederrhein, Oberpfalz, Pfalz, Saar, Sachsen, Sauerland, Schleswig-Holstein, Schwarzwald, Worpswede, Württemberg
Estland: Keila
Finnland: Kaarina, Lapland, Punkaharju, Tapiola, Vihanti
Frankreich: Busigny, Calais, Carros, Châteaudun, Digne-les-Bains, Jarville, Marange-Silvange, Marly-les-Valenciennes, Marseille, Neuville-Saint-Rémy, Obernai, Plaisir, Sainte-Luce
Griechenland: Plagiari, Vari
Italien: Morosolo, Ostuni, Rom, Saronno, Trento, Vicenza
Kosovo: Pristina
Kroatien: Ladimirevci, Lekenik
Lettland: Islice, Valmiera
Litauen: Vilnius
Luxemburg: Mersch
Mazedonien: Skopje
Nordzypern: Lefkosa
Norwegen: Bergen
Österreich: Altmünster, Dornbirn, Hinterbrühl, Imst, Moosburg, Nußdorf-Debant, Pinkafeld, Seekirchen, Stübing, Wien
Polen: Bilgoraj, Karlino, Krasnik, Siedlce
Portugal: Bicesse, Guarda, Gulpilhares
Rumänien: Bukarest, Cisnadie, Hemeius
Russland: Kandalaksha, Lavrovo, St. Petersburg, Tomilino
Serbien: Kraljevo, Novi Sad
Spanien: Cuenca, El Tablero, Granada, Redondela, San Lorenzo de El Escorial, Sant Feliú de Codines, Saragossa, Telde
Tschechische Republik: Chvalcov, Doubí, Medlánky
Türkei: Bolluca
Ukraine: Brovary
Ungarn: Battonya, Kecskemét, Köszeg
Weißrussland: Borovljany, Marina Gorka, Mogilev

Lateinamerika und Karibik

Argentinien: Córdoba, Luján, Mar del Plata, Oberá
Bolivien: El Alto, Jordán, Mallasa, Oruro, Potosí, Santa Cruz, Sucre, Tarija, Tiquipaya
Brasilien: Bahia, Brasília, Goioerê, Igarassu, Jacarepaguá, Juiz de Fora, Manaus, Paraíba, Pedra Bonita, Poá, Porto Alegre, Rio Bonito, Rio Grande do Norte, Santa Maria, São Bernardo do Campo
Chile: Antofagasta, Arica, Bulnes, Chaimávida, Chiloé-Ancud, Concepción, Coyanco, Curicó, Los Aromos, Madreselvas, Malleco, Padre las Casas, Puerto Varas, Quilpué
Costa Rica: Limón, Moín, Santa Ana, Tres Ríos
Dominikanische Republik: Los Jardines del Norte, Los Mina, Santiago de los Caballeros
Ecuador: Esmeraldas, Ibarra, Portoviejo, Quito, Ricaurte
El Salvador: San Miguel, San Vicente, Santa Ana, Santa Tecla, Sonsonate
Guatemala: Jocotán, Quetzaltenango, Retalhuleu, San Cristóbal, San Jerónimo
Haiti: Cap Haïtien, Santo
Honduras: Choluteca, La Ceiba, San Pedro Sula, Santa Rosa de Copán, Tegucigalpa, Tela, Valle de Ángeles
Jamaika: Barrett Town, Stony Hill
Kolumbien: Bogotá, Cali, Floridablanca, Ibagué, Ipiales, Rionegro
Mexiko: Comitán, Hampolol, Huehuetoca, Mexiko, Morelia, Tehuacán, Tijuana, Tuxtla Gutiérrez
Nicaragua: Estelí, Juigalpa, León, Managua, Matagalpa, Rivas
Panama: Colón, David, Panama, Penonomé
Paraguay: Asunción, Belén, Hohenau, Luque, Panambí, San Ignacio
Peru: Arequipa, Ayacucho, Callao, Chiclayo, Cuzco, Esperanza, Huancayo, Pachacamac, Río Hondo, Zárate
Uruguay: Florida, Montevideo, Salto
Venezuela: Ciudad Ojeda, La Cañada, Maracay

Nordamerika und Ozeanien

Französisch-Polynesien: Papara
Kanada: British Columbia
USA: Chicago, Coconut Creek, Lockport

Adressen

SOS-KINDERDORF E.V. DEUTSCHLAND
Renatastraße 77, D-80639 München
Tel.: +49/89/1 26 06-0, Fax: +49/89/1 26 06-404
E-Mail: info@sos-kinderdorf.de
www.sos-kinderdorf.de

SOS-KINDERDORF ÖSTERREICH
Stafflerstraße 10a, A-6020 Innsbruck
Tel.: +43/810/20 01 14, Fax: +43/512/58 00 01
E-Mail: info@sos-kd.org
www.sos-kinderdorf.at

SOS-KINDERDORF INTERNATIONAL
Hermann-Gmeiner-Straße 52, A-6021 Innsbruck
Tel.:+43/512/33 10-0, Fax: +43/512/33 50 27
E-Mail: press@sos-kd.org

HERMANN-GMEINER-FONDS DEUTSCHLAND E.V.
Ridlerstraße 55, D-80339 München
Tel.: +49/89/1 79 14-0, Fax. +49/89/1 79 14-100
E-Mail: info@sos-kinderdoerfer.de
www.sos-kinderdoerfer.de

Dank

Für die Mitarbeit an diesem Buch in Form von Interviews und dem Liefern von Informationen und Denkanstößen gilt mein besonderer Dank:

Resi Wirth, Erika Körbler, Dr. Walter Gmeiner, Präsident Helmut Kutin, Prof. Dr. Hansheinz Reinprecht, Alexander Gabriel, Prof. Heinz Nußbaumer, Prof. Dr. Helmut Zilk, Dr. Wilfried Vyslozil, Otmar Czihak, Ferdinand Morawetz, Susanne Kraler, Dagmar Olzog, Gerhard Plachta, den Mitarbeitern von SOS-Kinderdorf in Wien, München und Innsbruck.

Bibliografie, Quellen, Archivalien

Archiv Hermann-Gmeiner-Fonds, München

Archiv SOS-Kinderdorf International und Hermann-Gmeiner-Akademie, Innsbruck

Archiv SOS-Kinderdorf Österreich, Wien

Archiv Tageszeitung Kurier, Wien

Hermann Gmeiner, handschriftliche Manuskripte

Wilfried Peter, Kriegsberichte von und über Hermann Gmeiner

Tiroler Landesarchiv, Innsbruck

Die SOS-Kinderdörfer, SOS-Kinderdorf-Verlag, Innsbruck/München 1991, 29. Auflage

Die SOS-Kinderdörfer. Moderne Erziehungsstätten für verlassene Kinder, SOS-Kinderdorf-Verlag, Innsbruck/Wien/München 1968

Gmeiner, Hermann: *Alle Kinder dieser Welt. Die Botschaft des SOS-Kinderdorf-Vaters,* Verlag Styria, Graz 2006

Gmeiner, Hermann: *Eindrücke, Gedanken, Bekenntnisse,* SOS-Kinderdorf-Verlag, Innsbruck/München, 9. Auflage 1995

Haider, Fritz: *Wurzeln des SOS-Kinderdorfes,* SOS-Kinderdorf-Verlag, Innsbruck 2003

Reinprecht, Hansheinz: *Hermann Gmeiner – Abenteuer Nächstenliebe,* Österreichischer Bundesverlag, Wien 1989

Schreiber, Horst; Vyslozil, Wilfried: *SOS-Kinderdorf. Die Dynamik der frühen Jahre,* SOS-Kinderdorf-Verlag, Innsbruck/München 2001

SOS-Kinderdorf – Eine Idee für die Welt, SOS-Kinderdorf-Verlag, Innsbruck/München 1998

Stadelmann, Ludwig: *Hermann Gmeiner – ein Leben für die Mutterlosen,* Verlag Neues Leben, Bad Goisern 1969

Wildbichler, Sebastian: *50 Jahre Kinderleben,* SOS-Kinderdorf Imst 1999

Prominente Persönlichkeiten über Hermann Gmeiner und die SOS-Kinderdörfer

»Was Hermann Gmeiner als Lebenswerk hinterlassen hat, ist ein großartiges, weltumspannendes Beispiel praktizierter Humanität.«

Dr. Richard von Weizsäcker,
ehemaliger Bundespräsident der Bundesrepublik Deutschland

»Die Arbeit der SOS-Kinderdörfer ist ein leuchtendes Beispiel für eine Partnerschaft, die wir für die Erreichung unserer Ziele benötigen.«

Nelson Mandela, Friedensnobelpreisträger und
früherer Präsident der Republik Südafrika

»Hermann Gmeiner hat die Not der Waisenkinder nicht tatenlos ansehen können. Seine Idee, ihnen eine Familie, ein Zuhause zu geben, ist ebenso genial wie einfach. Gerade weil sie so unmittelbar einleuchtend ist, hat sie immer mehr Unterstützer gefunden. Sie wurde zu einem Muster der Menschlichkeit.«

Prof. Dr. Roman Herzog, früherer Bundespräsident der Bundesrepublik Deutschland und Präsident des Bundesverfassungsgerichts

»Hermann Gmeiner hat mit den SOS-Kinderdörfern eine der wichtigsten und sinnvollsten Institutionen für alle Kinder in Deutschland und der ganzen Welt geschaffen. Als Patin des SOS-Kinderdorfs Tema/Ghana werde ich mich weiter aus vollstem Herzen für die Unterstützung dieser Kinder einsetzen.«

Michaela May, Schauspielerin und SOS-Kinderdorf-Botschafterin

»Heimatlosen oder entwurzelten Kindern zu helfen, finde ich eine ganz wichtige Sache. Wenn wir, die ältere Generation, nicht dafür sorgen, dass die Kinder generell eine Zukunft haben, werden wir dadurch letztlich auch uns selber ganz gewaltig schaden.«

Udo Jürgens, Sänger und Entertainer

»Wir sollten jeden Tag Hermann Gmeiner und den vielen engagierten Helfern der SOS-Kinderdörfer danken, durch deren unermüdlichen Einsatz die Not vieler Kinder auf der ganzen Welt verringert wurde und noch immer wird. Deshalb unterstütze ich die SOS-Kinderdörfer. Hermann Gmeiner ist ein Vorbild in aller Welt und wird es lange Zeit bleiben!«

Prof. Dr. Rita Süssmuth, Bundestagspräsidentin a.D.

»Hermann Gmeiner hat etwas Wunderbares geschaffen. Er war es, der den Grundstein für eine große Entwicklung legte.«

Henry Maske, Boxweltmeister und Gründer der Henry Maske Stiftung

»Das Lebenswerk Hermann Gmeiners ist ein Traum, der Gestalt angenommen hat.«

Klaus Küng, Diözesanbischof der Diözese St. Pölten